Mémoires d'un âne

JEAN-CLAUDE DEFOSSÉ

Kennes
www.kenneseditions.com

Photo de couverture : © Alexis Haulot/Reporters
Dépôt légal : D/2023/13.105/23
ISBN : 978-2-3807-5896-2 | NUART : 41-1975-7

Imprimé en Europe.

PEFC 10-31-3532

Mémoires d'un âne

JEAN-CLAUDE DEFOSSÉ

AVEC L'AIDE PRÉCIEUSE DE

Stéphane Hoebeke

Merci aussi à Florence Dubié

« J'ai longtemps été un jeune con
et puis j'ai beaucoup changé.
Maintenant, je suis devenu un vieux con ! »

Jean d'Ormesson

NAISSANCE D'UN ÂNE

16 mars 1941, dix mois déjà que la Belgique était sous la botte des nazis. La Seconde Guerre mondiale faisait rage et, pas de bol, c'est à ce moment-là que je poussai mon premier cri. Je veux croire que c'était ma manière à moi de protester qu'on me propulse dans un monde en furie, qui plus est sans me demander mon avis. L'événement se passa dans une petite maison qui faisait office de maternité. Elle existe toujours, mais n'est pas encore lieu de pèlerinage. Pour ceux qui voudraient y déposer des fleurs, je signale qu'elle est située au 28, rue Colonel Bourg à Schaerbeek. Et que cette commune bruxelloise est surnommée « la cité des ânes ». Du fait de ma naissance, elle en compta un de plus.

La maternité jouxtait le « Tir National », un terrain d'entraînement de l'armée belge qui a été réquisitionné par les Allemands pour y fusiller des résistants lors des deux conflits mondiaux, comme Edith Cavell ou Gabrielle Petit. C'est pourquoi à l'arrière des maisons de la rue colonel Bourg, il y a « L'enclos des fusillés », un cimetière où sont enterrées 300 victimes de la barbarie germanique. C'est juste à côté que, bien des années plus tard, fin des années 1960, la RTB et la BRT construisirent leurs nouveaux bâtiments de la Cité Reyers. Et là où je sévis comme journaliste. Je peux donc affirmer sans forfanterie que j'étais déjà à la télévision publique avant même son installation.

Faute de gynécologue, c'est une sage-femme qui soulagea ma mère du fruit de ses entrailles. Mes géniteurs m'affublèrent du prénom « Jean-Claude ». Ces initiales « J-C » sont les mêmes qu'un gars bien plus célèbre que moi qui a fini cloué, et qu'un autre qui a percé à Hollywood. C'est à pied, en transportant leur nouveau-né dans un couffin, que mes parents parcoururent les trois kilomètres qui séparaient la maternité de la maison familiale. Il faisait un froid de canard. À l'arrivée, j'étais bleu de froid. Ils m'exhibèrent à mon frère Josy, mon aîné de 13 mois, qui fut éberlué en découvrant cette grosse crevette qui n'arrêtait pas de brailler. Il ignorait alors que je lui faisais perdre le monopole qu'il avait sur l'amour maternel.

Qui peut dire que sa naissance a été programmée et voulue par ses parents ou qu'elle est plutôt due à l'effronterie d'un spermatozoïde ayant eu l'outrecuidance de s'immiscer là où on ne l'attendait pas ? En 1966, à la mort de notre père, Josy et moi, bouleversés, nous rendîmes à l'administration communale munis du carnet de mariage de nos « vieux » pour régler les formalités de décès. Et là, surprise ! En confrontant la date de leurs noces avec celle de la naissance de mon frère aîné, on constata que ces deux événements n'étaient séparés que de deux petits mois. Ce qui est vraiment fort court, même pour un super-prématuré !

En clair et comme on dit souvent avec tact et élégance : nos parents ont « dû se marier ». Une vraie honte à l'époque ! Surtout que cette ignominie d'avoir eu des « rapports » avant mariage s'est passée à Verviers, ville de province d'où est originaire ma famille. Malgré notre chagrin, on a bien rigolé de notre trouvaille, car notre « vieux réac » de père était un champion de la stigmatisation des jeunes sans morale. Quand, souriant, on parla de notre découverte à notre pauvre mère, elle s'écria : « Mon Dieu, si votre père avait su ça, il en aurait été mortifié ! » Pour éviter la honte du « qu'en-dira-t-on », ce secret de famille a longtemps été bien gardé. Notamment grâce à la complicité de « Cousin Francis », photographe de son état, qui s'était chargé de réaliser les traditionnelles photos de mariage. Pour éviter qu'on ne découvre ce « scandale », il a réussi à camoufler sur tous ses clichés, grâce à un magnifique bouquet de fleurs d'une blancheur virginale, le ventre volumineux de ma mère pourtant enceinte jusqu'aux yeux. Un de ces portraits trône toujours chez moi dans un beau cadre doré. Quel talent ! Durant un quart de siècle, je n'y ai vu que du feu ! Du grand art, digne des retoucheurs de photos de Staline qui faisaient disparaître de toutes les photographies officielles tous ceux que le « petit père des peuples » avait fait assassiner.

La découverte de ce « mariage forcé » m'a mis la puce à l'oreille quant à ma propre arrivée sur Terre. Après une enquête journalistique digne d'un prix Pulitzer, je reconstituai avec précision quand j'avais été « fabriqué » (une expression utilisée par mon père). En soustrayant neuf mois de la date de ma naissance, je tombai « pile poil » sur le jour du retour au logis du soldat François Dubié. Fait prisonnier durant la campagne des 18 jours, il avait fait une rechute d'une ancienne pleurésie. Libéré par les Allemands pour cause de maladie, il avait été autorisé à rentrer chez lui et rapatrié par train sanitaire. Pour lui et sa famille, c'était une bénédiction, car, contrairement à ses trois cousins de Verviers, il ne croupit pas durant quatre ans dans un des charmants stalags du troisième Reich.

Cette découverte me permit de fantasmer. J'imaginai la scène du retour du « guerrier ». Mon futur père, ce héros au sourire si doux, était dans la joie et l'ardeur des retrouvailles. Son casque ABL de l'armée belge encore sur la tête, avec ses bandes molletières toujours aux mollets, il trouva, malgré la maladie, la fougue nécessaire pour rendre les honneurs militaires à sa femme... Je fis part à ma maman de mon interprétation quant à ma conception. Tout d'abord gênée comme une première communiante, elle partit ensuite dans un grand éclat de rire et m'avoua que c'était quasi ainsi que j'avais été conçu ! Par la suite, je suppose que mes géniteurs ont pris leurs « précautions », puisque je suis le deuxième et dernier de la fratrie. Raison pour laquelle je leur rends hommage, car ils ont épargné à l'humanité de devoir supporter des frères Dubié supplémentaires – ou l'une ou l'autre sœur.

Beaucoup plus sérieusement, en 2001, au décès de ma maman cette fois, je fis une autre découverte qui m'a profondément ému. Lors du pénible triage de ses affaires, je tombai sur une vieille boîte en fer qui contenait un paquet de lettres jaunies par le temps, mais soigneusement conservées. Il s'agissait du courrier échangé entre mes parents durant plus de deux ans avant la naissance de mon frangin. Des lettres d'amour souvent d'une tendresse infinie, qui prouvent que leur mariage un peu précipité n'est pas dû à de la bagatelle mal contrôlée, mais qu'il est le fruit d'une vraie histoire d'amour.

CARNAGE AU SQUARE AMBIORIX

Né en 1941, je me souviens évidemment fort peu des privations et des horreurs de la guerre. À l'instar de Boris Cyrulnik, célèbre psychiatre inventeur du concept de résilience, je me méfie de mes souvenirs concernant cette terrible période, même s'il est évident que certains événements ont marqué mon inconscient. Cependant, j'étais trop petit et l'essentiel de ce qui ressurgit du fin fond de ma mémoire est souvent la répétition des récits d'anecdotes rapportées par mes proches. Sauf peut-être cette tragédie particulièrement traumatisante que j'ai vécue quand j'avais trois ans et demi et dont je garde de vagues souvenirs.

On était le 3 août 1944, peu avant la libération de Bruxelles par les Alliés. Comme il faisait très chaud, mes parents se rendirent avec leurs deux gamins au square Ambiorix pour y trouver un peu de fraîcheur. Assis sur un banc, ils surveillaient leurs deux fistons qui jouaient en se chamaillant comme d'habitude. Soudain, le son effrayant des sirènes d'alerte aérienne troubla la quiétude des lieux. La panique fut générale. Il y avait énormément de gens dans ce parc. Tout le monde se rua dans l'unique abri antiaérien du square. Très sommaire, il était fait de poutres en bois recouvertes d'un monticule de terre. Pour éviter que leurs enfants ne soient effrayés d'entrer dans ce boyau sans éclairage, nos parents se mirent avec nous à proximité de l'entrée.

Tout à coup, ce fut l'apocalypse ! On entendit un bruit assourdissant suivi d'un nuage de poussière suffocante et aveuglante. On apprendrait plus tard qu'une forteresse volante américaine avait largué toutes ses bombes sur le square. Par malheur, elles étaient tombées le long de l'abri qui s'était effondré comme un château de cartes en ensevelissant des dizaines d'occupants.

Notre petite famille fut projetée à l'extérieur par le souffle de l'explosion et nous fûmes les seuls rescapés de ce drame qui a fait 32 morts et de nombreux blessés graves. Dans cet enfer, nos parents nous empoignèrent, nous jetèrent dans la poussette restée à l'extérieur, coururent comme des fous dans la fumée, entre des débris de toutes sortes, et nous ramenèrent indemnes à la maison.

Ce bombardier de l'US Air Force, touché par la défense antiaérienne allemande, était en flammes. Tout l'équipage avait sauté en parachute, sauf le pilote. Pour éviter de s'écraser sur un quartier densément habité de la capitale avec toutes ses bombes à bord, il était resté aux commandes de son avion. Survolant l'espace vert du square Ambiorix, espérant éviter un carnage, il réussit l'exploit d'y larguer toute sa soute de bombes. Ce comportement héroïque lui coûta la vie, car finalement, il s'écrasa avec son quadrimoteur dans un faubourg peu habité de la capitale.

Aujourd'hui encore, chaque fois que je passe par ce lieu situé à quelques pas du « Berlaymont », le siège de la Commission européenne, je pense à cette tragédie et à la chance que nous avons eue d'y réchapper. Je déplore qu'au pied de la statue dorée où se trouvait cet abri, il n'y ait même pas une simple plaque qui rappelle ce drame en rendant hommage aux victimes du square Ambiorix, mais aussi au pilote. Un vrai héros qui, en se sacrifiant, a évité un carnage bien plus meurtrier encore.

WINSTON CHURCHILL À BRUXELLES

Tout juste un mois plus tard, le 3 septembre 1944, Bruxelles fut enfin libérée par les Alliés. L'explosion de joie était inimaginable. Tout le monde était dans la rue pour accueillir nos libérateurs anglais, parmi lesquels on découvrit également quelques centaines de soldats belges de la brigade Piron. Cet événement m'a tellement marqué que je pense en avoir quelques souvenirs rendus vivaces grâce aux journaux et magazines de l'époque conservés par la famille.

Peu après la libération, ma merveilleuse maman, qui avait des doigts de fée, confectionna très vite pour ses deux mioches des uniformes de *MP*, des répliques exactes en miniature de ceux des *Military Police* de l'armée britannique. Avec nos costumes militaires kakis, guêtres blanches et képis rouges, nous fûmes les coqueluches de nos libérateurs qui nous offraient des cigarettes... en chocolat ! Dans la presse de l'époque, on trouve d'ailleurs plusieurs photos des frères Dubié habillés en *Tomys*. Sur celle que je préfère, nous sommes sur un tank dans les bras de soldats britanniques et, avec deux doigts, je fais le signe « V » de la Victoire.

Mais le plus extraordinaire souvenir de cette époque date du 16 novembre 1945. En effet, quelques mois après la capitulation du troisième Reich, Winston Churchill, le plus mythique des dirigeants alliés, fit sa joyeuse entrée à Bruxelles. Le Premier ministre du Royaume-Uni, grand artisan de la victoire contre Hitler, traversa la capitale, debout dans une limousine décapotable. Son légendaire cigare aux lèvres, il passa devant la foule des Bruxellois en délire qu'il salua en enlevant son chapeau buse. Comme tout le monde, mes parents ne voulurent pas rater le passage de cette icône vivante et l'attendirent, postés place Madou. Leurs deux fistons avaient évidemment revêtu leurs uniformes de *MP*.

Tandis qu'on attendait sagement l'arrivée de Churchill, un policier, sosie de l'agent N°22 de Quick et Flupke, découvrit les deux marmots déguisés. Il eut la bonne idée de les placer sur une borne au milieu du carrefour. Il nous donna mission de nous mettre au garde-à-vous et de faire le salut militaire au passage du Premier ministre du Royaume-Uni. Quand ce dernier arriva enfin, il nous vit, fit stopper sa voiture et nous serra chaleureusement la main à tous les deux ! Et, coup de bol incroyable, un photographe de presse immortalisa la scène. Le lendemain, mon frère et moi étions à la une de tous les journaux et magazines. Fiers comme Artaban, nos parents en achetèrent plusieurs exemplaires que nous avons conservés précieusement, pour mon plus grand bonheur. Ce fut la toute première entrée très remarquée de deux futurs journalistes dans les médias...

Quelques années plus tard, « Bobonne » – c'est ainsi que, mon frère et moi, nous surnommions notre grand-mère préférée – travaillait à Monaco comme gouvernante, bonne à tout faire, chez un ancien ambassadeur de Belgique. C'était un grand ami de Winston Churchill, qui vivait sa retraite à la Côte d'Azur, et il l'invitait fréquemment à dîner chez lui. En l'apprenant, ma maman envoya à sa mère plusieurs clichés originaux de la fameuse « poignée de main historique ». Un soir, alors que l'ex-premier britannique était à table chez l'ex-diplomate belge, ma grand-mère eut l'audace de lui demander s'il accepterait de signer ces fameuses photos. Ce que cette légende vivante fit de bonne grâce. Il va sans dire que nous avons encadré ces photos signées de la main et du stylo personnel du plus illustre fumeur de havanes de l'histoire, avec Fidel Castro.

RACINES MATERNELLES

Impossible de comprendre mon parcours personnel chaotique sans évoquer l'histoire typiquement belge et donc surréaliste de ma famille. Permettez-moi de commencer par « Bobonne », notre grand-mère du côté maternel. Quasi illettrée, Jeanne Larue naquit en 1888 à Stembert, une commune de l'agglomération verviétoise. Sa famille étant très pauvre, dès sa préadolescence, elle travailla dans une fabrique de tissus comme « nettoyeuse d'étoffes » avant d'être blanchisseuse. À l'époque, on surnommait Verviers « la capitale mondiale de la laine ». La ville comptait plus d'une centaine d'usines, la plupart de tissage. Des milliers d'ouvriers et d'ouvrières y travaillaient dans des conditions effroyables. Aujourd'hui, si on l'appelle toujours « la ville lainière », toutes les filatures qui faisaient sa prospérité ont disparu. J'ignore comment « Bobonne » fit la connaissance de son futur mari, Toussaint Defossé. Je sais qu'il est né en 1872 à Dison dans une famille protestante de neuf enfants. Il n'a pas fait de grandes études, mais était tout de même assez instruit.

Fin des années 1920, avec son commerce de négociant en tissus, Toussaint Defossé connut une période faste. Ses affaires étaient si florissantes qu'il acheta une belle maison bourgeoise et, chose rare à cette époque, une Buick, une belle voiture américaine comme celles qu'on peut voir dans les films consacrés à Al Capone. J'ai conservé quelques photos de ce temps béni des Dieux durant lequel ma future « Bobonne », qui a connu la misère dans sa jeunesse, profitait agréablement d'une vie faste. Au nirvana, elle organisait constamment des fêtes. L'été, elle partait en vacances à la mer avec la belle automobile, elle dormait dans de grands hôtels, elle allait à l'opéra, elle s'achetait de belles robes, etc. Bref, c'était la grande vie, elle nageait dans le bonheur. Par contre, Renée, leur fille unique née en 1919 à Hodimont et qui n'était encore qu'une gamine, se sentait fort délaissée, trop souvent confiée aux domestiques.

Cette période dorée pour mes grands-parents maternels se passe avant le fameux krach de « Wall Street » de 1929 qui provoqua la grande crise des années 1930 aux États-Unis. Ensuite, par un effet de domino, ce cataclysme financier plomba aussi les économies européennes, dont celle de la Belgique. Les affaires de mon grand-père périclitèrent alors. Il avait beau seriner les oreilles de sa femme en disant : « Jeanne, vous jetez trop d'argent par les fenêtres ! Nous sommes endettés. Il faut absolument réduire notre train de vie ! », ma grand-mère, complètement inconsciente, continuait de plus belle à « faire voler la caisse ». Forcément, la chute fut brutale et la faillite inévitable. Mes grands-parents se retrouvèrent complètement ruinés. Adieu veaux, vaches, cochons, couvées : c'était la dèche ! Pour s'en sortir, ils décidèrent d'ouvrir une pension de famille. Un choix décisif quant au destin de celui qui écrit ces lignes... Mais n'anticipons pas !

Quand, en mai 1940, Hitler envahit la Belgique, mes grands-parents étaient terrorisés par le souvenir des atrocités commises par les militaires teutons lors de la guerre de 1914-1918. L'idée que les sinistres « Uhlans de la mort » de la cavalerie prussienne commettent à nouveau des massacres comme durant la « Grande Guerre » provoqua une véritable panique dans la région de Verviers, proche de la frontière allemande. Pour fuir, mes aïeux abandonnèrent tout et, comme des dizaines de milliers de Belges, partirent en exode vers le sud de la France. Sur les routes encombrées, ils étaient constamment sous la menace des « Stuka », de redoutables chasseurs-bombardiers en piqué munis de sirènes qui terrorisaient les populations. L'aviation nazie ne faisait pas de quartier. Elle ciblait autant les civils que les militaires. Après un voyage périlleux, mes grands-parents atteignirent Vichy, la ville thermale choisie plus tard par le maréchal Pétain comme capitale de la France non occupée.

Épuisés, ils s'assirent sur un banc pour se reposer, mon grand-père posa la tête sur l'épaule de son épouse et mourut d'une crise cardiaque. Il fut enterré anonymement dans une fosse commune.

Il n'est pas difficile d'imaginer le désarroi de cette femme peu instruite qui se retrouva veuve, seule et sans ressource au fin fond de la France. De ce grand-père, que je n'ai pas connu, on m'a souvent dit que c'était « une bonne pâte », un homme d'une extrême gentillesse. Quant à ma maman, elle a toujours parlé de son papa comme d'un être exceptionnel. Elle l'adorait.

RACINES PATERNELLES

Le géniteur de mon papa s'appelait Joseph Dubié. Il naquit en 1870, également à Stembert, comme « Bobonne ». Après des études primaires, il fut apprenti cordonnier. Mais, tout en travaillant, Joseph suivait des cours du soir au conservatoire de Verviers où, après le solfège, il apprit à jouer de la clarinette. J'ai retrouvé ses diplômes dont la mention est : « réussi avec distinction ». Pendant une petite dizaine d'années, c'est un trou noir et je suppose qu'il était cordonnier, mais à la charnière des deux siècles, j'ai la certitude qu'il est parti en tournée un peu partout dans le monde avec un grand orchestre symphonique. Les nombreuses cartes postales envoyées à sa future épouse Marie-Louise Lemaire le prouvent. Elles proviennent, entre autres, du Caire, de Nice, de La Havane, de La Nouvelle-Orléans et même du prestigieux Metropolitan Opera de New York. Comment, à une époque où les moyens de communication étaient très limités et où on ne voyageait qu'en train ou en bateau, ce cordonnier-clarinettiste, peu instruit et vivant dans une ville de province, se retrouva-t-il dans un grand orchestre symphonique se produisant dans les plus grandes villes de la planète ? Mystère...

On raconte dans la famille qu'à son retour des États-Unis, il a demandé à sa mère d'ouvrir tout grand son tablier et il y jeta fièrement des poignées de dollars en or... Malheureusement, je n'ai pas davantage connu cet autre grand-père, car il est mort en 1935. En revanche, tous ceux qui l'ont fréquenté sont unanimes et disent que c'était un virtuose exceptionnel. Hélas, je n'ai aucune trace concrète de son talent. Rien n'a été enregistré. Pas le moindre 78 tours ! Bien sûr, je me méfie des appréciations dithyrambiques entendues de la bouche de mon père et de toute sa famille concernant le talent de cet aïeul. Cependant, au moins deux exemples m'autorisent à croire qu'il ne s'agit pas d'un fantasme collectif.

Dans les années 1930 d'abord, fait très exceptionnel, le chef d'orchestre et compositeur allemand Gustav Furtwängler, sur invitation de la Grande-Duchesse, vint diriger l'orchestre symphonique de Luxembourg. À l'époque, c'était le grand rival du célèbre Herbert von Karajan qui avait 22 ans de moins que lui. Après l'arrivée au pouvoir d'Adolf Hitler, tous deux se seraient disputé les faveurs du Führer... Au programme : concerto pour clarinette en la majeur K 622 de Mozart. Cette œuvre magnifique est l'une des rares occasions du répertoire qui permet à un soliste de cet instrument de faire montre de son talent. D'après plusieurs sources, dont celle d'un trompettiste collègue de mon ancêtre, Furtwängler, après la représentation, déposa sa baguette sur son pupitre, traversa tout l'orchestre et serra la main de mon grand-père. Il le félicita longuement et lui demanda son nom.

Autre indice probant, fin des années 1970, mon frère Josy croisa dans un couloir de la RTBF un homme très âgé qui l'apostropha en lui demandant : « Ne seriez-vous pas, par hasard, de la famille du grand clarinettiste Joseph Dubié ? » Mon frangin tomba des nues et lui répondit par l'affirmative. Le vieux monsieur lui raconta alors qu'il était clarinettiste pensionné de l'ex-grand orchestre symphonique de la RTBF et que son père, qui jouait aussi de cet instrument, lui parlait souvent d'un virtuose extraordinaire qu'il avait connu : un certain Joseph Dubié…

Quel dommage de n'avoir aucune trace sonore de lui ! Sans même avoir eu la chance de le connaître, chaque fois que j'entends le fabuleux concerto pour clarinette de Mozart, je l'imagine avec émotion en train de jouer…

Le vrai drame de cet artiste exceptionnel, c'est qu'il s'est amouraché d'une femme détestable, une vraie mégère, d'une avarice et d'une méchanceté rare, qui l'a mis complètement sous sa coupe alors qu'elle était incapable de faire la différence entre Beethoven et Tino Rossi ! Pour cette matrone laide et ignare, il n'était absolument plus question qu'il parte en tournée. Elle exigea que son mari cherche un travail de fonctionnaire bien stable et il accepta un emploi de professeur au conservatoire de Luxembourg. Autant dire un enterrement musical de première classe pour la carrière de ce virtuose.

Les seuls souvenirs que je garde de lui sont quelques photos jaunies, ses cartes postales et sa clarinette. De son instrument qui, pour moi, est mythique, jamais plus aucune note ne sortira. Car, après la mort de son mari, ma grand-mère décida de transformer cet instrument en pied d'abat-jour ! C'est pourquoi aujourd'hui, cette clarinette éclaire mon salon… Quant à celle qui voulait qu'on l'appelle « marraine » et que l'on appelait entre nous le « vieux chameau », elle lui a survécu pendant près de 40 ans en touchant sa pension de veuve de fonctionnaire de l'État luxembourgeois. Marie-Louise est morte en 1973 à Schaerbeek, à l'âge de 94 ans. Je reviendrai plus loin sur ce personnage dont les mille et une turpitudes ont pourri la vie de ma famille.

MON PÈRE AU CONGO

François Dubié naquit en 1905, dix mois après la dernière tournée mondiale de son père clarinettiste... Comme ma maman, il était un enfant unique. Il réussit ses humanités à l'Athénée du Luxembourg dont les cours se donnaient pour moitié en français et en allemand. C'était la règle au Grand-Duché. Ensuite, il étudia à l'Institut Supérieur de Commerce d'Anvers où il décrocha une licence en sciences commerciales. C'est probablement pour échapper à l'emprise de sa mère acariâtre qu'il s'expatria à 22 ans, en 1927, au Congo, « au bon temps de la belle époque coloniale belge ». Engagé comme « chef de poste » par la compagnie multinationale Unilever, il voyagea en bateau jusqu'à Matadi puis se retrouva en pleine brousse au Kasaï. Toutes les photos de teinte sépia que mon paternel a ramenées d'Afrique sont des caricatures qui semblent sorties tout droit de l'album *Tintin au Congo*, du génial dessinateur de BD Hergé.

Quand j'étais gamin, à la radio, on écoutait l'INR et Radio Luxembourg. La TV n'existait pas, on achetait rarement des journaux et chez moi il n'y avait quasi aucun livre. Ma connaissance de l'Afrique se limitait donc à ce qu'on voyait dans les films au cinéma « Century », chaussée de Louvain à Saint-Josse, et à ce que mon père nous racontait. Notre super idole était « Tarzan » interprété par Johnny Weissmuller, un ancien champion olympique de natation. Tarzan est un enfant sauvage, élevé par des Grands singes. Il traverse la jungle en « slip » et se déplace d'arbre en arbre suspendu à des lianes. Sa petite amie, Jane, est superbe.

Elle est blanche, comme lui est blanc… Il nage plus vite que les crocodiles qu'il trucide avec son poignard. Ce Tarzan, quel type ! Avec l'aide de son singe Cheeta et de ses amis éléphants, qu'il appelle en poussant son célèbre cri « ÂÄÂ ÔÔÔ Â Â Â ÔÔÔ Â Â Â !!! », il délivre de gentils explorateurs blancs des griffes d'affreux-méchants-sauvages-noirs… Tarzan les sauve juste avant que ces horribles cannibales ne les fassent cuire dans une énorme marmite pour les dévorer… Mon résumé est un peu stéréotypé, mais vous voyez le tableau.

Mon ex-colonial de père compléta mon « éducation ». Il était intarissable quand il racontait ses « aventures » congolaises. Je fouinai dans les malles métalliques qu'il avait ramenées d'Afrique. J'y trouvai toutes sortes d'objets : statuettes, peaux de léopards, de crocodiles et exactement le même casque colonial que celui de Tintin au Congo. Au mur de la chambre où nous dormions était accrochée une panoplie faite de lances, de poignards, de masques et bien d'autres trophées encore. Je mangeais du chocolat « Jacques, fourré praliné » dont je raffolais, mais aussi parce qu'on collectionnait les vignettes contenues dans chaque tablette. On collait consciencieusement ces petits chromos dans l'album *Notre Congo* vendu par la chocolaterie qu'on appréciait d'autant plus qu'elle était verviétoise… Sur sa couverture : un portrait de Léopold II avec sa grande barbe fleurie. L'ouvrage « encensait », à longueur de pages, la grande œuvre civilisatrice de la Belgique dans sa colonie. J'ai retrouvé cette « relique » intacte qui date de 1949. À l'époque, j'avais huit ans. On visitait le magnifique musée de l'Afrique centrale situé au parc de Tervueren. On déambulait entre des lions, léopards, hippopotames, rhinocéros, crocodiles, zèbres, girafes, buffles, serpents à sonnette, heureusement tous empaillés ! Une pseudo-reconstitution de « l'homme léopard » me terrorisa et me fit faire des cauchemars. Et dire que mon paternel a osé affronter tout ça !

Lors d'une de ses logorrhées sur ses tribulations congolaises, il m'apprit qu'avant d'avoir deux fils, il avait « adopté » un jeune chimpanzé. J'en ai eu la preuve grâce à une photo sépia où il tient amoureusement son singe dans les bras. Comme il essayera de le faire avec nous, mais sans succès, il tenta de lui apprendre les « belles manières » et l'éduqua comme un petit homme. Il essaya, par exemple, de le faire manger, assis à table, avec une assiette, des couverts et une serviette autour du cou. La pauvre bête le remercia en déféquant sur la chaise... Comme il dégageait une odeur désagréable, mon père le lava en le savonnant dans une baignoire. Quelques jours plus tard, le singe mourut. Il avait, en effet, perdu la graisse naturelle qui recouvrait son corps, protection indispensable contre la multitude de parasites qui pullulent dans la brousse. C'est clair, mon père était aussi peu doué pour éduquer son singe que ses deux garçons. C'est tout dire... Il acheta aussi un bébé léopard. Jeune, l'animal était gentil, mignon et affectueux comme un chat. Évidemment, en grandissant, le fauve devint de plus en plus agressif. Un jour, il griffa méchamment son maître en lui arrachant sa chemise d'un coup de patte. Il finit en descente de lit...

Adorant jouer les héros, mon paternel raconta aussi comment il avait maté une révolte de plusieurs centaines d'« indigènes » qui travaillaient dans sa plantation. Les employés noirs que mon père appelait ses « nègres » avaient fumé du chanvre et bu de l'alcool. À la nuit tombée, autour d'un feu, ils jouaient du tam-tam, chantaient, dansaient et étaient de plus en plus excités. Quelques-uns jetèrent des torches enflammées sur les toitures de paille des entrepôts de marchandises. À l'instar de Napoléon lors de son retour de l'île d'Elbe qui s'avance seul face à ses anciens grognards venus lui barrer la route, mon paternel, n'écoutant que son courage, décida d'intervenir. François l'Africain sortit seul de son bureau, un revolver à la main, dans l'intention de faire entendre raison à cette horde de « sauvages ». Quand, tout à coup, une main se posa sur son épaule et une grosse voix lui dit : « Ne fais pas ça, François ! Range ton pistolet dans sa gaine, c'est un signe de faiblesse. Fais comme moi ! » La voix était celle d'un autre colon européen, un géant portugais qui avait déjà une grande expérience de l'Afrique. L'homme prit deux gros bâtons, en donna un à mon père et d'un air déterminé, rien qu'à deux, ils fendirent la foule des « bougnoules » – je cite toujours mon père. Ils en bastonnèrent quelques-uns au passage et dès lors, impressionnés, les Congolais regagnèrent docilement leurs cases... Enfant, je restai évidemment bouche bée devant un tel courage.

Cet aventurier portugais digne d'un personnage de film avait une particularité : il était borgne et il cachait son infirmité avec un œil de verre. Selon mon paternel, il avait toujours dans son bureau un planton qui montait la garde, armé d'une lance. Quand le colon devait sortir, il enlevait son œil de verre et le déposait sur la table où traînaient parfois de grosses sommes d'argent. Il disait à son « boy » : « Je te préviens, même quand je ne suis pas là, je vois ce que tu fais ! » Hypnotisé par ce globe oculaire artificiel, le planton l'observait fixement sans broncher et même s'il était pieds nus, il ne bougeait pas d'une semelle.

Y avait-t-il un fond de vérité à toutes ces histoires délirantes qu'enfant, on gobait sans sourciller ou n'étaient-elles que des fabulations de mon géniteur ? Une coïncidence tout à fait incroyable a répondu, partiellement, à cette question.

PASSÉ COLONIAL

Au début des années 1990, peu avant le terrible génocide qui a ensanglanté le Rwanda, je rencontrai une belle femme métisse, grande et élancée comme sont souvent les Tutsies rwandaises, avec laquelle je nouai une relation. Elle me raconta que sa maman était tutsie et que son père portugais était mort très âgé après avoir bourlingué à travers toute l'Afrique. Intrigué, je lui demandai, à tout hasard, s'il était très grand et n'aurait pas séjourné dans le Kasaï dans les années 1920. Comme elle répondit positivement à ma question, je lui demandai alors s'il n'était pas borgne. Mon amie, complètement interloquée, me confirma qu'en effet, son papa avait bien un œil de verre... Il y avait sans doute une chance sur un milliard pour que nous nous rencontrions alors que nos deux paternels s'étaient connus, 70 ans plus tôt, à 5000 kilomètres de Bruxelles, dans un coin perdu au fin fond de la brousse africaine. Pourtant, l'invraisemblable s'est produit !

Nous avons évidemment échangé nos souvenirs sur le passé colonial de nos deux aïeux. Il en ressort que ce baroudeur portugais était finalement un colonialiste moins pire que d'autres. Comme, en Afrique, les enfants mulâtres sont souvent rejetés tant par les blancs que par les noirs, il a envoyé sa fille faire ses humanités en Belgique pour lui éviter de subir des brimades. C'est ainsi qu'elle est devenue une brillante psychologue diplômée de l'université de Liège. De mon côté, je lui fis part de ma honte d'avoir eu un père raciste qui disait qu'avec ces « sauvages », il était nécessaire de manier la chicotte pour les maintenir sur le droit chemin. Mon paternel regrettait aussi « l'époque où les indigènes se contentaient d'une simple brique de savon en guise de rémunération avant que ces sales syndicalistes ne leur mettent de mauvaises idées en tête... ». Aujourd'hui, dans les cours d'histoire de nos écoles, on passe encore bien trop sous silence la réalité de la colonisation belge au Congo et je ne peux que le déplorer amèrement.

L'expérience coloniale de « François l'Africain » fut de courte durée. Atteint d'une pleurésie en 1934, maladie extrêmement grave à l'époque alors que les antibiotiques n'existaient pas encore, il fut rapatrié en Belgique à bord d'un des premiers aéroplanes biplans, ancêtre de la Sabena, dont j'ai retrouvé une photo. Les premiers décollaient de Léopoldville et, après de nombreuses escales, atterrissaient dans « la mère patrie ». Mon père a eu beaucoup de chance de s'en tirer vivant. Pour ses toubibs, sa guérison tint plus du miracle que de la médecine.

REX

Mon père était clairement un homme de droite et je ne m'étonne pas qu'il ait voté rexiste en 1935. Cette année-là, ce parti populiste dirigé par Léon Degrelle a réussi une percée spectaculaire en envoyant 21 députés à la Chambre des Représentants. À l'époque, des scandales politico-financiers défrayaient la chronique et Degrelle, grand démagogue et redoutable tribun, prônait ce qu'on appellerait aujourd'hui le « dégagisme ». Il ralliait tous les râleurs. Ses partisans arboraient un petit balai au revers de leur veston pour nettoyer le parlement de tous ces « banksters » qui nous gouvernaient…

Mon paternel a soutenu « Rex » jusqu'au jour où le « Beau Léon », comme on le surnommait, a montré son vrai visage en collaborant avec les nazis, dès l'invasion de la Belgique par l'armée hitlérienne. À ce moment-là, mes parents étaient clairement partisans des Alliés, ils écoutaient clandestinement « Radio Londres » et cachèrent pendant plusieurs semaines un résistant luxembourgeois recherché par la Gestapo.

Est-il nécessaire de préciser qu'à l'adolescence, quand j'ai pris conscience que mon père était un raciste avéré, cela m'a profondément scandalisé ? Pour me consoler, certains me disent parfois qu'« à cette époque-là, tout le monde était comme ça ». Ce qui est faux ! Déjà au temps où Léopold II s'est emparé du Congo, prétextant d'y apporter la civilisation et de libérer les « indigènes » de l'esclavagisme arabe, des journalistes humanistes, notamment britanniques, ont dénoncé les innombrables crimes et atrocités commis par les colons. Un véritable massacre qui a fait des centaines de milliers de morts – certains parlant même en millions de morts.

Cette histoire familiale a eu au moins un mérite. Elle m'a appris à quel point on peut conditionner un enfant à trouver que les pires horreurs sont normales. Un récent documentaire sur les « jeunesses hitlériennes » vu sur ARTE me l'a encore rappelé. On pourrait d'ailleurs faire un constat similaire avec Daech et l'attraction que le terrorisme peut exercer sur certains.

FRANÇOIS LE SÉDUCTEUR

Après une longue convalescence, François Dubié se résolut à admettre que le climat tropical lui était désormais interdit et qu'il devait se trouver un autre job en Belgique. Comme ses parents étaient natifs de Verviers, à l'époque « capitale mondiale de la laine » comme je le disais plus haut, il décida de devenir grossiste en tissu. Il s'associa avec un Verviétois qu'il connaissait à peine et reprit une société de négoce qui achetait des pièces de tissus aux usines pour les revendre ensuite par petites coupes aux tailleurs.

Étant seul dans cette ville, il s'installa dans une pension de famille. Hasard ou nécessité – un Bruxellois dirait « ça veut juste réussir que ça ne rate pas » –, cette pension était celle que mes futurs grands-parents maternels avaient ouverte à la suite de leur débâcle financière... Le reste coule de source, d'une eau aussi limpide que celle de la Vesdre, puisque ses hôtes avaient une très jolie fille de 17 ans prénommée Renée qui faisait des études d'infirmière.

C'est tout auréolé du prestige de l'aventurier revenu d'Afrique et teinté du fantasme de Tarzan que mon père débarqua dans cette ville de province. Même s'il était loin d'avoir le physique, l'audace et la musculature de l'homme-singe, il était, par contre, intarissable lorsqu'il relatait ses tribulations africaines. Ses récits dégageaient une odeur de fauve. Quand il parlait de lions, de léopards, de crocodiles, d'éléphants ou de boas constricteurs, il ne manquait que le tam-tam comme décor sonore.

Il était de treize ans l'aîné de la belle demoiselle, mais, à l'évidence, il a su s'y prendre pour la séduire. Mon futur paternel n'a pas brusqué les choses. Il a pris son temps, comme en témoigne le courrier amoureux qu'ils se sont échangé durant plusieurs années. Si leur idylle a démarré piano, leurs missives, d'abord pudiques et platoniques, ont évolué lentement mais sûrement jusqu'à devenir plus sensuelles. Évidemment, comme la chair est faible, l'inévitable s'est produit. Comme l'a chanté Brel : « Il avait su y faire. Elle l'avait laissé faire. Ils l'avaient donc fait tous les deux et on voudrait que je sois sérieux… » Et patatras, la belle jeune fille de la « Pension Defossé » s'est retrouvée enceinte. Pour le lecteur attentif, ceci n'est pas un scoop, il sait cela depuis le début de ce livre.

Leur mariage express, pour cause de grossesse non programmée, fut célébré à Verviers, fin 1939, très discrètement, pour éviter les « qu'en-dira-t-on ». Après quoi, le couple émigra à Bruxelles, rue du Cardinal, dans la maison que la mère de mon père avait achetée après avoir quitté Luxembourg et qu'elle occupait. En théorie, cette situation devait être provisoire…

MES GRANDS-MÈRES

Mon père n'ignorait pas à quel point sa génitrice était une femme acariâtre et que la vie avec elle était un enfer permanent. D'autant plus qu'elle détestait sa belle-fille, soupçonnée de s'être fait mettre enceinte pour harponner son fils et lui pomper son argent. Elle enrageait que son unique rejeton ait épousé « cette petite crevée d'infirmière sans le sou » alors que, des années durant, elle avait fait le forcing pour marier sa progéniture avec une certaine Lily Jaune dont j'ai retrouvé des photos. Véritable sosie de la « Castafiore », la fameuse cantatrice des albums d'Hergé, Lily était un vrai remède contre l'amour. Fille unique d'une riche famille bourgeoise très catholique, elle au moins était un beau parti. Mais, en dépit des efforts des deux familles, mon père refusa de convoler en justes noces avec cette pimbêche et fuit le harcèlement de sa mère en s'expatriant très loin jusqu'au cœur de l'Afrique. Puisqu'elle était chez elle, la harpie pénétrait à tout bout de champ chez les jeunes mariés sans frapper aux portes, y compris celle de leur chambre dont elle avait caché la clé…

C'est dans ce climat familial plombé que la guerre éclata et que mon père fut mobilisé. Ma pauvre maman, qui n'avait que 20 ans, ne connaissait personne dans la capitale. Avec son bébé, elle se retrouva complètement dépendante, y compris financièrement, de sa terrifiante marâtre. Après la capitulation de la Belgique, quelques semaines plus tard, le miracle se produisit : le soldat François Dubié était de retour au foyer. Sans cela, ce livre n'aurait peut-être jamais été écrit puisque, comme expliqué plus haut, c'est à ce moment précis que mon père et ma mère m'ont conçu. On imagine la joie de « marraine » d'être marraine pour la seconde fois en treize mois... Si ma pauvre maman n'était plus seule pour subir les foudres de la maîtresse des lieux, le quotidien n'en devint pas rose pour autant. Mon paternel avait toujours été terrorisé par sa mère et continua de subir sa hargne sans oser la remettre à sa place.

Si j'ose écrire ces horreurs sur ma propre grand-mère, c'est que je n'ai jamais rencontré, toute ma vie durant, une femme aussi détestable. Elle me fait penser à Folcoche, la mégère hargneuse du roman d'Hervé Bazin *Vipère au poing*. « Mââârraine », comme nous disions mon frère et moi, n'a jamais travaillé, mais était pourtant loin d'être dans la misère. En tant que veuve d'un mari clarinettiste fonctionnaire luxembourgeois, sa pension était plus que confortable. Pourtant, elle était d'une avarice qui dépasse toute imagination. Durant toute sa vie, elle s'est nourrie quasi exclusivement de pain accompagné soit d'omelette au lard, soit de fromage de Herve. N'ayant pas de frigo, elle conservait son fromage sur une assiette recouverte d'un bol. Quand elle le soulevait, une odeur pestilentielle envahissait toute sa cuisine et comme on était tenu d'embrasser notre grand-mère, on retrouvait aussi ces effluves dans son haleine... Pour ne rien arranger, elle était sourde comme un pot, ce qui nous obligeait à hurler pour lui parler. Chaque année, cette grippe-sou s'arrangeait pour obtenir des entrées gratuites au Salon de l'Alimentation. Elle s'y rendait tous les jours, passant et repassant d'un stand de dégustation à un autre pour s'en mettre jusqu'au col. Comme c'était gratuit, elle s'empiffrait à s'en faire péter la panse. Pour se chauffer, entre 1945 et 1973, elle n'a consommé que 500 kg de charbon.

Soit 28 kg par an ! S'il faisait trop froid, elle restait dans son lit ou se rendait à « L'Union Économique », un magasin coopératif bien chauffé où, assise sur un banc, elle papotait toute la journée. Pour économiser son électricité, elle n'allumait jamais la lumière et dès la nuit tombée, elle s'invitait chez mes parents, hiver comme été, pour se chauffer et jouer les pique-assiette. Le plus incroyable, c'est qu'en vivant ainsi comme un rat, elle décéda à 94 ans alors qu'elle était encore capable d'enfiler une aiguille sans lunettes. Ce n'est qu'en 1949, après neuf années de cohabitation, que mon père a enfin eu l'audace de quitter le domicile maternel avec sa petite famille pour habiter ailleurs. Enfin ! Cet « ailleurs » était une maison située à une centaine de mètres seulement du domicile de la harpie, ce qui permettait à la douairière de continuer à s'inviter tous les soirs chez mes parents.

Pour vivre, après son retour d'exode, « Bobonne », mon autre grand-mère, était « bonne à tout faire » auprès de familles bourgeoises. Quand elle perdit son emploi, n'ayant ni chômage ni pension, elle se retrouva sans logement ni revenu. Elle n'eut alors pas d'autre choix que de venir se réfugier chez sa fille à Bruxelles. Nos deux aïeules se retrouvèrent alors face à face. Inutile de dire que la vieille avare ne supportait pas que la mère de sa belle-fille vive aux dépens de son cher François. Très vite, les rapports entre grands-mères tournèrent au vinaigre. Comme elles se détestaient copieusement, le pugilat était permanent. Devant mes parents abasourdis, la douairière rapiat reprochait, à tout bout de champ, à la pauvre femme désargentée de vivre aux crochets de son fils. Celle-ci répliquait en la traitant de grippe-sou sans cœur. Par bonheur, pour la paix du ménage, « Bobonne » finissait souvent par trouver un emploi pour fuir cet enfer. À la grande satisfaction de mon avaricieuse matrone qui jubilait d'être seule dans la place. Hélas, cet armistice familial était éphémère, car dès que « Bobonne » perdait son boulot, elle redébarquait chez sa fille avec ses valises. À chaque fois, c'était au grand plaisir de ses petits-fils qui l'adoraient. Malgré le peu d'argent dont elle disposait, c'est la seule de nos deux grands-mères qui nous offrait parfois un petit cadeau. Je conserve d'ailleurs précieusement la montre plaquée or qu'elle m'a donnée. Elle fonctionne toujours ! Quand elle séjournait chez nous, elle logeait dans la même chambre que mon frère et moi.

Il arrivait que les deux veuves fassent paraître une petite annonce dans le journal « Le Soir » dans l'espoir de rencontrer une « âme sœur ». Je me souviens de leurs libellés. L'avare écrivait : « Veuve, bien de sa personne, caractère enjoué, bonne pension de l'État, plusieurs fois propriétaire, cherche rencontre avec monsieur libre pour amitié sincère... » L'autre mentionnait plus sobrement : « Dame 67 ans, bonne vivante, souhaite rencontrer homme sympathique. » Quelques jours plus tard, l'air très satisfait, « Mâââraine » lançait à sa rivale : « C'est tout de même curieux, Madame Defossé, comme j'ai plus de succès que vous. Moi, je reçois énormément de réponses à mes annonces et vous quasi pas ! » Alors que la disciple d'Harpagon n'avait jamais travaillé, Bobonne trima jusqu'à la fin de sa vie. À 73 ans, elle travaillait encore pour une société de nettoyage. Avant et après l'ouverture des bureaux, elle y passait l'aspirateur. Un soir, alors qu'elle revenait de son boulot, elle mourut écrasée par un tram. Ce drame a eu lieu là où se trouve désormais le rond-point Schuman, qui n'existait pas encore à l'époque. J'avais 11 ans et j'en ai été très meurtri. Aujourd'hui encore, quand je passe par là, j'ai souvent une pensée émue pour ma « gentille bobonne ».

COCOTJE

Impossible de parler de l'univers glauque de ma jeunesse sans évoquer une créature qui mit un peu de soleil dans cette grisaille. Il ne s'agit pas d'un être humain, mais d'un volatile. C'est « Cocotje », un perroquet gris à queue rouge d'Afrique. Il avait atterri chez nous dans des circonstances particulièrement tristes. Ma grand-mère avare louait le sous-sol de sa maison à une très vieille dame, ancienne chanteuse d'opéra à « La Monnaie ». Elle a longtemps été la maîtresse du plus célèbre chanteur basse de l'époque, un certain Lucien Van Obbergh. Larguée par son amant volage et sa carrière terminée, elle était sans le sou. Pour gagner sa vie, elle tenait un kiosque à journaux près de la Grand-Place de Bruxelles. Elle y retrouvait un certain succès, non plus grâce à sa belle voix, mais à celle de son perroquet exceptionnellement doué : il chantait, sifflait, parlait et imitait aussi parfaitement des sons, comme celui des marches militaires entendues lors de cérémonies. Quand nos parents nous forçaient à aller chez « Mâââraine », on y restait le moins possible tellement ça puait chez elle. Par contre, on passait chaque fois au sous-sol pour dire bonjour à la gentille « Madame Coco ». Totalement seule dans la vie, elle n'avait que son « Cocotje » comme interlocuteur. Elle parlait du coup, sans arrêt, à sa bestiole à plumes qui acquit ainsi un répertoire très varié. Sur simple demande de la vieille dame, le volatile imitait une foule d'animaux : aboiement du chien, miaulement du chat, meuglement de la vache, j'en passe et des meilleures... Si on l'aspergeait d'un peu d'eau, il courait d'un bout à l'autre de son perchoir en criant : « Il pleut ! Il pleut ! » Si on frappait dans les mains en chantant une petite ritournelle, le perroquet se mettait à « twister » en agitant ses ailes. Nous étions fascinés par ce que cette ex-cantatrice parvenait à faire avec cet oiseau exotique.

Hélas, arrivant chez elle un jour, nous avions découvert la vieille dame froide et pétrifiée sur son sofa. Terrassée d'une crise cardiaque, elle était morte depuis plusieurs jours sans que personne ne s'en soit aperçu. Pour des gosses, cette découverte est tellement horrible qu'elle me hante encore parfois aujourd'hui. Elle fut inhumée par l'assistance publique. N'ayant ni héritier, ni famille, ni amis, nous étions les seuls, avec nos parents, à assister à sa mise en terre. Puisque « Cocotje » était orphelin et que nous connaissions bien ses habitudes et son extraordinaire répertoire, nous l'avons adopté. Bien nous a pris puisque ce petit perroquet a littéralement ensoleillé l'univers morose de mon père. Malade, cloué à la maison, il devint extraordinairement familier avec l'oiseau. Lui seul pouvait ouvrir sa cage, y mettre la main et permettre au volatile de lui marcher sur le bras jusqu'à l'épaule. Mon paternel lui disait alors : « Cocotje, donne-moi une bise ! » et l'oiseau approchait son bec crochu de son oreille pour lui susurrer un gros baiser bien sonore. Ce perroquet imitateur a encore vécu une vingtaine d'années en épatant tous nos amis. C'est dingue ce que ce petit animal a pu apporter de réconfort au sein de l'ambiance familiale de plomb qui était la nôtre.

LE QUART-MONDE

Mon père, sans être aussi « Harpagon » que sa mère, avait tout de même hérité de pas mal de ses « gènes ». Ainsi, en 1949, quand il se résolut enfin à quitter le domicile de sa mère, il acheta une maison et prit des décisions assez curieuses. Nous occupions le rez-de-chaussée et le premier étage, le reste de l'immeuble était loué. Jusque-là, pas de gros soucis. Mais il condamna la chaudière qui était pourtant en parfait ordre de marche et il enleva tous les radiateurs. Il supprima également les baignoires des deux salles de bain de la maison, y compris celle du locataire. Il estimait, en effet, qu'un chauffage central et des bains à l'eau chaude coûtaient bien trop cher. Toute notre famille ne séjournait dès lors que dans la seule pièce chauffée par une cuisinière à charbon qui s'éteignait la nuit. Ce bouge éclairé par un néon donnait à l'arrière de la maison sur une petite cour au fond de laquelle il y avait un haut mur qui était notre horizon permanent. Dans ce séjour réduit, on mangeait, on écoutait la radio, on faisait nos devoirs et on étudiait nos leçons. Durant toute notre jeunesse, on n'a eu d'autre choix que de se laver devant toute la famille à l'eau froide. Pour avoir de l'eau chaude, on était obligé de déposer une bassine sur le réchaud de la cuisine. Autant dire qu'on ne se lavait quasi jamais !

Il n'y avait qu'un seul WC et il était situé à l'extérieur dans l'arrière-cour. Sa porte avait été arrachée et remplacée par un vieux couvre-lit qui faisait office de tenture. Pour le papier toilette, mon paternel était particulièrement créatif. À l'aide d'une scie, il découpait de vieux bottins de téléphone en deux morceaux. Ensuite avec un « racaniac », il les perçait d'un trou, y passait une ficelle pour accrocher au mur ce qui faisait office de « papier hygiénique ». Autant dire que cette invention n'est pas brevetée et que je ne conseille à personne de l'essayer. Quant à la chasse d'eau des « commodités », comme disent les gens distingués, elle était cassée et était remplacée par un seau qu'il fallait remplir au robinet de la cuisine. Si un visiteur demandait à pouvoir passer aux toilettes, la ritournelle de mon père était bien rodée : « Ne faites pas attention, Monsieur ou Madame, nous sommes dans les travaux ! »

Comme la cuisinière à charbon s'éteignait la nuit, en hiver, quand on se levait le matin pour aller à l'école, il faisait souvent glacial. Nous sortions du lit le plus tard possible et, alors qu'elle était située au coin de la rue, nous arrivions très souvent en retard à l'école. Au petit déjeuner, comme nous grelottions, pour « casser le cru », ma mère déposait un pot de fleurs retourné sur la cuisinière à gaz. Ce dispositif était censé nous réchauffer. Comme on ne se lavait pratiquement jamais, confrontés aux autres élèves de l'école, on prenait conscience d'être sales comme des teignes. Le pire moment, c'était le cours de gymnastique, car là, il fallait se dévêtir, avec un caleçon immonde et des pieds crasseux. Certains profs en profitaient pour se moquer de nous. Je sais ce que le mot humiliation veut dire.

Un jour, en première humanité, un copain de classe m'invita à passer l'après-midi chez lui. C'était à Stockel, un quartier huppé de Woluwe-Saint-Pierre. En arrivant à l'adresse de mon petit camarade, sur mon vieux vélo rouillé, les yeux écarquillés, je découvris une luxueuse villa quatre façades entourée d'un magnifique jardin. Très intimidé, je sonnai à la porte, une domestique me fit entrer et cria : « Monsieur Rodolphe, c'est quelqu'un pour vous ! » Mon copain, plutôt sympa, ne se rendit pas compte que je débarquais sur une autre planète. Je n'ai jamais osé le réinviter dans mon clapier familial crasseux. Comment mes parents, qui avaient tous deux réussi de bonnes études, mon père licencié en sciences commerciales et ma mère, infirmière, ont-ils pu se « quart-mondiser » de la sorte ? Pourquoi sont-ils tombés dans une telle déchéance ? Le passé de mon paternel l'explique en partie seulement.

DÉBÂCLE FINANCIÈRE

Que son beau-père se soit ruiné en vendant du tissu ne sembla pas alarmer mon père puisqu'il choisit exactement le même métier. Cela illustre la pensée du philosophe chinois Lao Tseu pour qui « l'expérience n'est qu'un peigne pour chauve ». Mais mon père joua aussi de malchance. En effet, quand il reprit une affaire de grossiste en textile et s'associa avec un Verviétois qu'il connaissait à peine, leur business démarra plutôt bien, mais c'était sans compter sur l'invasion des Teutons après la défaite de mai 1940. Les nazis réquisitionnèrent alors tout ce qui était utile à leur effort de guerre, à commencer par toutes les voitures de marques allemandes. Pas de bol ! Pour démarcher ses clients, mon père venait de s'acheter une petite « Opel Kadett » fabriquée outre-Rhin. En plus, les « Boches » raflaient la plus grande partie de la production des usines de textile de la « ville lainière » pour vêtir leurs soldats. Il était, dès lors, de plus en plus difficile de se procurer des tissus pour les revendre. Même si je soupçonne mon père d'avoir un peu tiré son plan en « smokellant » (expression bruxelloise pour nommer le marché noir), la vie économique et la vie tout court étaient particulièrement difficiles sous l'Occupation...

Après la Libération, l'économie belge redémarra peu à peu. En 1949, pour ne plus devoir visiter ses clients en train, mon paternel acheta une « Studebaker Champion », la plus petite des voitures américaines. Début des années 1950, allez savoir pourquoi, ses ventes furent « boostées » par la guerre de Corée. Mais ensuite, très vite, tout le marché du textile fut chamboulé par l'apparition de grandes entreprises industrielles de confection de vêtements. Celles-ci, qui avaient besoin de grandes quantités de tissus, s'adressèrent directement aux usines sans passer par des intermédiaires comme mon papa. Mais c'est surtout à cause de l'arrivée du nylon, une matière beaucoup moins chère, qu'on utilisa beaucoup moins les tissus en pure laine et que l'industrie verviétoise fut mise à mal. Les « Marvan », « Butch » et autres grands confectionneurs vendaient des costumes à des prix défiant toute concurrence. Conséquence : les artisans-tailleurs, les clients de mon père, qui travaillaient sur mesure, disparurent les uns après les autres. De cette période, je garde le triste souvenir de « mon vieux » partant le matin en tournée, son auto remplie d'échantillons, et revenant le soir, désespéré et déprimé de n'avoir pas vendu le moindre centimètre de tissu.

Pour couronner le tout, mon paternel découvrit que son associé verviétois, en qui il avait une confiance aveugle, l'escroquait depuis plusieurs années. Le bureau et les stocks de la société étant situés à Verviers, mon père ignorait que la secrétaire-comptable et son collaborateur étaient amants. À deux, ils avaient tout le loisir de trafiquer la comptabilité et de s'en mettre plein les poches. Quand mon père découvrit, par hasard, le pot aux roses, il fut complètement dépité. Avec ma maman, ils décidèrent de débouler sans crier gare dans l'entreprise et d'y apposer des scellés partout. C'était le début des grandes vacances scolaires, mon frère et moi accompagnâmes nos parents qui louaient une chambre à Verviers. Durant deux mois, mon père passa les comptes de l'entreprise au peigne fin et, avec l'aide de ses deux fils, ma mère fit un inventaire complet des marchandises en mesurant des milliers de mètres de pièces de tissus pour découvrir ce qui avait été vendu en catimini, hors comptabilité.

Nous fûmes consternés face à l'ampleur de ce qui avait été volé. Pendant des années, les deux complices avaient vécu comme des nababs en pillant la société. Ce fut terrible à supporter pour mon papa, mais aussi pour ma maman. Pour elle, l'histoire se répétait puisqu'elle devait revivre, avec son mari, la débâcle qu'elle avait connue lors de la liquidation des affaires de son père, vingt ans auparavant.

MON PÈRE MALADE

Mon père évita de justesse la faillite, mais ses affaires périclitèrent. Pour ne rien arranger, en 1951, alors qu'il n'avait que 50 ans, il tomba à nouveau gravement malade. Il fumait comme une cheminée depuis ses 18 ans et avait transmis cette très mauvaise habitude à ma mère. À deux, ils consommaient plus de trois paquets de 25 cigarettes sans filtre par jour : des « Amadis », les clopes les moins chères du marché. On cuisinait à la margarine « Solo » et on mangeait super gras. On s'empiffrait aussi très souvent de frites cuites à la graisse de bœuf. Fatalement, les médecins découvrirent plusieurs pathologies chez mon paternel. Obésité, angine de poitrine doublée d'une artérite oblitérante : les artères de ses jambes étaient bouchées par du goudron dû à son tabagisme et par du cholestérol dû à ses excès de nourriture grasse. Il était alors quasi incapable de marcher et restait en permanence cloîtré à la maison.

Complètement déprimé, il broyait du noir à longueur de journée. Il ne pouvait plus travailler et, en tant qu'indépendant, il n'avait pas droit au chômage. Nous vivions donc très chichement grâce aux économies qu'il avait pu sauver de la débâcle financière. Il refusait obstinément que ma mère, infirmière diplômée, cherche un emploi, car il ne voulait pas rester seul à la maison. Pourtant, ma maman, qui avait fait ses études par vocation, avait une vraie fibre sociale. Elle aimait aider et soigner les gens. Dans le quartier, on la surnommait « Madame Pic-pic », car elle faisait des piqûres gratuitement à tout le monde. Je la vois encore, arborant fièrement son insigne d'infirmière épinglée à son manteau, sortir avec sa seringue en verre précieusement rangée dans une boîte en métal. Elle soignait et lavait même, gracieusement, des cancéreux à domicile. Elle manifestait beaucoup d'empathie pour les personnes malades et, à l'évidence, était frustrée de ne pouvoir pratiquer le métier pour lequel elle s'était préparée. Même s'il aimait beaucoup sa jeune épouse, mon père, ancien colonial, avait des côtés tyranniques. C'était un macho qui décidait de tout. S'il voulait la garder sous sa coupe, c'était probablement aussi par peur de la perdre. Quoi qu'il en soit, sa femme était soumise et osait encore moins le contrarier depuis qu'il était malade.

DÎNER AVEC L'AMBASSADEUR

Un beau jour de 1957, le téléphone sonna, mon père décrocha et, à notre grand étonnement, il parla longuement en luxembourgeois. Il raccrocha et nous expliqua qu'au bout du fil, c'était un de ses anciens condisciples de l'Athénée du Luxembourg, un certain Lambert Schaus, devenu ambassadeur du Grand-Duché à Bruxelles. Ayant découvert le nom de mon père dans l'annuaire téléphonique, le diplomate l'invitait à venir dîner un soir à sa résidence de fonction en compagnie de son épouse. Pour mon père, mais surtout pour ma mère, ce fut la panique ! À cause des carences alimentaires dues à la guerre, mais aussi de l'escroquerie d'un technicien dentaire, les dents de ma pauvre maman n'étaient plus que des chicots noirs. Elle était l'illustration parfaite de ce que l'ex-président français François Hollande a appelé « les sans-dents ».

Pour la jeune femme, par ailleurs jolie, qu'était alors ma mère, c'était particulièrement humiliant et complexant. Mais, pour de pseudo-raisons pécuniaires, elle n'a jamais voulu ou pu faire arranger sa dentition. Dans cet état, elle estimait impensable de répondre à l'invitation du copain d'école de son mari. Mais comme mon père insistait beaucoup pour qu'elle l'accompagne, la malheureuse finit par accepter. Pour ce faire, elle se bricola de fausses dents en « sculptant » des morceaux de bougie blanche qu'elle planta sur ses chicots ! Il est aisé d'imaginer le genre de sourire qu'on peut avoir avec une telle « dentition ».

Mes « vieux » enfilèrent leurs habits les moins cradingues et débarquèrent au luxueux hôtel particulier du diplomate. Les retrouvailles entre Lambert et François furent chaleureuses. Renée resta mutique ; elle s'efforça de ne pas sourire et d'ouvrir la bouche le moins possible. Arriva le moment fatidique de passer à table : un maître d'hôtel en livrée avec gants blancs servit ce que mon père pensait être un potage. Sous l'effet de la chaleur, dès la première cuillerée, patatras ! Les « dents » en bougie de ma maman fondirent et tombèrent dans sa « soupe ». Discrètement, elle récupéra son « dentier » de fortune et se leva en prétextant devoir passer aux toilettes. Elle y aspergea ses quenottes de bougie à l'eau froide et se les replanta tant bien que mal dans sa bouche. S'excusant d'être « dérangée », elle passa toute la soirée sans boire ni manger tandis que les deux « amis » pérorèrent en ressassant leurs souvenirs scolaires.

Mon père, plutôt du genre « bonne fourchette », ne prit qu'une seule fois du potage et saliva en attendant l'arrivée du plat de résistance. À son grand étonnement, on ne lui servit qu'une tranche d'ananas tout en lui demandant s'il prenait du café ou du thé. En fin de soirée, mes parents prirent congé de leur hôte et quittèrent l'ambassade complètement affamés. Ma mère cracha toutes ses dents et ils foncèrent au « fritkot » de la place Saint-Josse se taper deux gros sachets de frites mayonnaise et un cervelas. En fait, mon père avait confondu un waterzooi-poulet, qui est un plat principal chez les Flamands, avec du potage qu'on prend en entrée chez les Wallons... Cette histoire, qui pourrait passer pour un gag, ne me fait toujours pas rire. Je pense à l'humiliation que ma pauvre mère a dû subir non seulement durant cette soirée, mais durant plusieurs décennies.

Huit mois plus tard, rebelote, François se devait de réinviter son ami ambassadeur à la maison. Mais il n'était pas imaginable de l'accueillir dans notre immonde rez-de-chaussée. Au premier, il y avait trois pièces en enfilade. Côté cour, c'était la chambre à coucher de mes parents, séparée de la pièce du milieu par une simple tenture. C'était super pour l'intimité du couple puisqu'au milieu, c'était la piaule sans fenêtre ni aération où mon frère et moi dormions dans le même lit. Cette situation, nous l'avons endurée jusqu'à nos vingt ans ! La troisième pièce, également séparée par un seul rideau, avait des fenêtres donnant sur la rue. C'était une salle à manger, avec un mobilier en chêne massif recouvert en permanence de draps pour les protéger de la poussière. C'était l'endroit le plus « luxueux », mais aussi le plus kitsch de la maison. Les parois étaient tapissées de papier « incrusta » aux motifs dorés. Les murs étaient ornés de tableaux de style pompier. La cheminée était en marbre brun et un grand lustre à la flamande était suspendu au plafond. C'était une sorte de musée fantôme où on ne mettait jamais les pieds. Durant toute ma jeunesse, je n'y ai mangé que deux fois : la première, pour recevoir le diplomate luxembourgeois ; la seconde, pour fêter ma communion solennelle.

Alors que mon père adorait se moquer des gens qui prennent des airs importants en disant : « Regardez ceux-là, ils pètent plus haut qu'ils n'ont le trou ! », il se retrouvait en position d'arroseur arrosé ! Car, pour accueillir avec faste son prestigieux ami, la maison fut lustrée du sol au plafond, le trottoir décrotté, le couloir et la cage d'escalier nettoyés comme jamais auparavant. La salle à manger fut briquée, l'argenterie astiquée, on lava la vaisselle en porcelaine, on cira les meubles, etc. Bref, on mit les petits plats dans les grands. Évidemment, avant d'inviter « l'ami Lambert », on attendit le mois de juin, car à cet étage, il n'y avait pas de chauffage. Entre-temps, ma maman se fit placer une prothèse dentaire provisoire et, comble du comble, pour « faire chic », on demanda à « Bobonne » de jouer à la domestique en servant à table. Pour que la supercherie soit crédible, on la vouvoya en l'appelant « Madame Jeanne »... Resta l'angoisse suprême : que faire si « Môôônsieur l'Ambassadeur » souhaitait passer aux toilettes ? Seule solution : utiliser la formule habituelle : « Monsieur Schaus, ne faites surtout pas attention, nous sommes pour le moment dans les travaux... » La dernière crainte majeure était liée à la présence obligée de Marraine lors du repas. Durant la guerre, le Grand-Duché fut annexé au Troisième Reich allemand. Conséquence : la douairière n'avait pas pu toucher sa pension de veuve du Luxembourg. Elle voulut donc absolument demander au diplomate d'intervenir en sa faveur à ce sujet. Mon paternel, angoissé, somma sa mère de se taire et lui interdit de parler de son problème à son invité de marque.

Le dîner se passa sans incident. « Mââârraine », qui était sourde comme un pot, resta silencieuse et jubila de voir « Bobonne » jouer au larbin pour elle. Par miracle, mon frère et moi fûmes sages comme des images. Et, par chance, Monsieur Schaus ne semblait pas souffrir de problèmes de prostate puisqu'il ne demanda pas à pouvoir passer aux « commodités ». En fin de soirée, l'ami Lambert remercia chaleureusement mes parents et se leva pour prendre congé. Marraine, qui s'était assoupie, se réveilla en sursaut, vit que l'ambassadeur allait partir, l'accrocha fermement par le bras et le rassit. Elle lui lança alors avec son habituel tact très diplomatique : « Ce n'est pas pour ça qu'on vous a invité, Monsieur Schaus, mais, bla bla bla... » Devant mon père blême, la vieille harpie lui déballa toute sa salade interminable concernant sa pension impayée. Le seul effet de cette intervention a été que mon paternel n'a plus jamais eu de contact avec son « ami » d'enfance...

FAMEUX GARNEMENTS

Comme tous les gamins, mon frère et moi étions très turbulents. On se chamaillait et on faisait plein de bêtises. Mon paternel piquait donc souvent de grosses colères et nous infligeait de solides corrections. Notre maman tentait de s'interposer, mais n'y arrivait pas toujours. Un jour, à l'époque où mon père voyageait encore, on avait cassé une vitre en jouant avec une balle. Pour éviter qu'on ne « reçoive une trempe » au retour du paternel, ma brave mère avait couru vite acheter un carreau et l'avait remplacé elle-même avant que notre « vieux » ne s'en aperçoive. Tout comme le « père Fouettard », le méchant « Zwarte Piet » qui accompagne Saint-Nicolas, notre père acheta un martinet, une sorte de petit fouet formé de plusieurs lanières en cuir fixées sur un manche. Pour nous « corriger », il nous obligeait à baisser notre culotte et, à l'instar des pratiques de certains collèges jésuites, nous flagellait les fesses nues, ce qui était particulièrement douloureux. Très vite, les deux garnements découvrirent l'endroit où leur père planquait son « ustensile de torture » et le cachèrent dans la cave.

S'il régnait à la maison une ambiance glauque et étouffante, ce n'était pas uniquement à cause des déboires financiers et des problèmes de santé de mon père. Les raisons de ce climat remontent à bien avant.

Un autre souvenir de mon enfance qui me revient est celui où Mâââârraine avait appris (on ne sait comment ?) qu'au « Thé dansant du Bon Marché » était organisé un concours de chant pour enfants, et elle s'était mise dans la tête d'y inscrire ses deux filleuls qui n'avaient alors que cinq et six ans. Les deux mioches furent condamnés aussi sec à apprendre ce qui, dans la tête de notre douairière, était sans doute un tube la valorisant. Son titre : « Voulez-vous danser grand-mère ? » On nous fit répéter cette connerie jusqu'à plus soif quand Mâââârraine nous traîna tous les deux, habillés en filles, au « Bon marché ». Mon frère, lui, avait en plus le privilège d'être affublé sur le sommet du crâne d'une « crolle » réalisée avec un bigoudi. Plusieurs « candidats », tous terrorisés, passèrent avant nous, dont l'un qui ne réussit qu'à pleurer au micro. Vint le moment fatidique de notre tour de chant. Le « Speaker » lança à ma grand-mère : « Qui dois-je annoncer ? » Cri du cœur de la harpie : « Les frères merveilleux ! » Dois-je préciser qu'on a évidemment chanté comme des casseroles ? Mais, le comble, c'est que tous les enfants, absolument tous, avaient reçu un cadeau, même celui qui n'avait fait que chialer. Les « Dubié brothers », rien du tout ! Pas même un caramel mou ! C'est ainsi que ma carrière lyrique a été tuée dans l'œuf.

MA « CANCRITUDE »

Quand mon frère aîné atteignit l'âge d'entrer en première primaire, ma maman ne voulut pas l'inscrire à l'école communale toute proche. Elle l'estima fréquentée par trop de « petits voyous ». De plus, la guerre scolaire faisait rage et pour les catholiques, c'était une « école sans Dieu ». Ma mère, qui n'était pourtant pas du tout bigote, estima que le « collège Saint-Louis », situé rue de... Verviers, dispensait une bien meilleure éducation. Cette fable est d'ailleurs toujours colportée aujourd'hui, y compris par certains athées. Le problème, c'est qu'avant la signature du « pacte scolaire », en tant qu'écoles du réseau « libre », les écoles catholiques étaient payantes. Mon père, malgré le fait qu'il était du genre « bouffeur de curés », finit par accéder à la demande de sa femme. Mes parents enfilèrent leurs plus beaux habits et furent reçus par le préfet de l'établissement. Après avoir vanté les grands mérites vrais ou supposés de son institution, ce jésuite en soutane leur annonça que le prix du minerval était de 300 francs par enfant, et de 500 pour deux. Mon paternel flaira l'économie et malgré le fait que je sois 13 mois plus jeune que mon frère, on m'inscrit aussi en... première année.

À la rentrée, ce fut la première douche froide : les cahiers, journaux de classe et matériel scolaire avec en-tête de l'école devaient être achetés à « la procure ecclésiastique » et coûtaient quatre fois plus cher qu'au magasin « Prix-Bas ». Mon paternel enrageait ! Plus tard, une note dans les journaux de classe signala que chaque enfant était tenu d'apporter de l'argent pour offrir un vitrail au préfet à l'occasion de son anniversaire… Mon père fulminait ! Ma mère le supplia d'obtempérer à cette demande pour que « les enfants ne se fassent pas prendre en grippe… ». À la rentrée de janvier, nouvelle douche, mais glacée cette fois. L'école réclama 500 francs supplémentaires pour le minerval. À l'inscription, « le Plec » (c'était le surnom du préfet) avait « omis » de préciser que ce montant devait s'entendre par trimestre ! Mon paternel, cette fois, était furibond…

Dans cette « école avec Dieu », chaque matin, avant les cours, les gosses devaient assister à une messe en latin. Le petit mioche que j'étais ne comprenait rien aux simagrées et au « bla bla » du type déguisé qui officiait. Très souvent, je m'endormais sur ma chaise. Cette torture fut sûrement mon tout premier vaccin anticlérical et ne serait pas le dernier ! Comme on aurait pu le prévoir, étant trop jeune, je fus incapable de suivre les cours. J'étais complètement largué et mes résultats scolaires étaient plus que médiocres. Pourtant, fin juin, miracle ! Malgré mes carences, je fus admis en classe de deuxième avec mon frère Josy.

Par bonté d'âme, je tairai le nom de mon nouvel instituteur. Un matin, en classe, je fus pris de violents maux de ventre et de tête. Je vomis sur mon banc et fondis en larmes. Plutôt que de me consoler ou de m'envoyer à l'infirmerie, mon instituteur furax me gifla, me dit que ce que j'avais fait était dégoûtant et m'intima l'ordre de rentrer immédiatement chez moi, tout seul, alors que mon grand frère était dans ma classe. Pleurant tout le long du chemin, je parcourus péniblement le kilomètre et demi qui me séparait de mon domicile. N'ayant pas la clé, je sonnai à la porte et heureusement, ma maman n'était pas partie faire ses courses. Infirmière de formation, elle m'examina et soupçonna tout de suite que je faisais une crise d'appendicite. Elle téléphona immédiatement au médecin de famille qui arriva rapidement et confirma le diagnostic. Ce vieux toubib barbichu, portant des binocles, digne du docteur Knock, appela un taxi qui me conduisit à toute vitesse à la clinique de la rue des Cendres où je fus opéré d'urgence d'une appendicite purulente… J'ai eu beaucoup de chance, car, à l'époque, il n'y avait quasiment pas d'antibiotiques et si cette affection était découverte trop tard, elle dégénérait souvent en péritonite et beaucoup en mouraient. À son retour du boulot, mon père apprit comment on m'avait traité à l'école. Le lendemain, blême de rage, il se rendit au collège et, sans ménagement, remonta les bretelles de cet instituteur indigne. Puis, en quittant l'établissement, il hurla : « Nom de Dieu, qu'elle est belle votre charité chrétienne ! »

La mémoire est souvent curieuse. Elle fait ressurgir, dans les moindres détails, des souvenirs sans aucun intérêt alors que d'autres infiniment plus importants restent ensevelis à jamais dans ses catacombes. Par exemple, rien qu'à l'évocation de mon opération de l'appendicite, il me revient au nez l'odeur du masque de chloroforme qu'on utilisait à l'époque pour endormir les patients. Curieuse petite madeleine de Proust ! De même, lors de ma convalescence à l'hôpital, je reçus mon premier stylo à bille. Il était en métal doré et je le vois encore comme si c'était hier. Tout heureux, je m'endormis une longue nuit, avec mon nouveau joujou glissé dans ma poche de pyjama de peur qu'on me le vole… Au réveil, je découvris, mortifié, que mon stylo s'était vidé de toute son encre, maculant lit, oreiller et couvre-lit. Le mécanisme de cet ancêtre du « Bic » n'était visiblement pas encore au point ! Je n'ai jamais oublié ce mini-incident. Pourquoi ? Mystère !

Dès la rentrée scolaire suivante, les frères Dubié furent inscrits à l'école préparatoire de l'Athénée Adolphe Max de la ville de Bruxelles située à deux pas de la maison familiale. Au mur du préau de l'établissement, une affiche proclamait : « Rien ne vaut un bon diplôme de l'enseignement officiel ! » Ma maman n'avait pas besoin de lire ce slogan pour en être désormais convaincue… Je dus doubler ma deuxième primaire, car on me jugea insuffisamment mûr pour passer de classe. Mais ai-je seulement jamais été mûr ? Toute ma vie, j'ai eu le sentiment que non ! Aujourd'hui, à 82 ans, j'ai l'impression d'être devenu blet sans jamais avoir été mûr. En fait, depuis mon enfance, je traîne un côté sale gamin qui ne m'a jamais quitté. J'aime lâcher des « petites blagues » et j'ai du mal à rester sérieux longtemps, surtout quand la situation l'exige. Mais si je tombe facilement dans la plaisanterie et la raillerie, je pratique aussi l'autodérision, ce qui, à mes yeux, me donne quelques circonstances atténuantes. Hélas, j'ai beau avoir doublé, je n'en devins pas pour autant un champion des études. En classe, je m'ennuyais et j'étais dissipé. Mes notes étaient très mauvaises. Souvent, je dessinais ou j'étais « dans la lune ». Quand je revenais sur Terre, c'était pour chahuter.

DEUX FRANGINS COMPLEXÉS

Grassouillet, j'étais mal dans ma peau et super complexé, mais bien sûr, je n'en disais rien. Mes parents m'appelaient « Bouboule », un surnom censé être sympa, mais qui me complexa davantage. Heureusement, dès l'adolescence, ma corpulence s'est « normalisée ». Mon frère Josy n'avait pas ce problème de poids. Plus âgé, il était aussi plus costaud que moi. Quand on se bagarrait, il avait le dessus et je me faisais rosser plus souvent qu'à mon tour. Mais question complexes, il n'était pas mieux loti, car il est roux. Comme, à la maison, nos parents s'exprimaient toujours en wallon de Verviers, quand mon père parlait de mon frère, il ne disait jamais Josy, mais « lî rossey », le roux en wallon. Il trouvait aussi spirituel de lui chanter une ritournelle très méprisante en dialecte verviétois à propos de sa couleur de cheveux. Mon aîné a longtemps souffert de la soi-disant odeur que dégagent les « rouquins ». Mais de cette souffrance, je ne pourrai jamais en parler aussi bien que l'écrivain Jules Renard dans *Poil de carotte*. Un livre qui raconte l'histoire d'un enfant roux, souffre-douleur des profs et de ses petits camarades de classe. Heureusement, le moins que l'on puisse dire, c'est que sa pigmentation de cheveux ne l'a pas empêché d'avoir une trajectoire de vie incroyable. Aujourd'hui, il a plutôt un surmoi hypertrophié et une grande confiance en lui. Même s'il en parle encore souvent, il est clair que ce complexe-là est maintenant derrière lui.

À l'école, j'étais ce qu'il est convenu d'appeler un cancre. Si je n'ai jamais dû porter « le bonnet d'âne », c'est parce que fort heureusement cette pratique cruelle était abolie à mon époque. C'est bien dommage d'ailleurs, ça devrait être un honneur, pas une honte ! Car contrairement aux dictons populaires, les ânes sont très intelligents et dotés de facultés d'apprentissage, de mémoire et de compréhension tout à fait impressionnantes. Ils sont moins craintifs et plus résistants que les chevaux, mais surtout, ils ont plus de personnalité : quand un baudet dit non, c'est non ! D'ailleurs, ce n'est pas un hasard si depuis 1860 aux États-Unis l'âne est l'emblème du parti démocrate. C'est un animal loyal, courageux, persévérant qui se distingue par sa capacité à porter de lourdes charges. Je suis donc fier d'être un âne. Cela n'a pas empêché que je sois victime de ce que j'ai qualifié rétrospectivement des formes de « sadisme pédagogique ». Ainsi, comme mes dictées étaient toujours bourrées de fautes, un instituteur me condamnait à écrire correctement dix fois tous les mots mal orthographiés. Méthode totalement inefficace puisqu'après ce pensum, je refaisais très souvent les mêmes erreurs. Autre variante de brimade très « formative » : copier quatre pages de texte en écrivant les consonnes en rouge et les voyelles en noir. Cela permet d'avoir des doigts très souples à force de devoir changer de « Bic » des centaines de fois... Aujourd'hui, je suis toujours aussi nul en orthographe. Au passage, je bénis l'ordinateur sur lequel j'écris cette prose, car il souligne tous mes « pataquès orthographiques ». Cela évite au lecteur un fou rire et une dilatation de la rate à la lecture de mes âneries...

L'ACA DE SAINT-JOSSE

Désespérée par mon manque d'intérêt pour mes études, ma mère remarqua qu'à la maison comme en classe, je passais le plus clair de mon temps à dessiner. Pour valoriser l'enfant complexé que j'étais, elle a eu l'idée géniale de m'inscrire à un cours du soir de dessin. Elle m'emmena à l'Académie des Beaux-Arts de Saint-Josse où il faut avoir minimum 14 ans pour être admis. Comme je n'en avais que dix, ma maman proposa de s'inscrire, elle, et de m'accompagner. À cette condition, le petit gamin que j'étais fut autorisé à fréquenter l'établissement. Flanqué de ma mère, je me rendis tous les soirs de la semaine entre 19 h et 21 h à l'« Aca » de la rue Potagère. Autant dire qu'après mes cours, en primaire d'abord, à l'Athénée ensuite, j'avais juste le temps de souper avant de me rendre à pied aux cours du soir. Conséquence : plus vraiment de temps pour les devoirs et leçons de l'école. Je sais, l'excuse est facile. Ce cours de dessin me passionnait et me valorisait énormément. En fin d'année, je remportais des prix face à des élèves beaucoup plus âgés que moi. On n'a malheureusement pas conservé grand-chose de mes « œuvres » de jeunesse. Ma maman, qui dessinait plutôt bien, appréciait surtout le cours d'histoire de l'art. Chaque semaine, un prof très érudit dissertait à coup de superlatifs sur les couleurs rutilantes utilisées par Rubens, tout en nous projetant des diapositives en noir et blanc de ses peintures. C'est ainsi que j'ai eu mes premiers rudiments d'éducation artistique. Avec le recul, je me dis que si ma gentille maman m'accompagnait tous les soirs à l'Aca, ce n'était pas uniquement pour que je puisse y entrer à 10 ans. Cela lui permettait aussi d'échapper à l'obligation, tous les soirs, de supporter la présence de son acariâtre belle-mère.

J'ai fréquenté cette académie pendant six années, d'abord en dessinant des « natures mortes », puis des bustes et des statues antiques en plâtre et enfin, dès l'âge de 15 ans, de grands fusains de modèles, hommes ou femmes, complètement nus. Souvent, ces femmes étaient plutôt mûres et grassouillettes, comme les appréciait Rubens. Mais, un jour, c'est une jeune étudiante hollandaise très baba cool qui posa nue pour payer ses études. Le gamin que j'étais fut séduit par son petit côté « Brigitte Bardot » en plus potelée. J'ignore pourquoi, mais elle me prit en sympathie. Un soir après le cours, très naïvement, je la ramenai à la maison. En la voyant, mon père et ma mère, qui ne m'accompagnait plus depuis quelque temps déjà à l'Aca, furent très étonnés. Suspicieux, ils se demandaient ce que cette « nana » faisait avec moi. Même s'il ne s'est rien passé entre nous, elle est toujours bien présente dans ma mémoire. Ce fut mon premier coup de foudre, hélas platonique.

À chaque fin d'année, c'est le cœur battant que je visitais l'exposition des travaux des élèves, car on y révélait les classements qu'un jury d'artistes attribuait aux étudiants. Comme je décrochais souvent un premier prix, j'en sortais fier comme un paon. Un jour à l'expo, grosse surprise ! Je tombai nez à nez avec mon instituteur, Robert G. Ce jeune enseignant avait pris la peine (mais c'était peut-être un plaisir pour lui) de venir un dimanche matin en tram, du fin fond d'Uccle, pour découvrir les « œuvres » du sale petit mioche ignare qu'il avait dans sa classe. Quel maître d'école ! Je le place au Panthéon des rares enseignants qui ont cru en moi. Décidé à lui rendre hommage en citant son nom dans ce livre, je lui téléphonai pour prendre de ses nouvelles et lui demander son accord. Il a plus de 90 ans et vit toujours avec son épouse, également ex-institutrice. Tous deux sont en pleine forme et grands voyageurs ; ils reviennent d'Australie. Toujours aussi modeste, il a préféré que je ne cite pas son nom. J'ai eu maintes fois l'occasion de lui dire l'importance qu'il a eue dans ma vie d'enfant, mais systématiquement, il a minimisé son rôle en souriant. Or, il est évident que sans lui, je n'aurais pas réussi à terminer l'enseignement primaire pour accéder à l'Athénée.

REINE D'UN JOUR

Je me demande comment, pendant que j'étais au cours du soir avec ma mère, mon frère a pu passer son temps, coincé entre notre père et notre ignoble grand-mère dans la seule pièce chauffée de cinq mètres sur quatre de la maison. À l'époque, il n'y avait pas encore de TV et on écoutait la radio. Les émissions de l'INR (l'ancêtre de la RTBF) étaient tellement guindées et ennuyeuses que mon père se branchait sur « Radio Luxembourg ». Sur son vieux poste en acajou qui datait d'avant-guerre, on captait très mal cette station où on diffusait souvent des programmes hallucinants de bêtise. La palme revient sans conteste à l'émission « Reine d'un jour » présentée par Jean Nohain. Ce présentateur à la voix nasillarde demandait au public d'une grande salle bondée de choisir, grâce à un « applaudimètre », la candidate qui porterait le manteau d'hermine et la couronne de la « Reine d'un jour ». À tour de rôle, trois pauvres femmes venaient raconter leurs malheurs, de préférence en pleurant… Exemple du genre : « Je vis seule avec mes huit enfants, deux sont trisomiques et une de mes filles a eu la polio. Mon mari alcoolique me battait. Il m'a cassé toutes les dents avant de me quitter pour ma meilleure amie et de m'abandonner sans ressource, etc. » Plus c'était horrible et triste, plus la candidate émouvait de spectateurs, plus ceux-ci applaudissaient pour sacrer celle qui serait couronnée. Mon paternel, parfois en larmes, attendait anxieusement le verdict du jury populaire. Bien sûr, quand l'heureuse élue ne correspondait pas à son choix, il râlait et le faisait savoir bruyamment… Des sponsors couvraient la gagnante de cadeaux. Par téléphone, ils offraient des couches-culottes, du lait en poudre, un mixeur, un aspirateur, un frigo, un coiffeur gratuit, etc. Le nom des marques était bien entendu cité à l'antenne. Quant aux malheureuses restées sur le carreau, elles rentraient chez elles avec quelques maigres lots de consolation… Ce programme radiophonique préfigure ce que la télévision offrira de plus navrant sous couvert de *reality show* et autres « télés réalités ».

Il y a une autre émission que nous écoutions fiévreusement : « La Radio était là ». Il s'agissait d'une fiction sous forme de pseudo-reportage radio, qui relatait de grands événements dramatiques. Par exemple, le naufrage du Titanic. Depuis le paquebot en détresse, un « journaliste » décrivait le drame dans une ambiance sonore reconstituée. L'orchestre continuait à jouer tandis que le navire s'enfonçait dans l'eau. Certains passagers chantaient à tue-tête « plus près de toi mon Dieu, plus près de toi... », tandis que mon père avait l'oreille collée sur un récepteur radio quasi inaudible. Sans oublier Zappy Max, l'animateur moustachu de la « Course au Trésor ». Lors d'une émission réalisée exceptionnellement à Bruxelles, en direct, des centaines de gamins couraient en suivant une piste à la recherche de berlingots de « Shampoing Dop ». À la fin du parcours, chacun recevait un petit cadeau. C'est comme ça que j'ai gagné un harmonica qui m'a permis de découvrir que j'ai plutôt une bonne oreille musicale. Enfin, comment passer sous silence ce que j'ai encore dans les oreilles et que mon paternel écoutait assidûment ? C'était l'émission radio de Geneviève Tabouis, « Les dernières nouvelles de Demain ». Jusqu'à près de 90 ans, avec une voix de crécelle venue du fond d'une tombe, elle commençait toujours ses billets en disant : « Attendez-vous à savoir... » Et elle débobinait alors un blabla prospectif censé prédire ce qui allait se passer dans le monde. Ce n'était pas une journaliste, mais « madame Soleil ! ».

À l'époque, les distractions étaient rares. On attendait avec impatience la foire du midi. On bavait devant les « autos scooter », mais on allait peu dessus, car « ça coûtait trop cher ». On mangeait tout de même des « croustillons » aspergés de sucre impalpable. Mais avec mon père, on passait surtout du temps devant la baraque de boxe (sans jamais y entrer !). Sur une estrade, au son d'un tambour, les « athlètes » exhibaient leurs muscles en simulant le combat. Au micro, le discours du bonimenteur était bien rodé : « Mesdames, Messieurs, ce ne sont pas des champions du monde que je vous présente, mais des hommes capables et bien entraînés ! » Ensuite, il présentait un à un ses lutteurs, boxeurs, judokas et même parfois un ours ou un kangourou avec lesquels il proposait que l'on combatte... Quand un « amateur » levait la main, le speaker lui jetait le gant en ajoutant : « Heureusement pour vous, l'hôpital Saint-Pierre est ici derrière ! » Comme on regardait successivement plusieurs parades, on n'était pas dupe que tout cela était bidon et que ceux qui relevaient le gant étaient des compères. On s'en foutait, ça nous amusait beaucoup.

Autre grand moment très attendu : la braderie de Saint-Josse. Plusieurs soirs de suite, à la lumière des lampions, la chaussée de Louvain était très animée. Une fanfare super folklorique de « zatlap » (ivrogne en bruxellois) se déplaçait de bistrot en bistrot suivie par un public enthousiaste. Devant chaque troquet, elle faisait une « aubade » avant d'entrer et d'ingurgiter des litres de bière. Je vois encore comme si c'était hier le type qui tapait sur sa grosse caisse. Il devait peser au minimum 130 kg. Les commerçants se coupaient en quatre pour attirer le public avec des tombolas ou des « trek-billards » en bois pour gagner des cadeaux. Mais c'était surtout « Roule ta bosse » (tiens, en abrégé cela donne « RTB » !), un marchand de lingerie, qui attirait une foule incroyable, en projetant des films comiques sur un écran de fortune. C'est ainsi que, gamin, je passais des heures à regarder des films de Charlie Chaplin, Laurel et Hardy, Harold Lloyd, Abbott et Costello, etc. La braderie se terminait en apothéose par une course cycliste. Les coureurs faisaient 20 fois le tour du quartier. À chaque passage de la ligne d'arrivée, celui qui passait en tête gagnait un saucisson, un jambon, un rasoir électrique, etc. Tout cela bien sûr sous les applaudissements de la foule...

L'ATHÉNÉE ADOLPHE MAX

Je passai du niveau « primaire » (une appellation qui m'allait comme un gant) au « moyen » (dont je manquais cruellement pour réussir). Inconscience ou erreur d'aiguillage ? Au lieu de m'inscrire en section « modernes », réputée plus facile, mes parents me mirent en « latin/math », considérée comme plus difficile. L'Athénée Adolphe Max était le top du top des écoles de la ville de Bruxelles, mais je n'étais ni intéressé ni doué pour les études. En classe, au lieu d'écouter le prof, je dessinais et les seules choses que je lisais étaient des bandes dessinées à l'époque proscrites dans cet établissement. Pourtant, c'est grâce aux albums d'*Alix l'intrépide* que je me passionnai pour l'histoire de la Rome antique au point de me rendre tout seul au musée du Cinquantenaire afin d'admirer la grande maquette de Rome que nous avait fait découvrir mon prof de latin. Cela explique qu'aujourd'hui encore, si je visite cette ville fabuleuse, j'identifie sans peine ses temples, arcs de triomphe, amphithéâtres et autres monuments en me prenant pour Jules César...

À l'Athénée, j'avais l'impression d'être en prison. Grand bâtiment de deux étages, coupé en deux de la cave au toit par un immense mur, toutes les classes donnaient sur une galerie qui surplombait un immense préau au milieu duquel une mosaïque représentait la rose des vents. De cet endroit, le préfet des études avait une vue panoramique sur tout ce qui circulait dans l'école. De l'autre côté du grand mur, c'était le lycée Carter, une institution pour filles. En ce temps-là, l'enseignement n'était pas encore mixte. Pour des garçons en pleine puberté, c'était un véritable mur des Lamentations. Quand un secrétaire franchissait la petite porte qui séparait les deux écoles, on apercevait parfois furtivement les filles qui faisaient de la gymnastique sous leur préau. On en était tout excités. Pour l'anecdote, je signale que Christine Ockrent, la célèbre journaliste belge, a aussi fréquenté ce lycée, mais c'était, sauf erreur, quelques années après moi.

Ce bâtiment du début du siècle dernier était conçu sur le même modèle que certains établissements pénitentiaires ou asiles d'aliénés de l'époque. C'est tout dire... Les élèves devaient porter une cravate et quand ils quittaient la cour de récréation pour monter en classe, ils défilaient silencieusement devant « Pytha » (surnom du préfet, ancien prof de math, admirateur de Pythagore) en inclinant la tête en signe de respect. Je n'ai jamais vu les yeux de ce personnage qui portait en permanence des lunettes noires de pilote d'avion. Véritable terreur, c'était le sosie du garde-chiourme du fabuleux film américain *Luke la main froide* dans lequel Paul Newman joue le rôle d'un bagnard insoumis. À voir ou à revoir absolument ! Comme l'Athénée Adolphe Max était considérée comme une école d'élite, elle était fréquentée par certains jeunes du quartier, mais aussi par pas mal de garçons de la périphérie chic de Bruxelles qui étaient déposés, le matin, par leurs parents en belles limousines. Mon frère et moi, qui habitions le quartier, avions vite compris que, comme on dit au football, on ne jouait pas dans la même division.

Chaque semaine, les élèves devaient apporter de l'argent pour la cagnotte qui servait à financer les classes de neige. Mais mon paternel estimait que « cela coûtait trop cher et que les profs s'en mettaient sûrement plein les poches ». Il obligeait ses deux fils à dire que les sports d'hiver et le ski ne les intéressaient pas ! Un jour, alors qu'il récoltait l'argent, le titulaire de classe, très psychologue, m'appela et me dit : « Oh ! Excuse-moi, j'oubliais, les Dubié n'aiment pas la neige ! » Tu parles ! Pendant que nos copains skiaient, nous passions notre temps à l'étude. À leur retour, nous étions blancs comme des cachets d'aspirine et eux, bronzés et en pleine forme.

Hormis quelques voyages quand j'étais petit et que mon père gagnait encore bien sa vie, on ne partait jamais en vacances. Durant toute mon adolescence, on est allés une seule fois 15 jours à la mer. Mes parents avaient loué à La Panne un deux-pièces sans confort à plus d'un kilomètre de la digue. L'appartement était situé au-dessus d'un abattoir à bestiaux si bien qu'il était en permanence envahi par des centaines de mouches qu'on écrasait sur les murs avec nos sandales. On mangeait de temps en temps une glace, mais on n'allait pas au restaurant. Aujourd'hui encore, chaque fois que j'entends la merveilleuse chanson de Michel Jonasz *Les vacances au bord de la mer*, je suis ému, car j'ai l'impression qu'il l'a écrite pour moi...

Chez nous, ce n'était pas du Zola, sauf peut-être durant la guerre, car nous avons toujours mangé à notre faim. Mais le moins que l'on puisse dire, c'est que nous ne baignions pas dans une ambiance propice à la réussite de nos études. Loin d'être ignares et pourtant en permanence à la maison, nos parents ne s'en souciaient guère. Quand les résultats de nos interrogations étaient trop mauvais, nous les dissimulions et les signions nous-mêmes. Pareil avec nos bulletins bariolés de rouge. Quand on brossait les cours, on interceptait les cartes d'absences qu'on renvoyait en imitant la signature de nos parents. Évidemment, en fin d'année, on était bien forcés de leur montrer nos résultats catastrophiques. Au palmarès annuel du classement des élèves, nous figurions toujours dans la rubrique « non classés ». À chaque fois, nos parents tombaient des nues, nous enguirlandaient copieusement et se disaient scandalisés, car, dixit mon père, « vous avez tout pour réussir, vous êtes les plus intelligents de la classe, mais vous ne travaillez pas assez ». J'ai retrouvé quelques-uns de ces bulletins que ma mère a eu le masochisme de conserver. Édifiant !

L'ORIGINE DE MES ÉCHECS SCOLAIRES ?

Pour ne rien arranger, à 13 ans, je fus victime d'un accident qui a certainement contribué à aggraver ma « cancritude » (pour reprendre un terme de Ségolène Royal). Je descendais à toute vitesse à vélo la très pentue rue Stevin qui jouxte l'actuel bâtiment du Berlaymont. Cette vieille bécane rouillée n'avait plus qu'un seul frein sur la roue avant. Il lâcha subitement. Affolé, je tentai de bifurquer à droite dans le boulevard Charlemagne, mais, manque de bol, une voiture déboula. D'un énergique coup de guidon, je parvins à l'éviter, mais je fus éjecté de ma bicyclette et ma tête heurta violemment la façade d'une maison.

Complètement sonné, je ne vis plus clair, mais personne ne s'inquiéta de moi. En larmes, groggy et vomissant tous les 50 mètres, je me traînai jusqu'à ma maison avec mon vélo amoché. Mes parents étant absents, je me couchai et vomis encore plusieurs fois. Malheureusement, à son retour, ma mère ne prit pas conscience que j'avais une commotion cérébrale. À partir de ce moment-là, je ferai fréquemment des migraines ophtalmiques, doublées de maux de tête violents qui m'obligent à rester couché dans l'obscurité à proximité d'un seau pour vomir.

Heureusement, à l'âge adulte, de nouveaux médicaments ont réduit la fréquence de mes crises. Mais encore aujourd'hui, j'ai toujours avec moi ma petite pilule miracle qui stoppe mes céphalées en une demi-heure. En plus de cela, l'aspect très handicapant de certaines migraines est encore aggravé par le fait que cette affection n'est socialement pas prise au sérieux. Arriver au travail le poignet plâtré provoque l'apitoiement chez les collègues. Par contre, un migraineux qui s'absente est vite considéré comme un tire-au-flanc. Or, à la place de certaines migraines, j'aurais souvent préféré me casser un bras.

Est-ce cet accident et ma commotion cérébrale qui sont à l'origine de mes échecs scolaires ? Il y a peut-être une autre explication. À 24 ans, en lisant un article sur la dyslexie, je découvris que les symptômes décrits étaient un véritable portrait-robot de ma propre personne : « problèmes scolaires, problèmes de concentration, manque d'attention, lenteur vis-à-vis de l'écrit, problèmes d'orthographe et de lecture, difficulté à apprendre une langue étrangère, etc. » Je me reconnus à 200 % dans tous les handicaps cités. Alors, étais-je dyslexique depuis ma plus tendre enfance ? En tout cas, ni mes parents ni mes enseignants ne s'en sont aperçus ! Pour mon malheur, c'est un trouble (pas une maladie !) que l'on traîne toute sa vie.

La dyslexie ne provoque heureusement ni déficit sensoriel ni déficit intellectuel. Ceux qui en sont atteints ont un QI égal ou supérieur à la moyenne. Cela m'a rassuré d'apprendre que le génial réalisateur hollywoodien Steven Spielberg ne s'est aperçu qu'en 2007 qu'il était atteint par cette affection. Autre réconfort : des célébrités comme Albert Einstein, Winston Churchill, Léonard de Vinci et Johnny Hallyday étaient dyslexiques. Mon avis personnel est que tous ceux qui ont un handicap le compensent en développant des « pare-feu ». L'aveugle entend mieux, le sourd voit mieux… Peut-être ai-je fait de même ? À vous de me dire ce que j'ai compensé.

BONNET D'ÂNE

L'objectivité m'oblige de mentionner qu'à Adolphe Max, certains enfants d'origines plus modestes que nous réussissaient brillamment leurs études. Ainsi, dans ma classe, mon voisin de banc, fils de concierge et très travailleur, réussit avec brio ses humanités. Ses parents n'ayant pas les moyens de lui payer des études de médecine, il dut s'engager à l'armée pour réaliser son rêve. Bien plus tard, en 1991, quand je devins journaliste, je fus invité à l'émission « Les copains d'alors » de la RTBF et je me retrouvai assis sur le même banc que lui. Ce fut l'occasion pour moi de le remercier, car, en très bon camarade, il m'a toujours permis de copier sur lui. Notamment au cours de néerlandais où j'étais particulièrement nul. Sans lui, mes résultats scolaires auraient été encore bien plus désastreux.

J'étais la bête noire du prof de « flamand », comme on disait à l'époque. Ce fin pédagogue me disait, avec un sourire sadique : « Monsieur Dubié, venez devant la classe nous montrer comment on parle la langue de Vondel à Verviers ! » La rigolade était générale, mais j'étais, pour une fois, le seul à ne pas rire… De même, lors de la remise des rédactions, le prof de français lisait chaque fois avec emphase celle qu'il estimait être la meilleure. Son auteur avait le grand privilège de pouvoir la retranscrire dans le « cahier d'honneur ». Puis, l'enseignant lisait, avec sarcasme, la plus mauvaise rédaction. Souvent la mienne… Cruauté suprême, il prenait alors un accent bruxellois tellement stupide qu'il aurait pu ainsi ridiculiser le plus beau poème de Rimbaud. Évidemment, parmi mes condisciples, les rieurs s'en donnaient à cœur joie.

Une seule fois pourtant, je reçus une brassée d'éloges. Paradoxalement, elle vint de ce redoutable prof de français. Chaque semaine, il consacrait une heure de cours à un exercice d'élocution. Par ordre alphabétique, à tour de rôle, chaque élève devait résumer et commenter oralement un livre qui lui avait plu. J'appréhendais ce moment fatidique où je devais « blablater » devant la classe, car hormis les « BD » (toujours proscrites à l'école en ce temps-là), je ne lisais jamais rien.

Un jour, le prof appela l'élève censé faire son élocution et, catastrophe, il était absent ! Je blêmis, car d'après le règlement, le suivant de la liste devait être prêt à le remplacer. Or, le suivant, c'était bibi ! L'air moqueur, l'enseignant me demanda sur quel bouquin je comptais disserter. Terrorisé, je lui avouai n'avoir rien lu. Le prof était d'autant plus furax qu'il n'avait rien prévu pour meubler cette heure de cours. Insistant, il me dit : « Mais enfin, vous [on vouvoyait les mioches dans cette école...] n'avez vraiment pas quelque chose, n'importe quoi, dont vous pourriez nous parler ? » Comme je venais de lire dans la BD *Spirou* une explication sur le fonctionnement du moteur à explosion qui m'avait passionnée, je proposai à ce type, hyperlittéraire, d'expliquer comment il se faisait que sa voiture démarrait quand il mettait le contact.

Comme dessiner, c'était mon truc, je griffonnai à la craie au tableau noir des croquis qui éclairaient le fonctionnement du moteur de sa bagnole. Pistons, vilebrequin, soupapes, bougies, carburateur, culasse, delco, tout y passa. Ensuite, séance de questions-réponses. En 40 minutes, le petit garnement que j'étais apprit à son quadragénaire de prof, ébahi, par quel miracle sa bagnole démarrait. Cela faisait 20 ans qu'il la conduisait sans jamais s'être demandé ce qui se passait sous le capot et un petit cancre venait de répondre à une question qu'il ne s'était jamais posée. Ce fut la première et la dernière fois que je reçus une cote de 10 sur 10 au cours de français. Le lendemain, le secrétaire de l'école me demanda : « C'est toi qui connais le fonctionnement du moteur des voitures ? » Modeste, je répondis : « Oui, m'sieur ! » Mon « exploit » avait visiblement fait le tour de l'école...

Cela n'empêcha pas qu'une fois de plus, en fin d'année scolaire, je fus busé dans les grandes largeurs ! Nos enseignants firent alors comprendre à nos parents qu'il serait judicieux de changer leurs deux fils d'établissement. C'est ainsi qu'on se retrouva inscrit dans un Athénée du centre-ville à 100 mètres du « Manneken Pis ». Aller à l'école ne nous prenait désormais plus 5 minutes, mais 30 ! Car pas question de prendre le tram. D'ailleurs, marcher, c'est tellement bon pour la santé, n'est-ce pas ? Enfin, là, au moins, je décrochai un diplôme du secondaire inférieur.

Au total, au lieu des trois années normalement prévues, pour obtenir ce « graal », comme j'ai doublé deux fois, cela m'a pris cinq ans. Est-ce par manque de jugeote ou par masochisme qu'au lieu d'étudier pour quitter au plus vite cet enfer pavé d'humiliations, j'y suis resté plus longtemps que mes condisciples ? Je sais désormais pourquoi j'adhère aux propos de l'écrivain autrichien Stefan Zweig qui a dit de l'école : « Elle ne fut qu'ennui et dégoût, accrus d'année en année par l'impatience d'échapper à ce bagne » ou encore : « Le seul moment de vrai bonheur que je doive à l'école, c'est le jour où je fermai pour toujours sa porte derrière moi. »

MUSARAIGNE CONCILIANTE

Un jour, un ami nous entraîna aux scouts catholiques et ce fut une véritable chance, car le scoutisme a été pour moi une extraordinaire bouffée d'oxygène qui a contribué à m'épanouir. Avec ma troupe, chaque dimanche et durant les camps d'été, je pouvais m'évader de la sinistrose de mon univers familial. Les activités étaient nombreuses et variées, ludiques tout en étant formatives : réunions de patrouille, sorties au grand air en forêt de Soignes, cartographie sur le terrain, orientation à la boussole, identification des étoiles, feu de camp, théâtre, chant, morse, etc. Unique point noir : avant chaque sortie dominicale, on était censés assister à la messe, ce que, neuf fois sur dix, mon frère et moi, pas du tout bigots, brossions en nous faisant réprimander.

Mes chefs m'affublèrent du totem de « Musaraigne conciliante », tout en précisant que ce qualificatif était encore à acquérir ! Je ne pense pas pouvoir encore le mériter aujourd'hui... Avec ma patrouille, je découvris la camaraderie, la solidarité, le vivre ensemble, la débrouille et le respect de la nature. On ne parlait pas encore d'écologie, mais ça y ressemblait furieusement. On équipait une roue de vélo de pales et, grâce au courant d'un ruisseau, elle tournait en permanence tout en actionnant des dynamos qui produisaient suffisamment d'électricité pour éclairer notre tente. Pour moi qui ne partais quasi jamais en vacances, le camp, c'était le paradis. Les horreurs de l'école étaient à des milliards de kilomètres de moi.

Le scoutisme a aussi une dimension sociale. Ainsi, lors du terrible hiver de 1953-1954, quand l'abbé Pierre lança son célèbre appel à la radio pour qu'on porte secours aux sans-logis, avec ma patrouille, je me rendis dans le quartier déshérité des « Marolles » de Bruxelles. On y apportait des sacs de charbon à des vieillards qui grelottaient au fond de leur lit dans leur antre sans chauffage. Voici encore quelques autres souvenirs de cette époque.

Dans chaque troupe, il y avait un aumônier qui participait au camp. Le nôtre, Joseph Comblain, était un jeune jésuite en soutane, sosie tout craché du jeune Roi Baudouin. Tous les matins, après le salut au drapeau, il disait la messe. L'abbé en profitait chaque fois pour nous sermonner en nous demandant d'être plus polis et de cesser d'utiliser des « gros mots ». Sans succès !

Une année, lors d'un camp, une semaine passa et, au réveil, chaque scout découvrit dans son sac à dos un petit message avec une injure (trou du cul, imbécile, connard, etc.). Devant les tentes, il y avait de grands cartons barbouillés d'insanités. Le drapeau belge qui flottait au bout du mât avait été remplacé par un grand torchon recouvert d'insultes… Interloqués, on demanda à l'aumônier qui avait bien pu faire ça. Sa réponse fusa : « Allez tous à la merde ! » L'abbé avait passé la nuit entière à préparer son coup. Cette « pédagogie » très originale s'est révélée bien plus efficace que ses sermons puisque, pendant le reste du camp, on a tous fait de gros efforts pour être polis… Plus tard, j'apprendrai que l'abbé Comblain s'est expatrié en Amérique du Sud. Ce chouette type, adepte de la « théologie de la libération », avait compris qu'il était plus utile en aidant les exploités et les miséreux de ce continent qu'en tentant d'apprendre les « belles manières » à de petits Belges merdeux qui mangent à leur faim.

Notre troupe comptait cinq patrouilles qui campaient, rassemblées en un même lieu. Pourtant, bizarrement, un été, nos chefs décidèrent que la patrouille des « Coqs » (la mienne !) devait aller s'installer à une dizaine de kilomètres du campement du reste de la troupe. Sans qu'on nous explique la raison de cette mise à l'écart, on comprit vite qu'ils nous considéraient comme des « têtes brûlées » ou « des pommes pourries » qui risquaient de contaminer le reste du panier… Les huit « Coqs » dressèrent leurs tentes à Pussemange, non loin de Charleville où est né Arthur Rimbaud, le poète maudit. Cette relégation a failli mal tourner quand « Souriceau », un scout de notre patrouille, se coupa méchamment la jambe en élaguant un tronc d'arbre à la hache. Le sang coula tellement qu'on dut lui faire un garrot. On était en plein bled, loin du village. On y transporta notre copain en courant comme des fous. On a eu beaucoup de chance, car on y trouva un médecin qui recousit la blessure de notre malheureux copain.

Est-ce un signe des dieux ? Cela se passait en juillet 1955. J'avais 14 ans. L'endroit où je séjournais était un minuscule patelin au fin fond des Ardennes. Coïncidence, je découvrirai bien plus tard que celle qui deviendra ma femme y passait ses vacances, au même moment, avec ses parents. Il semble donc très probable qu'étant restés 15 jours dans ce petit hameau, moi en culottes courtes et elle en short, on se soit croisés. Pourtant, ni elle ni moi n'avons le souvenir de l'autre. Par contre, il est plus que certain que le destin avait déjà quelque chose derrière la tête…

L'année suivante, sans avoir l'âge requis, avec mon frère, je passai aux « Routiers » (les scouts plus âgés). Lors d'une activité, on dut se rendre à vélo à un « Jamboree » (un grand rassemblement de scouts) dans le village de Dworp au sud de Bruxelles. Problème : les frères Dubié n'avaient pas de bécane. Qu'à cela ne tienne, comme d'habitude notre paternel avait « la » solution qui ne coûtait rien ! Durant la guerre, sa voiture ayant été réquisitionnée par la Wehrmacht, il avait acheté un tandem pour ses déplacements en famille. Son idée était que ma mère et lui pédaleraient sur son « vélocipède à deux pédaliers » et qu'ils installeraient leurs deux fistons dans une petite remorque qu'à l'époque on appelait un « Wawa ». Hélas, le projet « très écolo » n'avait pas fait long feu. Après avoir fait un essai à eux deux, sans les enfants, et très péniblement monté le boulevard Lambermont, ils avaient estimé que c'était bien trop dur et le tandem s'était retrouvé dans la cave à charbon d'où il n'était plus jamais sorti. Eurêka ! Pour notre père, il n'y avait qu'à « ressusciter » la bécane biplace du fond de la cave et malgré le fait qu'elle soit complètement rouillée, ses deux gamins n'avaient qu'à pédaler dessus de concert.

Même si les « frérots Dubié » avaient appris depuis longtemps que le ridicule ne tue pas, ils avaient conscience d'avoir l'air particulièrement cons à eux deux sur ce tandem pourri. Évidemment, ce fut d'abord la bagarre entre eux pour savoir qui allait tenir le guidon et puis ils n'arrêtèrent pas de s'engueuler en s'accusant mutuellement de ne pas pédaler assez fort… En route avec nos copains routiers, on était la lanterne rouge du peloton. Complètement larguée avec ce tandem qui pesait plus lourd qu'une enclume, notre fine équipe arriva tout de même au sommet d'une colline. Là, grâce à l'addition de leurs poids, c'est à toute berzingue que les deux comiques dévalèrent la descente vers Alsemberg. Pour éviter de foncer dans les autres cyclistes qu'ils rattrapèrent, ils freinèrent comme des malades et firent éclater le pneu de la roue arrière de leur vélo. Conséquence : on a dû rentrer à la maison à pied en poussant notre ferraille qui a regagné la cave dont elle n'aurait jamais dû sortir.

Chaque année, la troupe au grand complet devait participer à la procession de la paroisse du « Sacré Cœur ». Le curé commit la grossière erreur de faire défiler des adolescents tourmentés par des montées de testostérone juste derrière la troupe des « guides ». Initiative d'autant plus maladroite que certaines étaient très mignonnes et pas du tout bégueules... Lors de ce défilé religieux où on bringuebalait la statue de la « sainte Vierge », des « Crucifix » et un « Sacré Cœur » sous un baldaquin, nos rigolades, blagues et sifflements choquèrent les fidèles postés sur les trottoirs. Ces bigots s'en plaignirent au curé et la sanction fut immédiate. Nos chefs nous bannirent du camp d'été. Une véritable catastrophe pour moi qui n'avait pas d'autres vacances.

Qu'à cela ne tienne, avec les « apostats » et des copains non scouts, on s'introduisit dans le local de la troupe et en emprunta une malle contenant tout le matériel nécessaire pour monter un camp sauvage. Nous partîmes camper à Barvaux-sur-Ourthe, tous habillés d'un t-shirt marinière. Dans la foulée, nous décidâmes de nous appeler les « Filous boys ». Nouvelle véritable tentation de Saint-Antoine : à 500 mètres de notre campement, il y avait un home de vacances pour filles de Seraing. Au patelin, sur le juke-box du bistrot « Le vieux puits », on passait en permanence des 45 tours d'Elvis Presley qui chantait ses premiers Rock and Roll tandis que les Platters nous envoûtaient avec leurs slows langoureux comme *Only you*.

Beaucoup plus délurées que nous, les valeureuses Liégeoises nous invitèrent à danser. C'était l'occasion de nos premiers émois amoureux. L'une d'elles, une petite boulotte italienne avec un gros nez, qui portait un bikini en laine rouge tricoté par sa maman, m'emmena sur l'Ourthe en kayak. Et voilà que sans coup férir, elle m'embrassa goulûment en me roulant un patin. Comme c'était mon premier « vrai » baiser, j'en tombai éperdument amoureux. À la fin des vacances, mortifié de ne plus la voir, je lui demandai son adresse et dans une lettre enflammée, je lui donnai rendez-vous sur le pont de la Meuse à Seraing. À l'insu de mes parents, je brossai mes cours et me rendis en train dans la bien nommée « Cité Ardente ». Hélas, mille fois hélas, comme dans la chanson de Jo Dassin, « j'ai sifflé tant que j'ai pu, elle n'est jamais venue... ». Je n'avais pas encore seize ans.

LE JUDO

Dans mon adolescence, une autre activité extrascolaire me permit de me défouler et d'être plus sûr de moi : le judo. Chaque semaine, je me rendais à l'« Heure joyeuse », une petite bibliothèque publique gratuite pour les jeunes du quartier où on pouvait lire *Tintin* et *Spirou*, des magazines de BD que je n'avais pas les moyens de m'acheter en librairie. Comme tous les gamins, j'étais fan des aventures de *Buck Danny*, un intrépide pilote de l'US Navy qui, aux commandes de son appareil, traque impitoyablement les chasseurs nippons, ceux qu'à longueur de pages on appelle avec mépris les « Japs » ou les « Faces de Citron ». Il faut rappeler que la guerre n'était terminée que depuis moins de dix ans et les Japonais, alliés des nazis, étaient peu appréciés chez nous. J'ignore pourquoi mon père avait flashé sur les arts martiaux de l'empire du « Soleil levant », mais quand il apprit qu'un club de judo ouvrait près de chez nous, il y inscrit *illico presto* ses deux fistons. Le prix du kimono étant jugé trop élevé, ma maman eut tôt fait de nous en confectionner un sur mesure. Très vite, les deux frangins furent passionnés par ce sport à déconseiller aux daltoniens puisque la hiérarchie entre les judokas est fonction de la couleur de leur ceinture de kimono. D'abord blanche, elle est ensuite jaune, orange, verte, bleue, marron et enfin noire. Sur le tatami, nous étions vite parmi les « caïds » du club. Lors des compétitions qui nous opposaient Josy et moi, la lutte était acharnée. Entre frères : pas de cadeau ! Comme il était le plus âgé et le plus costaud, il remportait la plupart de nos combats.

Mais les visites de judokas provenant d'autres clubs nous firent comprendre que notre « maître » ne dominait pas toutes les subtilités de cet art martial. Raison pour laquelle je décidai de changer de club et de m'inscrire au « Trèfle », là où toutes les « grosses pointures » des tatamis de Belgique avaient leurs habitudes. C'est ainsi que vers mes 20 ans, je fus confronté au vice-champion du monde de judo, le colosse japonais Akio Kaminaga (110 kg !), venu faire la promotion de son sport à Bruxelles. Il fut le premier judoka nippon à perdre sa médaille de champion du monde face à un étranger, le géant hollandais Anton Geesink ! On raconte qu'à Tokyo, le traumatisme fut tel qu'on mit les drapeaux en berne...

« Maître Kaminaga » me faisait inévitablement penser à « Petit Jérôme », le malabar de la BD *Bob et Bobette* qu'enfant j'adorais (on a la culture qu'on peut...). J'étais parmi la douzaine de judokas désignés pour affronter le champion nippon. À genoux sur le tatami, nous étions alignés face à lui. Immobile et impassible, il souriait comme un sphinx. Dans un silence de mort, de ses yeux bridés, il nous fixa longuement l'un après l'autre. Après le traditionnel salut d'avant le combat, il nous empoigna par les revers de notre kimono et, en moins de temps qu'il ne faut pour l'écrire, on se retrouva tous au tapis. Présomptueux, j'espérais pouvoir lui résister ne fût-ce qu'une poignée de secondes. Hélas, je n'ai pu tirer qu'une seule fois sur son kimono avec la sensation qu'à l'intérieur, ce n'était pas un homme, mais la Colonne du Congrès, avant de me retrouver les quatre fers en l'air. Je m'en fis une raison, je ne serais jamais l'Anton Geesink de Schaerbeek !

Au final, ce sport m'a donné de l'assurance et m'a même permis quelques fois de me sortir de situations difficiles.

Notamment lorsqu'un soir, j'ai été agressé rue Neuve par des voyous. À l'instar de la nage ou du vélo, le judo ne s'oublie jamais. J'ai gardé, jusqu'aujourd'hui, certains réflexes qui ne me quitteront que si je deviens grabataire... Mais je tiens à préciser que, judo ou pas, je n'ai jamais été un bagarreur.

Aux scouts et au judo, je rencontrai André L. et on devint très copains. Pour faire des conneries, on s'entendait comme deux larrons en foire. Vous voulez des exemples ? À la manière de « Quick et Flupke », on déposait sur le trottoir un vieux portefeuille attaché à une fine ficelle dont on tenait le bout en étant cachés dans un sous-sol. Quand quelqu'un le voyait et se baissait pour ramasser le cuir, on tirait brusquement sur la ficelle. La « victime » sursautait et on se marrait bruyamment de notre bonne farce. Ou, alors qu'on n'avait pas l'âge de conduire, durant la nuit, on empruntait la voiture de son père. Comme, à l'époque, à l'emplacement actuel de la base de l'OTAN c'était la campagne, on roulait phares allumés dans les champs labourés et dès qu'on voyait un lapin, on slalomait dans la gadoue derrière la pauvre bête affolée. Ou avec une carabine 22 long rifle, on chassait les rats dans les dépôts d'immondices...

QUESTIONS EXISTENTIELLES

Fils d'un père anticlérical, anticlérical moi-même, c'était par un concours de circonstances que je m'étais retrouvé chez les scouts catholiques. Cela ne m'empêchait pas, comme tous les ados, de me poser pas mal de questions basiques. Quelle est l'origine du monde ? D'où venons-nous ? Où allons-nous ? Dieu existe-t-il ?... Un jour, avec mon copain, je fis une démarche plutôt audacieuse pour mon âge. Nous sonnâmes au couvent d'une confrérie de Pères blancs, avenue de la Renaissance, où un vieil ecclésiastique barbichu nous accueillit avec un sourire mielleux. Comme nous lui faisions part de nos interrogations, l'homme d'Église nous dit : « Mais mes chers enfants, je suis là pour vous répondre ! » Nous lui demandâmes alors pourquoi Dieu, qui est censé avoir tout créé, crée tant d'horreurs sur la Terre. Pourquoi des hommes, des femmes et même des enfants doivent subir tant de souffrances, de maladies, de guerres et de catastrophes alors que les prêtres n'arrêtent pas de nous dire que notre Seigneur est amour ? Si Dieu existe, ne serait-il pas plutôt un sadique qui se réjouit de ses créations diaboliques ? Le père blanc, très embêté, s'empêtra alors dans des explications fumeuses qui, à l'époque comme aujourd'hui d'ailleurs, ne m'ont pas du tout convaincu.

Très vite, je n'ai plus cru aux salades des cours de catéchisme. Par exemple, l'histoire de Joseph, ce charpentier naïf et impuissant, puisque sa femme est censée être toujours vierge, qui a gobé qu'un type, avec des ailes, lui avait annoncé sans la toucher qu'elle était enceinte du fils de Dieu. Autre aberration : durant des siècles, les catholiques ont avalé qu'un enfant mort sans avoir été baptisé n'allait ni en enfer, ni au purgatoire, ni même au paradis, mais dans les limbes. Et voilà que, très discrètement, le 21 avril 2007, les théologiens du Vatican ont « découvert » que ce lieu improbable où des millions d'enfants végètent pour l'éternité n'existe pas ! Les cathos n'ont d'ailleurs pas le monopole des balivernes. Les musulmans (mâles !) morts en martyrs ont droit à 72 vierges en arrivant au paradis. Et quand une femme musulmane est kamikaze, elle a droit à 72 puceaux, alors ? Preuve qu'il n'y a pas qu'aux gosses qu'on peut faire croire n'importe quoi. Hélas, c'est bien connu, chez certains, plus c'est gros, plus ça passe.

Un jour, on découvrit dans une librairie spécialisée sur l'occultisme un guide pour pratiquer l'hypnose. Très vite, nous fûmes étonnés de l'efficacité des méthodes décrites. Nous réussissions à endormir plein de copains. Devant une copine ébahie, nous arrivions à hypnotiser sa mère. De plus en plus excités par nos « expériences », nous étions à la recherche de « bons sujets », car il faut savoir que certaines personnes sont beaucoup plus réceptives à l'hypnose. Pendant leur sommeil, on leur suggérait de faire un tas de trucs délirants, comme manger un morceau de craie en faisant croire que c'était du sucre. Ou faire « déguster » une gousse d'ail à une amie alors qu'on savait qu'elle en détestait le goût ; elle n'en perçut même pas le goût en bouche après son réveil, du moins jusqu'au moment où on lui expliqua ce qu'elle avait mangé, car alors, la réaction fut immédiate : elle vomit tout ce qu'elle avait dans l'estomac. Enivré par le pouvoir qu'on exerçait sur nos « victimes », on devint complètement irresponsables. Après l'avoir endormi par suggestion, on insensibilisa le bras d'un copain, qu'on transperça d'une aiguille sans qu'il ne se réveille. Après qu'il eut repris ses esprits et alors qu'il n'avait strictement rien senti, il fallait lui montrer sa mini-cicatrice et que des témoins confirment notre « expérience » pour qu'il y croie.

Avant qu'une « victime » ne reprenne conscience, il nous arrivait de lui suggérer des réactions post-hypnotiques, des choses aberrantes qu'elle ferait à son réveil sans savoir pourquoi. Par exemple, demander un verre de lait alors qu'elle déteste les boissons lactées ou commander à notre « sujet » de revenir le lendemain à une heure précise pour se refaire immédiatement à nouveau endormir. Et le jour suivant, on attendait à l'heure dite avec des copains et on était sidérés quand notre « victime » sonnait à la porte au moment prévu.

Nous avons cessé nos « expériences » un soir où, « par blague », nous avions endormi un certain Paul A. en l'asseyant sur une lunette de WC lors d'une soirée de réveillon. Sa petite amie, inquiète de ne plus le voir, le chercha partout et quand elle le découvrit roupillant aux toilettes, elle devint, à raison, folle de rage et se mit à hurler : « Maintenant ça suffit avec vos conneries ! » Nous avons enfin compris que nous allions trop loin et nous avons décidé d'arrêter définitivement. J'ai retenu de ces pratiques insensées combien nous sommes vulnérables à toute forme de suggestion. Les publicitaires le savent mieux que quiconque, ainsi que les « gourous » qui embobinent les gens dans des sectes.

« BOUM » À LA SACRISTIE

Autre grand copain, Bernard était le dernier-né d'une famille nombreuse extrêmement bigote. Deux de ses frères étaient prêtres et ses deux sœurs étaient nonnettes. Pourtant, avec ce gars d'1m95, on a aussi fait les 400 coups. Il faut dire qu'il était « dingue » de vivre dans ce milieu qui suintait l'eau bénite. Il m'a raconté que ses parents lui ont expliqué fièrement qu'il avait été conçu « hors du péché de chair » : « Ton papa et ta maman portaient tous les deux une longue chemise de nuit pour éviter tout contact charnel lors de ta conception. » J'avoue avoir du mal à imaginer comment son paternel avait des érections dans ce genre de circonstances. En tout cas, il y a de quoi obliger plus tard leur progéniture à dépenser beaucoup d'argent chez un disciple du docteur Freud pour purger cette scène de son cerveau.

Un week-end, alors que ses parents étaient partis en « récollection spirituelle », Bernard profita de leur absence pour organiser une surboum chez lui. Problème : leur maison était truffée de « Bondieuseries ». Il y avait des dizaines de crucifix, Sacré-Cœur et des Saintes-Vierges partout. Impossible de danser des Rock and Roll endiablés ou des slows langoureux dans cette « sacristie ». Après un inventaire précis, on planqua tout ce « brol » religieux dans la cave. Musique à fond la caisse, on fit la bringue toute la nuit en picolant et en fumant comme des cheminées. Bref, c'était la version belge de *La Boum* bien avant celle de Sophie Marceau ! Le lendemain, remise en place de tout le bric-à-brac religieux. Hélas, on eut beau aérer, ça sentait la vinasse et la fumée de tabac comme dans un tripot de bas étage. En rentrant chez eux, les parents pèlerins en tombèrent à la renverse. J'ignore comment le pauvre Bernard a expliqué cela, mais le plus difficile pour lui a sûrement été de trouver la raison de la présence d'un « Flaminaire », un briquet à la mode à l'époque, dans le lit de ses parents. C'était le mien que j'avais perdu en « frouchelant » avec une copine sur le pieu de ses aïeux.

En tout cas, cela n'a pas assagi notre ami Bernard puisqu'un soir, après que ses « vieux » se soient couchés (toujours très tôt pour pouvoir aller à la messe du matin), on a emprunté leur « Nash ». Une grosse voiture américaine qui ressemblait à un obus. Nous sommes partis au carnaval de Cologne et au retour, on roulait tellement vite qu'à Tirlemont, le joint de culasse de la belle limousine a pété. On l'a laissée au bord de la route et on est rentré en auto-stop. Les parents ont cru que leur bagnole avait été volée.

À vingt et un ans, jour de sa maturité, Bernard est parti au Canada, au Québec plus précisément. Je n'ai plus jamais eu de nouvelles de lui. En 1993, lors d'un voyage à Montréal, j'ai tenté de retrouver sa trace, notamment en fouillant dans les bottins de téléphone de la « Belle Province ». Hélas sans succès...

LA FOLIE BB

Je n'avais pas encore 17 ans et le mythe « BB » était tel que, avec un groupe de six copains, nous partîmes en auto-stop deux par deux à Saint-Tropez. On voulait voir la Star ! Je ne me souviens pas si, à l'époque, je savais déjà qu'un bardot, c'est un âne ou plus exactement le croisement entre une ânesse et un étalon, mais j'y vois sûrement un fantasme inconscient produit par mon amour pour cet équidé. Pour se retrouver à l'arrivée, on se donna deux rendez-vous, l'un à midi et l'autre à 19 h devant le café « L'Escale », sur le quai de « Saint-Trop », le seul endroit qu'on connaissait pour l'avoir vu dans « Paris Match ». Curieusement, après huit jours de voyage, on arriva tous en même temps à destination. Il n'y avait pas encore d'autoroute et la « Nationale 7 », si bien chantée par Charles Trenet, était super encombrée. À chaque sortie de ville, une flopée d'auto-stoppeurs levaient le pouce.

Dans cette cohue, avec André, on resta bloqué deux jours et demi à la sortie d'Avignon. Deux jolies Hollandaises, en short et bien bronzées, arrivèrent alors en pédalant sur leurs vélos typiques. Elles s'arrêtèrent à notre hauteur et se mirent aussi à faire du « stop ». Au bout de quelques minutes à peine, un camionneur s'arrêta et les embarqua avec leurs bicyclettes et tout leur barda. Je n'ai jamais été aussi misogyne de ma vie ! Finalement, écœurés, nous décidâmes de marcher le long de la N 7, en ne faisant même plus de signes aux voitures, espérant trouver un endroit plus propice pour arriver à bon port. Soudain, une « Dina Panhard » s'arrêta à notre hauteur avec, à son bord, un jeune couple et deux enfants. Le conducteur nous fit signe de monter à l'arrière où il y avait déjà les mômes. Nos sacs sur les genoux, serrés comme des sardines, nous avons demandé pourquoi tant de bonté d'âme ? Ils nous répondirent : « Il y a deux jours, en allant à Paris, on vous a vus faire du "stop" avec vos chapeaux de paille. Au retour, on vous a reconnus et vous étiez toujours au même endroit... Alors on a eu pitié de vous ! » Des décennies plus tard, je suis toujours émerveillé par une telle gentillesse. Qui sait ? Si ces gens ne nous avaient pas embarqués, je serais peut-être toujours là.

Évidemment, espérer apercevoir « la Bardot » était une belle illusion. On a eu beau rôder près de « La Madrague », les gendarmes de Saint-Tropez (des vrais, pas encore les collègues de Louis de Funès !) veillaient au grain : « BB » n'est jamais sortie de son antre. Dépités et fauchés, on dut se rendre à l'évidence et rebrousser chemin.

Au retour, il y avait toujours autant d'auto-stoppeurs à chaque sortie de ville. Après trois jours, on était seulement à Aix-en-Provence. Écœurés, on profita de tickets de quai de gare pour monter dans un train à destination de Paris. On s'enferma alors, à deux, dans une toilette. Pour faire croire que le « WC » était en dérangement, des heures durant, nous voyagions sans parler, en nous s'asseyant à tour de rôle sur la lunette du pot, l'autre se tenant debout. Cela en implorant tous les saints du paradis qu'ils protègent notre wagon d'une épidémie de dysenterie... Notre stratagème ayant réussi, nous atteignîmes la gare d'Austerlitz. Pour éviter les contrôles à la sortie, en longeant discrètement les voies ferrées, nous sautâmes au-dessus d'un mur pour embrasser Paname. La fin de notre périple pour regagner Bruxelles en « stop » fut heureusement plus facile.

EXPO 58

L'année suivante, c'était 1958, l'année de l'Exposition Universelle de Bruxelles. J'avais 17 ans. À la mi-avril, la veille de l'inauguration par le Roi Baudouin, avec mon frangin, on décida de la visiter avant l'ouverture officielle. Le problème, c'était qu'à toutes les entrées, des gardiens intraitables refoulaient tout le monde. Même la presse n'était plus autorisée à pénétrer dans l'enceinte du Heysel. Seule une nuée d'ouvriers avaient droit d'accès et s'activaient afin que tout soit fin prêt pour le lendemain matin.

Mais la resquille, on connaissait ! J'ose même affirmer que nous en étions des super-spécialistes. « Fringués » avec nos vieux jeans, mon frère et moi ramassâmes à l'extérieur de l'enceinte une échelle et un seau abandonnés. On mit l'échelle sur nos épaules puis, l'air très affairé et d'un pas décidé, on franchit, sans coup férir, tous les contrôles. Bingo, on était dans la place !

On découvrit partout dans l'Expo un manège dantesque. Les allées et les pavillons étaient de véritables fourmilières d'hommes et de femmes qui mettaient la main à la pâte pour que tout soit fin prêt pour l'inauguration. La nuit, à la lueur de spots, on déroula d'immenses rouleaux de gazon qui recouvrirent les terrains boueux. Dans les allées, on planta des milliers de fleurs. Des pompiers nettoyèrent les avenues à la lance d'incendie. On eut le privilège d'assister en avant-première à un spectacle extraordinaire. Évidemment, après cette visite anticipée, nous avions une envie folle de travailler à l'Expo 58 !

Coutumier des petits boulots, j'avais un CV déjà bien rempli. En effet, pour me faire de l'argent de poche, j'avais déjà démonté des baraques à la foire du midi, fait la plonge dans un restaurant, été barman dans une boîte de nuit (on ne disait pas encore discothèque !), repeint les numéros défraîchis de façades de maisons, etc. Lors d'une braderie, perché sur un char publicitaire, j'ai même « chanté » du Luis Mariano en play-back sur une sono pourrie. Mon employeur appelait cela « chanter fictif ». J'ai exercé bien d'autres activités, souvent mal rémunérées, dont je parlerai plus loin. Mais cette fois-là, à l'Expo, j'espérais enfin trouver un job sérieux et lucratif, car je mourais d'envie d'acheter mon premier vélomoteur.

Au restaurant du pavillon américain, on recrutait des jeunes pour faire le « bus boy ». Comme je ne parlais pas anglais, j'y allai au bluff en baragouinant trois mots dans la langue de Shakespeare et avec mon frère, je fus engagé. Cependant, on avait à peine commencé à bringuebaler des plateaux de hamburgers et de frites pour les « Ricains » qu'on réussit à se faire embaucher comme conducteurs de « pousse-pousse », un travail beaucoup plus amusant et plus lucratif. N'ayant que 17 ans alors qu'il fallait en avoir minimum 18 pour transporter des gens, je trichai sur mon âge et ma candidature fut retenue. Pour les deux ados que nous étions, c'était le pied ! Au guidon d'une sorte de vélomoteur avec deux passagers installés sur un siège à l'avant, on faisait visiter l'Expo aux « belles étrangères » (comme dirait Jean Ferrat). Très mal rémunérés, littéralement exploités par notre employeur – la société Baltour, en partie propriété du ministre Paul Vanden Boeynants –, on se débrouilla quand même pour gagner correctement notre vie... D'abord grâce aux pourboires, surtout ceux des Américains. Tout ce que je savais dire en anglais c'était : « The tip is not included, sir ! » Mais aussi grâce à de petites combines du genre « une course pour "VDB", une pour Jean-Claude ! »... Toute la journée, on sillonnait l'Expo dont on connaissait les moindres recoins.

Le soir, on faisait la fête à « la Belgique Joyeuse ». Un village en carton-pâte censé reproduire une ambiance breughélienne. L'entrée étant payante et assez chère, on y pénétrait évidemment par une porte dérobée. L'atmosphère y était géniale. On buvait, on dansait et on draguait les filles. Beaucoup s'habillaient et se coiffaient comme Brigitte Bardot, la super star de l'époque (robe rose en Vichy très serrée à la taille, plusieurs couches de jupons, ballerines et cheveux en queue de cheval...). Comme elles étaient belles quand elles dévalaient la grande avenue de l'Atomium, on aurait dit qu'elles planaient ! Les tenants de la morale bien-pensante détestaient « la Bardot », l'incarnation de la libération sexuelle. Au pavillon du Vatican, il y avait une photo de la très sensuelle « BB » dansant un mambo endiablé dans le film *Et Dieu créa la femme*, symbolisant le vice et le péché de chair. Vade retro Satanas ! Pourtant, sa photo attirait bien plus les regards que le gigantesque portrait du pape Pie XII, placé à l'entrée du bâtiment.

Comment le gamin de 17 printemps que j'étais alors aurait-il pu imaginer qu'un demi-siècle plus tard, il serait journaliste à la TV et qu'en avril 2008, il présenterait une grande émission rétrospective sur « l'EXPO 58 » ? C'est pourtant ce qui s'est passé et je suis arrivé en studio conduisant un pousse-pousse qu'un collectionneur a eu la bonne idée de conserver en parfait état ! À 67 ans, en compagnie d'Armelle, une animatrice de la RTBF, j'ai pu évoquer avec de nombreux témoins cette période bénie où Bruxelles a été le nombril du monde pendant six mois. À cette occasion, j'ai rencontré le célèbre baryton-basse José van Dam, que j'apprécie beaucoup et qui, comme moi, a aussi bossé à l'expo.

DE PAVILLON EN PAVILLON

L'Expo 58 se déroulait pendant la « guerre froide » et les grandes nations de l'Est et de l'Ouest étalaient leurs rivalités. Très symboliquement, les pavillons de l'URSS et des États-Unis se faisaient face. L'oncle Sam avait opté pour un bâtiment circulaire et les « yankees » jouaient la décontraction. Les basketteurs des « Harlem Globetrotters » épataient le public par leur habileté. La visite de chanteurs de Rock and Roll enflammait la jeunesse. On découvrit la « gastronomie » made in USA en mangeant leurs hamburgers dégoulinants de ketchup et en buvant du Coca-Cola.

Avec leur immense pavillon rectangulaire, les Soviétiques choisirent le gigantisme. Une statue géante de Lénine accueillait les visiteurs dans un hall colossal où était exposé un vaste échantillon de leurs productions de toutes sortes, même des choses très banales, pour prouver qu'on ne manquait de rien au paradis soviétique. Ce qui frappait, c'était le grand nombre de plagiats de ce qui était produit à l'ouest, notamment une copie conforme de la célèbre moto allemande « BMW 600 bicylindres flat twin ». Mais grâce à leur incontestable leadership dans le domaine spatial, les Russes faisaient la nique aux États-Unis.

Premier pays à envoyer un satellite artificiel dans l'espace, l'URSS exposait triomphalement son « Spoutnik » devant son pavillon et narguait les Américains avec de puissants haut-parleurs qui diffusaient en permanence le célèbre « Bip Bip », un signal sonore que le Spoutnik envoyait depuis l'espace vers la Terre.

Mon souvenir le plus consternant, par contre, c'est le pavillon « Notre Congo », ouvertement raciste. Pour rappel, on était seulement deux ans avant l'indépendance de notre colonie. Pour convaincre les visiteurs que la Belgique y accomplissait une grande œuvre civilisatrice, de nombreuses réalisations étaient mises en évidence. On avait même reconstitué un « village indigène à l'identique » sur le plateau du Heysel. Des « figurants » africains en tenues « typiques » étaient censés vaquer à leurs activités traditionnelles devant un public médusé. Certains leur jetaient même des cacahuètes, comme au zoo ! C'était affligeant.

Cette caricature a sûrement accéléré le processus d'indépendance de cette colonie que Léopold II a été obligé de refiler à la Belgique au début du XXe siècle. C'est à l'Exposition universelle, que pour la première fois, quelques centaines de Congolais, qu'on présentait comme des « évolués » (sic), découvrirent la métropole. Parmi eux, Patrice Lumumba, le grand leader africain, assassiné trois ans plus tard au grand soulagement de certains ex-coloniaux. À Bruxelles, ces Africains découvrirent abasourdis que, chez eux, leurs colonisateurs blancs balayaient aussi les rues et s'acquittaient de tâches ingrates réservées exclusivement aux noirs dans leur pays... Avant l'Expo, en Belgique, on ne voyait quasi jamais de noirs, à part au cinéma. C'était au point que, lorsque certains croisaient un noir en rue, ils le regardaient comme une curiosité.

L'ACA DE BRUXELLES

En octobre, je quittai mon job à l'Expo 58 et je m'achetai mon premier vélomoteur : un Puch. À 17 ans, je ne réussis qu'à décrocher péniblement un diplôme de secondaire inférieur et comme la seule chose que je savais faire et qui m'amusait, c'était dessiner, je m'inscrivis à l'Académie des Beaux-Arts de Bruxelles, avec comme objectif de devenir professeur de dessin. J'eus une entrevue à ce sujet avec le secrétaire de l'« Aca », le bien nommé Monsieur « Legardien », qui m'annonça que, dès l'année prochaine, une nouvelle section verrait le jour qui délivrerait un diplôme permettant d'enseigner le dessin. Même si je fus obligé de patienter un an, j'étais ravi. En attendant, à l'« Aca » je fréquentai l'atelier de peinture à l'huile. À noter que, dans cette école, les cours généraux se résumaient alors à une heure d'histoire de l'art par semaine... Fort de mon expérience de six années de cours du soir à Saint-Josse, je me la coulais douce.

En fin d'année, ce fut la visite de l'exposition des travaux des élèves. On me rapporta que le Directeur Général de l'Instruction Publique de Bruxelles était tombé en pâmoison devant une de mes natures mortes en demandant si son auteur accepterait qu'elle décore son bureau au Palais du Midi. Très honoré, je donnai mon accord et lors de l'accrochage de mon « œuvre » magnifiquement encadrée, je fus invité à boire un verre de champagne en présence des autorités de la ville. Quarante ans plus tard, je découvris, par hasard, que mon tableau avait été transféré dans une école de la capitale et qu'il avait été emporté, sans complexe, par un membre du personnel qui l'aimait bien... J'ai évidemment exigé de pouvoir récupérer cette œuvre de jeunesse qui trône désormais dans mon salon.

Les cours redémarrèrent et, comme à l'Aca on ne prenait jamais les présences, j'arrivais en vélomoteur le matin vers dix heures et l'après-midi, la plupart du temps, je séchais les cours et passais le plus clair de mon temps à « faire la java »... La révolution « rock and roll » battait son plein et, de surboum en surboum, ma préoccupation principale, c'était de m'amuser et de draguer les filles.

Je fus ainsi complice d'un énorme gag pas très malin, mais dont je rigole encore aujourd'hui. Comme dans toutes les académies dignes de ce nom, dans les couloirs de celle de Bruxelles sont alignés des moulages en plâtre grandeur nature de statues antiques. Et voilà qu'avec un copain facétieux, on eut l'idée de peindre les pénis de tous ces éphèbes grecs et romains en rouge fluo. Le lendemain, grosse rigolade dans toute l'école, sauf au secrétariat où Monsieur Legardien, fou de rage, ordonna au concierge de repeindre immédiatement les phallus de tous les Apollons en blanc. Il n'avait pas prévu que le résultat serait plus désopilant encore, car toutes ces statues défraîchies exhibaient subitement des verges d'un blanc immaculé. Autre « plaisanterie » à laquelle je précise que n'ai pas participé, un type complètement fêlé introduisit un « Thunder flash » (pétard d'exercice) à l'intérieur de la statue de la « Victoire de Samothrace ». Quand celui-ci explosa, il y eut de la poussière partout et la sculpture en plâtre complètement fissurée perdit une de ses ailes.

ARTISTE DE RUE

Comme j'avais besoin d'argent de poche, je continuai de faire des petits boulots, notamment démarcheur à domicile pour les dictionnaires « Larousse », barman, plongeur, mais c'est surtout en dessinant sur les trottoirs, à la craie de couleur, des copies de tableaux anciens que je touchai le « jackpot ». En compagnie d'un copain, je reproduisis, à l'identique, *La vierge aux rochers* de Léonard de Vinci. Et, à Anvers et à Gand, pour avoir plus de succès, je modifiai l'arrière-plan du chef-d'œuvre du grand peintre italien en le remplaçant par un paysage typiquement flamand avec canaux, moulins, beffrois et *tutti quanti*... Sur une banderole en lettres gothiques, j'écrivis aussi : « Onze-Lieve-Vrouw en het kindje Jezus in Vlaanderen. » Au Nord du pays, ça plaisait beaucoup...

À l'époque, comme peu de gens avaient la TV, ils n'étaient pas encore blasés et le moindre chien qui passait avec un chapeau était un événement. Énormément de passants s'arrêtaient pour regarder « l'artiste » en pleine création pendant que son acolyte faisait la manche. À Gand, à la « Veldstraat », une artère assez étroite, le public s'agglutinait pour admirer la réincarnation du grand maître florentin en pleine action. C'était au point que le tram devait sonner et rouler au pas pour fendre la foule de cette kyrielle d'admirateurs. Non seulement les pièces sonnantes et trébuchantes pleuvaient sans cesse, mais aussi beaucoup de billets. Un jour, une dame très distinguée me glissa même discrètement, dans la main, une coupure de mille francs, pliée en huit ! Avec mon pote, le soir venu, nous regagnions Bruxelles en train avec des gros sacs pleins de monnaie qu'on se partageait avec jubilation. Mais c'est à Anvers, sur la « Keyserlei » que je battis tous mes records. Pendant une longue journée d'été et une partie de la soirée, dans cette avenue bien éclairée, on gagna plus que l'équivalant d'un mois de salaire d'instituteur. Je finissais par être gêné de pratiquer cette « mendicité » industrielle...

Je tiens à dire que j'ai immédiatement coupé les ponts avec mon « collaborateur » quand j'ai découvert que ce Yankee était un admirateur du Ku Klux Klan. Le comble, c'est que je l'ai revu plus tard avenue de la Toison d'Or, à Bruxelles, en train de dessiner sur le trottoir des formes géométriques, censées être de l'art abstrait. Sur un écriteau, devant son « œuvre », on pouvait lire : « aidez les artistes pauvres », tandis qu'à côté de lui, assise sur une caisse, une fille avec un ventre énorme paraissant être enceinte jusqu'aux yeux tricotait une layette de bébé. Je lui lançai : « Eh bien, tu vas devenir papa ? » et il me répondit : « Tais-toi imbécile, elle a un gros coussin caché sous son pull pour apitoyer les passants... »

Cet été, en vacances en Italie, je visitais Assise et, divine surprise, je suis tombé sur un ex-collègue en train de dessiner à la craie de couleurs sur un trottoir une reproduction d'un tableau de la Renaissance. J'ai évidemment sympathisé avec cet artiste de rue assez talentueux et admiré son travail. Il était très étonné d'apprendre que je faisais déjà la même chose que lui il y a 65 ans ! Je lui ai évidemment donné une belle dringuelle...

Cela me rappelle un autre moment, dans les années 1960, quand la Banque Bruxelles-Lambert située en face de la statue équestre du roi Léopold II (le barbu négrier) décida de s'agrandir. Pour masquer les travaux, on les entoura de palissades qui furent mises à la disposition d'artistes qui pouvaient y peindre une œuvre éphémère. Choisie par un jury, la meilleure serait récompensée par une prime. Les créateurs disposaient chacun de 25 m^2 pour créer une fresque temporaire. Durant de longues semaines, bon nombre d'artistes décorèrent ainsi gratuitement le mur d'enceinte du chantier. Avec un ami de l'Aca, on choisit d'utiliser l'espace qui nous était dévolu pour simplement y écrire en grand : « Ceci n'est qu'une opération publicitaire et commerciale d'une banque ! »

Les travaux terminés, le jury, en présence de la presse et des participants, proclama le palmarès des résultats. Celui qui remporta la « palme » était le petit-fils de l'ancien ministre des Finances, Camille Gutt. Or, le lauréat s'était contenté de coller sur son panneau des billets de vingt francs qui, mis bout à bout, écrivaient le mot « Art-gens ». À cette annonce, les artistes qui avaient réalisé des fresques murales durant des centaines d'heures, souvent sous la pluie, étaient fous de rage. En réaction, certains ont même barbouillé leur propre travail en l'aspergeant de pots de peinture... Ne me demandez pas ce que sont devenues ces palissades, je n'en sais rien...

RESQUILLEUR DE PREMIÈRE

Grâce à cette véritable poule aux œufs d'or que constituait mon activité d'artiste de rue, je pus m'offrir une « belle Anglaise », ma première vraie moto, une « Triumph Tiger ». Quasi tous les soirs, avec mes potes, on descendait en ville en roulant comme des fous, « à fond la caisse », sans casque, car il n'était pas obligatoire à l'époque. Une fois, on était même à cinq sur une « BSA gold Star », une moto avec side-car.

En ce temps-là, Bruxelles comptait énormément de cinémas dans lesquels on resquillait en entrant toujours par les sorties de secours. C'est ainsi que j'ai vu gratuitement des dizaines de films : tous les westerns et les péplums en « cinémascope » y sont passés. Au « Variété », un cinoche spécialisé dans les films d'horreur, on ne ratait jamais les *Dracula* interprétés par l'acteur Vincent Price. Quand l'abominable comte aux longues canines ensanglantées s'approchait d'une femme pour la mordre, on se marrait bruyamment. Cela provoquait un malaise chez les spectateurs qui venaient pour avoir peur et pas pour entendre rigoler.

On revit évidemment plusieurs fois *La Chevauchée infernale* avec Marlon Brando qui joue un chef de bande de motards en vestes de cuir qui sèment la terreur dans une petite ville des États-Unis. Sans oublier *La fureur de vivre* avec le regretté James Dean qui s'est tué à 24 ans au volant de sa Porsche 921.

Il n'y a pas qu'au cinéma que je resquillais. Quand Ray Charles donna un concert à Bruxelles, le prix des billets d'entrée était bien trop élevé pour ma pomme. Des copains y allaient et moi, qui adorait ce chanteur, je leur annonçai que j'irais quand même le voir sans payer, ce qui provoqua leurs sarcasmes. Le moment venu, j'étais planqué derrière une des sorties de secours du Palais des Beaux-Arts où le « Genius » venait chanter. Dès l'intro musicale de l'orchestre, j'entrai dans la salle et repérai une place libre au premier rang. Je me glissai entre les spectateurs et m'y assis. Pendant quelques minutes, j'angoissai qu'un retardataire arrive et exige sa place réservée. Mais bingo, personne ne vint. Très relax, j'ai pu écouter le chanteur aveugle à quelques mètres de lui. Quand, du dernier balcon, mes copains m'ont aperçu, ils étaient sciés. C'est avec la même méthode que j'ai aussi pu assister aux concerts de Fats Domino et d'Yves Montand.

Un soir, en sortant du « Victory », on traversait la « Galerie de la Reine » en pétaradant avec nos gros cubes et en croisant des passants médusés. Dans notre bande, il y avait un type complètement fêlé qui acceptait, en échange d'une « chope », de dévaler à « toute berzingue » la rue Franklin, jusqu'au Berlaymont (qui n'existait pas encore). Debout sur la selle de sa « BMW », il traversait tous les carrefours, naturellement sans pouvoir freiner. L'athée pur jus que je suis se demande s'il n'y a pas un Dieu pour les casse-cou, car ce « siphonné » a fini mort dans son lit.

Cette période folle de ma vie me fait songer aux « Pieds Nickelés ». Une bande dessinée française d'avant-guerre d'inspiration anarchiste que j'adore. Elle raconte les tribulations de trois mauvais garçons, Croquignol, Filochard et Ribouldingue, qui font des coups fumants en arnaquant des bourgeois à longueur de pages. Pour éviter qu'elle ne pervertisse la jeunesse, cette BD fut mise à l'index par la bien-pensante censure catholique. C'était du « Quick et Flupke » de Hergé, mais à la puissance 1000 ! Quand je pense à tout cela, je dois bien reconnaître que dans ma jeunesse, j'ai été un fameux petit voyou qui a fait plein de conneries qui auraient pu très mal tourner. Je n'en tire aucune fierté.

PREMIERS AMOURS

Comme beaucoup d'ados, mon frère et moi papillonnions d'une fille à l'autre et comme mon père, malade, était omniprésent à la maison, chaque fois qu'une copine téléphonait à l'un de ses fils, c'est lui qui décrochait et avec sa grosse voix, il demandait : « C'est qui ? » Et invariablement, mon paternel, très spirituel, s'exclamait : « Qui ? Encore une autre ! » Le tout ponctué d'un rire bien gras... Cent fois, on lui demanda d'arrêter, cent fois il recommença !

À l'époque, j'affectionnais le « style artiste » : longs cheveux, pantalon et veste de velours côtelé. Avec les filles, ça marchait plutôt pas mal. Je collectionnais les « conquêtes ». Une fois, je flirtai avec une fille qui, chaque fois que je la voyais, me faisait cadeau d'un « Skira », magnifique et coûteux bouquin d'art en couleur. Très content, je les acceptais sans me poser de questions. Mais un jour, alors que mon paternel était seul, on sonna à la porte. Il ouvrit et se retrouva face à un couple de petits bourgeois qui souhaitaient lui parler. J'ignore si, comme à son habitude, mon père n'était toujours pas rasé, en pyjama crasseux et peignoir, mais il fit entrer ces personnes distinguées dans son taudis. D'emblée, le monsieur dit à mon père : « Si je me permets de vous déranger, monsieur, c'est pour que nous puissions parler de l'avenir de nos enfants... » Mon père tomba des nues, mais pigea tout de suite que je « fricotais » avec leur fille, un peu « zinzin » et qui avait raconté des salades à ses parents en prétendant être « fiancée » avec moi. Mais au cours de l'entretien, tournant la tête, le père de la gamine découvrit soudain, alignés sur un buffet, une dizaine de très beaux livres d'arts qui avaient disparus de chez lui et qu'il pensait naïvement avoir été volés. Dois-je ajouter que mon paternel a immédiatement restitué cette bibliothèque à son propriétaire et a immédiatement mis fin à mes « fiançailles » sans me demander mon avis ?

Mais le fameux loustic que j'étais avait aussi un petit cœur d'artichaut. Lors d'une « surprise-party », je rencontrai mon premier grand amour, Michèle. C'était une jolie petite brunette aux cheveux très longs et qui dansait avec moi des « rock and roll » endiablés. Si j'avais eu pas mal de flirts avant cela, cette fois-là, je tombai vraiment amoureux. Tous les jours, je l'attendais à la sortie de l'école pour l'emmener sur mon vélomoteur « Puch ». On était inséparables...

Un jour, j'annonçai à mes parents que j'allais passer le week-end à la campagne chez mon copain Francis G. Ce n'était pas faux, sauf que j'avais omis de dire qu'on serait trois garçons et trois filles, dont ma petite copine... Pour me faire une blague, les trois filles eurent l'idée de me laver les cheveux et sans m'avertir, elles me frictionnèrent le crâne à l'eau oxygénée. La conséquence ne se fit pas attendre. Alors que j'étais châtain foncé, quand je me regardai dans un miroir, je découvris que j'étais devenu blond comme les blés. Le dimanche, quand je rentrai à la maison, mon père tomba presque de sa chaise en voyant ma chevelure blonde. Pour expliquer ma transformation capillaire, j'inventai une salade dont, à raison, mon paternel ne crut pas un mot. Le lendemain, d'un air grave, il me dit : « Jean-Claude, assieds-toi, ton papa veut te parler ! », en ajoutant : « Tu sais mon garçon que tu peux tout me dire, hein ! Alors, dis-moi, ton copain, Francis G., chez qui tu es allé ce week-end, est-ce un garçon convenable ? » Et d'ajouter : « Enfin, tu me comprends, il n'a pas de vilaines manières ou des mœurs spéciales ? » À l'évidence, mon paternel croyait que j'étais homosexuel... Une véritable honte dans les familles en ce temps-là. Assez vite, il s'apercevra s'être trompé.

VACANCES EN AMOUREUX

La maman de Michèle, très libertaire pour l'époque, l'autorisa à partir avec moi en vacances à la Côte d'Azur en auto-stop. De mon côté, j'étais, à nouveau, obligé d'inventer une « salade » à mes parents : j'étais censé voyager avec un copain. Comme deux années auparavant, je fis du stop sur la Nationale 7, mais cette fois, il ne fallut que trois jours pour gagner le sud de la France, car c'était ma mignonne petite amie qui levait le pouce tandis que moi, caché, je n'apparaissais que si un automobiliste s'arrêtait. Souvent, dès qu'il m'apercevait, le conducteur repartait en trombe. Allez donc savoir pourquoi ! Pour autant, notre voyage ne manqua pas d'émotions…

Ici j'aurais envie de chanter la célèbre chanson de Bourvil : « La tac-tac-que-tique du gendarme, c'est d'être toujours là où on ne l'attend pas », car passés Mâcon, le soir tombé, nous dressâmes notre minuscule tente dans une prairie le long de la N7. On dormait à poings fermés quand, en pleine nuit, du bruit nous fit sursauter et des lampes de poche furent braquées sur notre tente. On eut le « trouillomètre » à zéro quand une grosse voix cria : « Gendarmerie nationale, sortez de là ! »

Terrorisés et éblouis par leurs torches électriques, on fut emmenés dans leur camionnette où on fut soumis à un véritable interrogatoire. Les gendarmes, très agressifs, nous questionnèrent sans nous expliquer pourquoi. « Depuis quand êtes-vous là ? », « N'avez-vous rien vu ou entendu d'anormal ? », « D'où venez-vous ? », etc. Ils fouillèrent nos bagages et prirent nos empreintes digitales. Ce n'est qu'après nous avoir mis sur le gril pendant de longues minutes que les pandores nous révélèrent enfin pourquoi ils nous « cuisinaient » de la sorte. À quelques centaines de mètres de l'endroit où nous dormions, sous un pont de la route nationale, un chauffeur de taxi avait été découvert égorgé dans sa voiture. Ils nous soupçonnaient d'être les auteurs de cet horrible assassinat ! C'était bien avant que la fameuse série des « gendarmes de Saint-Tropez » ne passe au cinéma, sans quoi on aurait cru être tombé sur des collègues du maréchal des logis-chef Ludovic Cruchot (alias Louis de Funès) et de l'adjudant Gerber (alias Michel Galabru). Car ce n'est qu'après leur avoir fait remarquer qu'il aurait été assez invraisemblable de planter sa tente à un jet de pierres de notre présumé forfait que les gendarmes nous ont reconduits à notre tente et, après un salut militaire, nous ont souhaité bonne nuit.

Autre frayeur, le lendemain, un routier qui se rendait à Marseille nous embarqua dans son gros camion. Super contents, mais harassés par le voyage, nous tombions de sommeil. Il faisait suffocant et le chauffeur du poids lourd, en « petit Marcel », proposa gentiment à ma copine de s'allonger sur la couchette qui se trouvait à l'arrière de la cabine. Comme je m'écroulais aussi de fatigue, le camionneur me suggéra d'aller dormir sur des bâches qui étaient à l'arrière dans la remorque. J'acceptai sa proposition et je m'endormis comme un bébé, mais soudain, je fus tiré de mon sommeil, car le camion s'était arrêté et son moteur était coupé. Je m'attendis à ce qu'on vienne m'ouvrir, mais rien. J'entendis alors ma petite amie hurler et me mis aussitôt à crier et à marteler la porte du bahut avec mes poings. Puis, brusquement, le poids lourd redémarra.

Une heure plus tard, le chauffeur stoppa son camion et m'ouvrit la porte de la remorque. Je le remerciai et puis je vis ma jeune compagne descendre de la cabine en larmes sans rien dire. Je n'eus pas le temps de lui demander ce qui se passait que le conducteur avait déjà repris le volant et démarra en trombe. Complètement défaite, ma copine me cria : « Mais pourquoi t'as dit merci à cette crapule ? Il a essayé de me violer ! » À l'époque, RTL diffusait le soir en radio l'émission « Les routiers sont sympas ». Tu parles ! Rétrospectivement, cette histoire me glace le sang.

Heureusement, grâce au soleil du Midi, on a vite oublié nos déboires et on a passé des vacances idylliques. À Cannes, pour gagner un peu de thunes, on vendit sur la Croisette des pendentifs en cuivre et émaux que j'avais confectionnés avant de partir et je dessinais à la craie de couleurs sur les trottoirs, comme je le faisais en Belgique. Hélas, très vite, je dus stopper mon petit business. Chaque fois, des CRS nous chassèrent en nous menaçant de nous jeter en taule pour « vagabondage spécial ». On dut se rendre à l'évidence : les autorités de la très chic Côte d'Azur n'appréciaient pas notre genre de production artistique. Fauchés, on fut obligés de rentrer à Bruxelles plus vite que prévu.

LA MONNAIE

Au retour, ma copine et moi dégotâmes un job plutôt mal rémunéré, mais super sympa : figurants au théâtre de « La Monnaie ». Nous assistions d'abord aux répétitions et ensuite, depuis les coulisses, nous regardions une flopée d'opéras, ce qui me permit de m'initier à l'art lyrique dont à l'époque, j'ignorais tout. C'est ainsi que je suis devenu un fan du bel canto. Dans de multiples costumes, j'ai figuré dans la plupart des « grands tubes » du répertoire : *Le Barbier de Séville* de Rossini, *La Bohème* de Puccini, *La Flûte enchantée* de Mozart, *Aïda* et *Nabuchodonosor* de Verdi, les *Contes d'Hoffmann* de Jacques Offenbach, etc. Au premier acte de *Rigoletto* de Puccini, je dansai un menuet sous la houlette de Franco Zeffirelli, le célébrissime metteur en scène qui a réalisé *Roméo et Juliette* au cinéma.

Et puis, surtout, pendant plusieurs années, j'ai côtoyé, dans les coulisses, les danseuses et danseurs du « Ballet du XXe Siècle », la fameuse troupe de Maurice Béjart. Tous super sympas avec les simples figurants que nous étions. En 1961, j'eus l'inoubliable privilège d'être figurant/danseur lors de la création du célèbre *Boléro* de Ravel. D'après une chorégraphie de Béjart, sur un plateau circulaire rouge, en alternance, Tania Bari et Douchka Sifnios se déployaient lentement sur le rythme lancinant et érotique de cette œuvre magistrale. C'est deux par deux et progressivement qu'une quarantaine de danseurs assis sur des chaises entraient dans la danse jusqu'à l'orgasmique apothéose finale. Près d'un demi-siècle plus tard, j'ai eu le plaisir de revoir ce ballet à « Forest National » dans sa version originale. Le *Boléro* et *Le Sacre du printemps* (sur une musique d'Igor Stravinsky) sont assurément les deux plus belles créations de l'immense Béjart. J'en garde des souvenirs impérissables !

Évidemment, même à l'opéra, on ne pouvait pas s'empêcher parfois de « déconner ». C'est ainsi qu'avant la représentation de *Carmen* de Bizet, certains figurants, dont moi, avaient un peu trop « picolé ». Et, lors de la célébrissime scène où le torero Escamillo chantait son fameux air, « Toréador en gââârde » repris en chœur par une trentaine de choristes, on s'était mis à hurler : « Toréador, ton cul n'est pas en or, ni en argent, ni en fer blanc, ni en argent... » Le maestro André Vandernoot avait failli casser sa baguette et même si, très probablement, le public ne s'en était pas aperçu, on s'était quand même fait solidement enguirlander et sommer de ne plus recommencer...

Autre gag, dans *Le Chevalier à la rose*, de Richard Strauss, un figurant devait se faire remplacer par un copain et il m'incomba de lui expliquer ce qu'il devait faire. Après qu'on l'eut déguisé en valet, maquillé et coiffé d'une perruque blanche poudrée, je l'informai que son rôle n'était pas du tout compliqué : « Quand je te le dirai, tu entres en scène avec un candélabre, tu vas te placer à côté d'Elisabeth Schwarzkopf [à l'époque, la rivale allemande de La Callas !] et quand le chef d'orchestre te fait signe, tu chantes : Voici monsieur le Duc ! » Terrorisé, le gars me dit : « Mais je ne sais pas chanter, moi ! » Je lui répondis : « Si tu ne le fais pas, celui que tu remplaces va perdre son boulot ! » Avec la complicité des choristes, je lui fis répéter sa tirade qu'il chanta évidemment comme une casserole. Depuis les coulisses, son chandelier à la main, il écouta, pétrifié, la diva et me dit : « Mais elle chante en Allemand ! » Je lui répondis : « À l'opéra, ça n'a pas d'importance ! » Bien sûr, juste avant qu'il n'entre en scène, je lui dis : « Ta gueule, hein ! Tu dois seulement te placer à côté d'elle et surtout ne pas chanter ! » Sans quoi, c'eut été ma dernière prestation à « La Monnaie »...

ANTI-FLAMINGANTS

Le théâtre de La Monnaie est situé à 200 mètres de la place des Martyrs où se trouvait « Les Carabins », un bistrot/cave qu'on fréquentait assidûment. Il arrivait même qu'entre deux interventions sur scène, l'une au début de l'opéra et l'autre tout à la fin, on aille y picoler tout en étant encore maquillés et même parfois déguisés.

En 1962, lors d'une soirée bien arrosée, on apprit que le lendemain se tiendrait à Bruxelles une « Mars op Brussel », une marche flamingante qui allait déferler dans la capitale. Alors qu'à l'époque, on n'était pas du tout politisé, avec une bande de copains, on décida que ce serait « no pasaran » ! Comme deux de nos potes habitaient de part et d'autre du boulevard Maurice Lemonnier, on eut même l'idée de tendre une corde entre leurs deux balcons et d'y pendre un drapeau belge pour que le cortège flamingant passe en dessous. Mais vu qu'il y avait une ligne de tram avec des fils électriques, on avait quand même estimé plus sage de renoncer à ce projet. Le jour « J », quelques dizaines d'écervelés, dont mon frangin et moi, attendirent l'arrivée de la horde flamande entre les deux lions de « La Bourse ».

Au son de tambours et de trompettes, leurs drapeaux jaunes et noirs claquant au vent, des dizaines de milliers de manifestants déboulèrent de la gare du midi en éructant. Dès que la tête du cortège arriva à notre hauteur, la brochette de « Franskiônes » que nous étions se mit à crier : « Bruxelles français ! Bruxelles français ! » Évidemment, ça vira tout de suite à la « castagne ». On parvint à bloquer le cortège durant un court moment, mais devant une telle masse de manifestants, on dut battre en retraite jusqu'aux rues adjacentes où, rebelote, on recommença notre puéril harcèlement. Par hasard, j'ai retrouvé dans les archives de la RTB des images en noir et blanc de ces pugilats où on voit les « Dubié brothers » faisant le coup de poing sur les marches de la Bourse. Éclairant !

Mon frère a même eu les honneurs de la première page du Soir avec une photo où, une jambe en l'air, il shoote sur un flamingant... Avec comme commentaire : « Un opposant à la marche flamande adepte de la savate française évidemment... » Je ne suis pas sûr que ce soit la chose la plus intelligente que nous ayons à mettre à notre actif, mais, comme on dit, il faut bien que jeunesse se passe !

MANQUE D'ÉDUCATION SEXUELLE

Cette époque fut aussi marquée par une terrible épreuve. Ma petite copine « tomba » enceinte. Fin des années 1950, il n'y avait pas d'éducation sexuelle à l'école et la pilule contraceptive n'existait pas encore. Au cours de biologie, on nous expliquait la reproduction chez les crapauds, les oiseaux et parfois les mammifères. Mais de sexualité humaine, il n'était pas question, ni à l'école ni en famille non plus. Et de contraception encore moins. Bien avant que le « Grand Jojo » nous apprenne « qu'il ne portait pas de falzar », on étudiait Jules César au cours de latin. Mais le prof ne nous enseignait pas l'expression latine « coitus interruptus » qui aurait pu éviter au grand Caius Julius de faire à Cléopâtre un petit « Césarion » assassiné à l'âge 17 ans. Pourtant, cela m'aurait été bien plus utile que de répéter comme un perroquet « rosa, rosa, rosam... ». (Jacques Brel ne m'aurait sûrement pas contredit !) Conséquence : ma copine qui n'avait pas encore seize ans se retrouva « en cloque ».

On n'osa évidemment pas en parler à nos parents. Angoissés, on ne savait que faire pour stopper cette grossesse non désirée. On était prêt à gober les conseils les plus absurdes et les soi-disant solutions miracles de copains tout aussi ignorants que nous. Toutes ces pseudo-recettes de grand-mère n'ayant évidemment aucun effet, Michèle finit par en parler à sa maman. Dans notre malheur, on eut beaucoup de chance, car sa mère était féministe, laïque et progressiste. Elle n'eut pas de mal à nous convaincre que mettre un enfant au monde à notre âge, c'était la quasi-certitude de faire trois malheureux : le gosse, la fille et le garçon. Le scandale à l'époque en Belgique, c'était que les lois inspirées par la seule morale chrétienne interdisaient les interruptions volontaires de grossesse qui étaient même lourdement condamnées, car considérées comme un crime.

L'hypocrisie était totale. Tout le monde savait que chaque année, dans notre pays, plusieurs milliers de femmes avortaient clandestinement. Ces « IVG » étaient souvent pratiquées par des personnes incompétentes ou animées uniquement par un esprit de lucre. Certaines femmes en devenaient parfois stériles, voire en mouraient. Celles qui en avaient les moyens se rendaient, ni vues ni connues, dans d'autres pays, notamment en Suisse où l'interruption volontaire de grossesse était autorisée. La maman de Michèle trouva un médecin qui, moyennant 10 000 francs, accepta de pratiquer une IVG. C'était une somme importante à l'époque, surtout pour un acte médical qui ne durait que quelques minutes. L'intervention se passa à domicile. Avant de s'éclipser, sans révéler son nom, le toubib prit son fric et expliqua qu'en cas de « complications », il fallait se rendre d'urgence à l'hôpital Saint-Pierre de Bruxelles en disant que la petite avait fait une fausse couche. C'est la maman de ma copine qui avança l'argent en exigeant que je la rembourse intégralement.

Ce fut une expérience très douloureuse, plus encore pour Michèle évidemment, mais une excellente leçon pour moi, car jusqu'au miracle de l'apparition de la pilule contraceptive, j'ai toujours utilisé des préservatifs. Ce qui n'était pas toujours évident, car avec ma tête de gamin, certains pharmaciens refusaient de m'en vendre. L'un d'eux m'a même jeté hors de son officine en me traitant de « petit saligaud ».

Plus d'un demi-siècle plus tard, toutes ces horreurs paraissent bien loin, car aujourd'hui, le droit des femmes à avorter est une évidence. Pourtant ces changements ne sont pas tombés du ciel. Aujourd'hui encore, même des étudiants en médecine de l'Université Libre de Bruxelles ignorent jusqu'au nom du docteur Willy Peers. C'est pourtant grâce à ce gynécologue qu'en 1990, notre parlement a fini, après une longue bataille politique, par voter une loi libéralisant l'avortement. Et cela, malgré le fait que le très bigot Roi Baudouin, en contradiction avec le prescrit de la Constitution, ait refusé de la signer. Il a fallu une entourloupe qui déclare que le souverain était dans l'impossibilité de régner pendant deux jours pour que la loi puisse enfin être publiée au

Moniteur Belge sans sa signature. Certains ont ironisé en disant que le Roi avait fait grève durant deux jours, mais sans retrait de salaire.

Ceux qui s'imaginent que le droit à l'IVG est définitivement acquis doivent savoir que dans toutes les religions, des obscurantistes tentent sans relâche de le remettre en cause. Ils sont arrivés à leurs fins en Irlande et en Pologne où l'Église est omniprésente. Et du fait de la présidence de Donald Trump aux États-Unis, plus de la moitié des États de ce pays refusent désormais aux femmes le droit de disposer de leur corps.

UNE TV POUR MON PÈRE

Au début des années 1960, mon père était de plus en plus malade et dépressif. Il broyait du noir. À longueur de journée, comme il le disait lui-même, il s'emmerdait comme un rat mort. Mais, pour lui, il n'était pas question d'acheter une télévision : « C'est sans intérêt, ça coûte trop cher et en plus il faut payer la Radio/TV redevance. » Il n'empêche, quelques années plus tôt, en 1953, lors de la diffusion pour la première fois en direct et en eurovision du couronnement de la Reine Elisabeth II d'Angleterre, il s'était arrangé pour aller voir l'événement chez un voisin.

Grâce à ma cagnotte accumulée avec mes petits boulots, aidé par mon frère, on lui acheta une TV. C'était un énorme cube en acajou de la marque belge « Socora », avec un petit écran noir et blanc. Elle était la moins chère du marché, mais nous coûta tout de même 10 000 francs, une somme assez rondelette pour l'époque. Sans rien dire à notre paternel, mon frère et moi déposâmes sur la table de la pièce du séjour une grosse caisse en carton. Intrigué, notre papa se demanda ce que ça pouvait bien être et quand il découvrit que c'était un poste de télévision, il se mit à pleurer comme un môme. Puis, reprenant ses esprits, il nous dit, un peu gêné, qu'il manquait une antenne. En ce temps-là, on captait uniquement la RTB grâce à une sorte de râteau placé sur le toit. Mais comme mon père estimait que cette installation coûtait trop cher, il se contenta de placer une mini antenne sur le poste de TV, ce qui ne permettait de capter qu'une image très « pisseuse ».

Les émissions ne débutaient qu'en fin d'après-midi, mais mon père allumait déjà son poste alors qu'il n'y avait que la mire sur l'écran. Comme hypnotisé, il attendait que la RTB diffuse l'image d'une horloge de style « Expo 58 » et que résonne enfin *L'hymne à la joie* de Beethoven qui annonçait le début des programmes. Ensuite, scotché devant la TV, il regardait les émissions du début à la fin tout en les commentant copieusement quand il les jugeait médiocres. Il faut dire que la TV n'en était encore qu'à ses débuts et que ce qu'elle proposait n'était pas très enthousiasmant. Mais aujourd'hui, sur certaines chaînes, n'est-ce pas toujours la même chose, certes en couleurs ?

Heureusement, certains programmes sortaient du lot et j'en cite ici quelques-uns qui ont marqué les esprits les premières années. Le magazine de reportage « Neuf millions neuf » et les enquêtes du génial Henri Mordant, un pionnier du petit écran qui parvenait à rendre ludique et compréhensible pour tous les téléspectateurs des sujets aussi ardus que l'index ou le déclin économique de la Wallonie. À partir de 1964 et jusqu'en 1968, « 14/18 », une sorte de journal télévisé décalé de 50 ans relatait l'histoire de la « Grande Guerre » toutes les deux semaines. Truffé d'archives et de témoignages d'anciens combattants, c'est devenu aujourd'hui un document historique de très grande valeur avec, notamment, des interviews des rescapés de cette terrifiante « boucherie ».

En ce temps-là, on n'avait pas beaucoup de choix : on regardait Mordant, sinon rien ! Paradoxalement, c'était l'âge d'or de la TV, car les téléspectateurs étaient quelque part « obligés » de se cultiver tandis qu'aujourd'hui, la plupart du temps, ils zappent et regardent des programmes débiles, des variétés ou du sport. La TV pourrait être un merveilleux outil de culture et de savoir pour tous, mais elle est surtout une source d'abrutissement pour le plus grand nombre. Le constat peut être étendu à ce que les gens consomment sur Internet et les réseaux sociaux. Mais à qui la faute ?

MES ÉTUDES, SUITE ET FIN

Revenons à mon projet de devenir prof de dessin. En 1959, en fin de première année à l'« Aca », durant laquelle j'avais passé l'essentiel de mon temps à glander et à m'amuser, je me rendis au secrétariat chez Monsieur Legardien, qui m'avait certifié que je pourrais m'inscrire dans une section « Arts Plastiques » dès la rentrée suivante. Hélas, ce personnage antipathique et suffisant m'annonça, à nouveau, que cette filière serait créée, mais seulement dans un an. Dépité, je fus contraint de ronger mon frein encore durant une année. Je continuai donc à suivre des cours qui ne m'intéressaient que moyennement.

Au bout de cette année supplémentaire, je tentai à nouveau de m'inscrire dans cette section tant attendue, mais c'est une douche glacée qui m'attendait cette fois ! Bouffi de fatuité, Monsieur Legardien m'expliqua, sans même s'excuser, qu'il s'était trompé. Que la section était bien ouverte, mais qu'elle n'était accessible qu'à ceux qui avaient un diplôme de fin d'humanités et que comme ce n'était pas mon cas, je n'y étais pas admis. J'étais hors de moi, car, par la faute de cet individu, je venais de perdre deux années et je voyais définitivement mon rêve s'envoler. Mortifié et à contrecœur, je m'inscrivis au cours de publicité.

Un copain me demanda de dessiner des affiches de pub pour le ciné-club qu'il animait à L'Os à Moelle, un café-théâtre très sympa ouvert en 1960 dans une cave à Schaerbeek. Pour moi, c'était l'occasion de fréquenter ce cabaret et d'assister, sans m'en douter, aux premiers tours de chant de deux futurs monstres sacrés de la chanson française. D'abord Barbara, une grande dame en noir, quasi-inconnue à l'époque, qui chantait *L'aigle noir* en s'accompagnant au piano. Et puis, un type très boyscout à l'époque, un débutant qui ferait du chemin, un certain Jacques Brel qui interprétait *Le diable, ça va !* en s'accompagnant à la guitare. L'Os à Moelle existe toujours aujourd'hui et c'est tant mieux, car beaucoup d'autres artistes ont pu y faire leurs premières armes...

Quelques années plus tard, en 1963, j'assistai au Festival de jazz de « Comblain-la-Tour », considéré alors comme le « nombril du monde du jazz » en Europe. Beaucoup de « grosses pointures » de cette musique d'origine afro-américaine s'y produisaient. Et voilà qu'au grand dam des puristes du jazz monta sur le podium un inconnu qui chantait en français, avec une voix de fausset. C'était le tout jeune Salvator Adamo qui subit immédiatement quolibets et cris hostiles du public. À ma grande honte aujourd'hui, je dois confesser que j'étais parmi les imbéciles qui l'ont sifflé pour tenter d'empêcher ce merveilleux artiste de se produire. Six décennies plus tard, je me dois de présenter mes excuses à Salvator pour ma connerie, d'autant plus que j'apprécie beaucoup cet auteur-interprète, tant pour ses chansons que pour son humanité. Sorry l'artiste !

Pour en revenir à mes études, en décembre 1961, je rencontrai par hasard un étudiant qui suivait les cours de la nouvelle section qui formait des profs de dessin. Il m'apprit que, comme moi, il n'avait pas de diplôme d'humanités, mais qu'il avait quand même été admis en réussissant un examen d'admission. Fou de rage, je fonçai chez la « Gardouille » (c'est son surnom) pour lui demander la raison pour laquelle il ne m'avait pas informé de cette possibilité. Et là, ce prétentieux personnage, qui ne m'avait pourtant vu que trois fois deux minutes dans son bureau, me lança : « De toute façon, vous ne réussiriez pas cette épreuve ! »

Sans le savoir, ce triste sire, en me rabrouant de la sorte, me rendit un fier service. Je pris le mors aux dents et, têtu comme une mule, je décidai de lui rabattre le caquet en m'inscrivant à l'examen d'admission de cette école de futurs régents. Mais, problème : j'avais quitté l'Athénée où j'étais loin d'être brillant et depuis trois ans, je n'avais plus ouvert un seul un livre ou écrit une seule phrase dans un cahier. Malgré cela, je relevai le défi. Étudiant comme un fou, je travaillai 12 heures par jour. Par bonheur, au programme de cet examen de niveau fin du secondaire, il n'y avait pas le néerlandais… Et voilà que pour mon plus grand plaisir, et plus encore celui de mes parents, je réussis l'examen d'entrée à « l'École Normale Charles Buls » qui, en cheville avec l'« Aca », formait des futurs profs de dessin. Durant deux ans, je suivis des cours de littérature, de pédagogie, de philosophie, d'histoire de l'art et aussi, bien sûr, de peinture et de dessin. Après mes stages, je sortis premier de promotion avec mon diplôme de prof en poche. Fier comme Artaban, je n'ai pas pu m'empêcher d'aller faire un gigantesque bras d'honneur à l'ignoble « Môônsieur Legardien ».

GOGGOMOBIL

Super-ravi de mon résultat, je décidai de prendre des vacances bien méritées. Mon frère et moi fûmes invités, au mois d'août, à Ibiza chez la mère de la copine de mon meilleur ami d'enfance. Or, pour se rendre aux îles Baléares, il fallait passer par l'Espagne et y prendre un bateau. Cela tombait bien puisque je venais d'acheter ma première voiture ou, devrais-je plutôt dire, une grosse boîte métallique équipée d'un volant, de quatre roues et d'un moteur deux temps de 300 cc. J'avais découvert ce curieux engin jeté les quatre fers en l'air, sur un monceau d'épaves chez un démolisseur de bagnoles. Intrigué, j'avais interrogé le ferrailleur qui m'avait dit que c'était une « Goggomobil », une minuscule voiture fabriquée en Autriche, quasi inconnue en Belgique (regardez sur Internet, vous verrez, vous ne serez pas déçu). Elle avait dérapé et en faisant un tonneau, elle s'était retrouvée sur le toit. Mais le mécanicien m'assura que, malgré sa toiture cabossée, elle était en ordre de marche. Après moult palabres, je la lui achetai pour 600 francs (15 € !). On la remit sur ses « pattes » et un ami la remorqua jusqu'au garage de mon père. Je la démontai entièrement et vérifiai tout. À l'aide d'un simple ouvre-boîte, je découpai la toiture bosselée de ma carriole que je remplaçai par une plaque de plexiglas transparent, fixée avec des vis papillon. Grâce à ce dispositif ingénieux, je transformai ma mini-voiture en « semi-décapotable ». Je la repeignis au pinceau en bleu vif et, pour « faire sport », je collai deux bandes blanches sur les capots avant et arrière. Je rechargeai la batterie et, gros suspens, je mis le contact... Bingo ! Le démarreur fonctionna et le moteur démarra au quart de tour. Petit essai dans le quartier, apparemment tout était ok...

Au volant de mon « bolide » qui roulait au maximum à 75 km/h, accompagné de mon frangin, cap sur l'Espagne, destination Valencia où on espérait trouver un bateau pour Ibiza. On se relaya au volant durant deux jours et deux nuits et on arriva sans encombre jusqu'à cette ville côtière. Là, à notre grande surprise, on tomba nez à nez sur la même « charrette » que la mienne. En voyant notre plaque belge, son conducteur espagnol comprit, sidéré, qu'on était venu de « Brussellas » avec notre tacot. Il nous conduisit illico presto chez le concessionnaire « Goggomobil » du coin, qui nous proposa de garer gratuitement notre poubelle à roulettes dans son garage pendant tout notre séjour à Ibiza. Un mois plus tard, quand on est venu récupérer ma somptueuse limousine, je la découvris exposée dans la vitrine du garagiste. Abondamment fleurie, elle était parée d'un grand drapeau belge et d'un écriteau qui vantait les qualités exceptionnelles de ce bolide capable de parcourir près de 2000 kilomètres sans pépin. Un photographe nous immortalisa bras dessus, bras dessous, devant ma « Goggomobil », avec le garagiste, fier comme un toréador sortant d'une corrida. Si j'avais gagné le Paris-Dakar en marche arrière, je n'aurais pas été plus honoré !

Avant cela, on avait donc pris le bateau pour Ibiza et atterri dans une chouette maison. La mère de la copine de mon copain était d'une hospitalité incroyable. Elle accueillit aussi le petit ami de son autre fille qui venait de terminer ses études de philologie romane à l'ULB. Le séjour fut idyllique : soleil, amitié, tapas, sangria, Cuba libre et discussions politiques à gogo. Bref, des vacances de rêve !

C'est alors, en plein mois d'août, que je reçus un télégramme de mon père : « engagé Athénée Adolphe Max /stop/ retour urgent /stop/ rentrée 1er sept / bise Papa ». Alors, ça, pour une surprise ! On me proposait de donner cours dans l'école où j'avais été busé quand j'étais élève ! Très étonné, j'en parlai au couple de futurs profs de français qui étaient en vacances avec moi et qui m'apprirent que leur meilleure amie, également romaniste, enseignait à l'« AAM ». Je pris le bateau pour Valencia, je récupérai ma « Goggomobil », avec mon ami Jacques, et cette fois, on se relaya au volant, avec lui. Complètement fauchés, on craignit que ma « limousine » rende l'âme et on redouta de tomber à court d'argent pour payer l'essence jusqu'à Bruxelles. Mais quelle bagnole ! Hormis les essuie-glaces qui sont tombés en panne, le voyage s'est passé sans problème.

PROF DANS LA COUR DES GRANDS

Le 1er septembre 1963, après avoir roulé toute la nuit, j'arrivai vers 10 h du matin complètement lessivé par un voyage de près de 2000 kilomètres à la vitesse d'une tortue. Je me lavai sommairement et enfilai le moins moche de mes costumes avant de me présenter au secrétariat de mon ex-bagne scolaire... Mes anciens profs me reconnurent, furent étonnés de me voir et se demandèrent pourquoi j'étais là. J'ai presque dû montrer mon diplôme pour qu'ils croient que je venais enseigner dans leur établissement.

Le lendemain matin, premier jour de classe. Dans la cour de l'école, à la sonnerie, chaque prof devait se placer devant le rang des élèves auxquels il allait donner cours. C'est à ce moment-là que je découvris, pour la première fois, cette Danièle Van Maele, dont mes amis m'avaient parlé en termes si élogieux à Ibiza. Sans se connaître, on était déjà un peu complices. On se sourit. Elle avait reçu une lettre de sa copine l'avertissant qu'à la rentrée, elle verrait un « gars sympa et marrant » (sic) rencontré en vacances.

Je me souviens de ce moment comme si c'était hier. Elle se trouvait à une vingtaine de mètres de moi, son cartable appuyé sur la hanche, grande, les cheveux châtain clair et bronzée. Elle portait une petite veste de cuir noir et une jupe grise assez courte. Tout de suite, je la trouvai très jolie. Mais je n'étais certainement pas le seul prof ou élève à penser cela. À l'époque, alors que l'Athénée Adolphe Max était un des bastions de l'enseignement laïc de la ville de Bruxelles, on y baignait en plein paradoxe. À l'instar des monastères catholiques, les professeurs comme les élèves étaient tous de sexe masculin. Dans cet établissement austère, la brusque intrusion dans le « corps enseignant » de quelques jeunes collègues féminines eut pour effet de provoquer, au sein de la gent professorale masculine, un vrai ravissement, voire une tentation de Saint-Antoine. Danièle était une jeune femme de 23 ans au sourire craquant, distinguée, littéraire jusqu'à la moelle, à la fois sérieuse et pleine d'humour.

Nous sympathisâmes tout de suite. Très vite, nous nous voyions après les cours et notre relation n'était bientôt plus uniquement platonique. Évidemment, nous étions d'une extrême discrétion tant à l'école que dans ses environs. Mais on ne sait pourquoi, notre relation devint vite un secret de polichinelle. La rumeur de notre liaison se répandit rapidement parmi nos collègues jusqu'au préfet. Certains élèves n'étaient pas dupes non plus. Comme « Madame Van Maele » venait travailler en « VW Coccinelle », des gamins de l'école prirent un malin plaisir à l'espionner et à la suivre à vélo. Nos rendez-vous galants après les cours furent vite démasqués. Quant à moi, au volant de ma ridicule « Goggomobil », j'eus du mal à passer inaperçu. Un jour, sur un banc de ma classe, je découvris qu'un élève facétieux avait gravé nos deux initiales entourées d'un cœur percé d'une flèche. Cela nous avait d'abord fait rire, mais ensuite surtout agacés.

Aujourd'hui encore, je me demande, au milieu de tant d'hommes, comment un être si délicat et raffiné a pu être séduit par un énergumène de mon espèce. Elle était tout le contraire de moi. Quand je fis sa connaissance, j'étais un ignare intégral, mal dégrossi et « brut de décoffrage ». Au puzzle de ma culture, il y avait bien plus de trous que de pièces. J'étais un cancre devenu « régent en arts plastiques » dans l'école où elle, licenciée en philologie romane, enseignait le français, une matière pour laquelle j'avais toujours été recalé. Universitaire brillante et lettrée, intellectuelle passionnée de littérature, notamment par le nouveau roman et par Marguerite Duras, elle s'intéressait à la psychanalyse... Notre histoire, c'était la rencontre entre Botticelli et un boa constricteur, entre l'eau et le feu, entre une étoile brillante et un « Spoutnik » en perdition. Elle fut évidemment courtisée par nombre de ses collègues, au premier rang desquels son préfet qui fut, de loin, le plus insistant de tous et lui fit une cour effrénée.

RETOUR AU BAGNE

J'habitais toujours le bouge sordide de mes parents, un quasi-taudis dont je ne pouvais pas lui cacher longtemps le côté abominable. Elle ne se montra pas choquée par mes conditions de vie. Les rares fois où elle vint chez moi, elle tomba forcément sur mon père. Déprimé, toute la journée à la maison en pyjama et peignoir crasseux, il profitait de la moindre de ses visites pour la harponner et lui parler. Quand venait « la demoiselle », comme il l'appelait, il lui tenait la jambe interminablement, car il adorait pérorer. Elle l'écoutait avec une patience infinie et c'est moi qui devais inventer un prétexte pour lui permettre enfin de pouvoir s'éclipser.

Qu'est-ce que cette belle femme a bien pu me trouver ? Confronté à cette énigme, il y avait au moins quatre choses dont j'étais certain. Ce n'était ni ma distinction, ni ma culture littéraire, ni ma voiture, ni ma maison qui l'avaient séduite... Et pourtant, envers et contre tout, notre relation durait. Sorties, cinémas, théâtres, expositions de peintures, week-end à Paris… Danièle et moi apprenions à nous connaître et à nous apprivoiser. Nous passions de longues soirées à parler. Une fois même, nous sommes allés donner cours sans avoir dormi, après avoir discuté toute la nuit. Elle m'a enrichi énormément, humainement comme culturellement.

Mais accepter de revenir enseigner dans l'école où j'avais connu tant d'échecs et d'humiliations était un pari risqué. Je n'avais jamais imaginé y retourner comme prof, mais, craignant de ne pas avoir d'autre choix, j'avais peur de me retrouver sans boulot. Avais-je aussi accepté ce poste par facilité, car c'était au coin de la rue ? Par masochisme ? Par esprit revanchard pour faire la nique à mes anciens profs ? Il y avait sans doute un peu de tout ça… Ce qui est certain, c'est que je n'ai pas eu la clairvoyance de prévoir que ce lieu où je fus si malheureux, élève, serait un bagne bien pire encore, comme prof. Ma première grosse déception fut quand j'appris que je ne devais pas donner un cours de dessin, mais de « travaux manuels ». La seconde fut qu'en guise de classe de cours, j'héritais d'une cave sans fenêtre ni aération, qui était traversée sans cesse par d'autres élèves qui se rendaient au labo de biologie. Je me demande encore comment j'ai pu accepter d'enseigner à une trentaine de gamins dans de telles conditions. Le temps de descendre les potaches du deuxième étage jusque dans mon trou à rats, de les agencer les uns contre les autres sur des bancs, de distribuer le matériel et d'expliquer ce qu'on allait faire, il était presque temps de tout ranger et de les remonter au préau. Il était donc impossible de donner cours correctement en cinquante minutes.

GEORGES VAN HOUT

Bien plus encore qu'au temps de ma scolarité, je me sentis à nouveau humilié. À l'évidence, si ce cours existait, c'était uniquement parce qu'il figurait dans le programme obligatoire. L'établissement n'en avait rien à cirer de ce que je faisais dans mes catacombes, surtout le préfet des études, Georges Van Hout. Ce personnage se comportait de manière extrêmement méprisante vis-à-vis de moi et je compris vite que la raison de cette attitude résidait dans la relation amoureuse que j'entretenais avec Danièle, à laquelle il faisait une cour assidue. Il était visiblement intolérable pour ce prétentieux individu, prétendument humaniste, qu'un minable petit régent « en arts plastiques » bénéficie des faveurs de la prof de français sur laquelle il avait jeté son dévolu. Il ne m'adressa jamais la parole et me voua une haine féroce. Ce comportement me rappelle un couplet du premier acte de l'opéra *Carmen* de Bizet lorsqu'un baryton chante avec mépris à la belle Tzigane tombée amoureuse de Don José : « Pourquoi prendre un brigadier alors qu'on peut avoir l'officier ? »

C'est que ce n'était pas n'importe qui, ce Monsieur Van Hout : c'était un homme brillant, autant mathématicien que littéraire. Durant les récréations, à la salle des professeurs, il pérorait devant une coterie d'enseignants bien en cour. Les autres, les médiocres, n'étaient, pour lui, pas dignes d'intérêt. Il avait aussi de multiples casquettes : il participait, par exemple, à l'émission « Radio jeunesse » à l'INR, l'Institut National de Radiodiffusion, l'ancêtre de la RTBF. Chaque dimanche, un car de captation, avec une équipe de techniciens, se déplaçait spécialement à son domicile. Et c'était depuis son bureau privé qu'il jouait en direct le rôle de « maître Pic de la Mirandole » dans un jeu radiophonique destiné aux ados. Des anciens de l'INR et de la RTB m'ont rapporté bon nombre de ses turpitudes. Quand en 1960, l'INR est devenue la RTB, notre Radio/TV l'a échappé belle, car il ambitionnait d'en devenir le grand patron. Par chance, *in extremis*, c'est Robert Wangermée qui devint directeur général, un homme remarquable tant pour ses compétences que pour son éthique. Georges Van Hout était aussi un ponte de la franc-maçonnerie. Il avait créé l'émission de philosophie et de morale laïque « La pensée et les hommes ». C'était assurément une bonne idée de contrebalancer les émissions religieuses à l'époque en situation de monopole. Mais, athée convaincu, sans être maçon, me sentant proche de l'essentiel des idéaux affichés par cette organisation secrète, j'étais scandalisé qu'une émission représentant mes convictions soit trustée par ce parfait « jésuite laïque ».

Avant d'être préfet de l'Athénée Adolphe Max, le grand Georges y avait d'abord été prof de math. Contrairement à mon frère, je n'avais jamais eu cours avec lui. Pour mon frérot, c'était une véritable terreur. Très sanguin, colérique à en devenir rouge comme une pivoine, il se mettait au fond de la classe pour préparer ses émissions pendant que ses élèves devaient répondre à des interrogations écrites super salées. Comme enfant, je garde un souvenir très précis de ce personnage. Je n'étais encore qu'un gamin de 11 ans en cinquième année primaire. Je courais dans la galerie de l'école et à l'angle d'un mur, je butai contre un adulte qui me parut immense. Furibard, en réaction, il m'administra une gifle tellement violente que j'en restai groggy comme un boxeur. Reprenant mes esprits, je fondis en larmes. C'était mon premier contact avec ce grand humaniste...

PHILIPPE GELUCK, HUMILIÉ AUSSI

Je suis loin d'être le seul à avoir la dent dure envers ce type autoritaire et proche de l'hystérie. Ce mot n'est plus de moi, mais de Philippe Geluck qui a fréquenté l'AAM de 1964 à 1969. Il connaît donc parfaitement cet homme sur qui il crache toutes ses dents dans une interview donnée au « Télé-Moustique ». Il l'a vu piquer une crise de colère devant cent élèves qu'il a engueulés et insultés. Pour le « Papa du Chat », cet individu avait comme désir premier de casser et d'humilier les gens. C'est au point que, très longtemps après, il en fait encore des cauchemars. Il compare cet odieux personnage à un adjudant-chef.

Alors que les Beatles enflammaient la jeunesse, Van Hout, qui était chauve comme un œuf, exigeait de ses élèves d'avoir les cheveux coupés très courts avec les oreilles bien dégagées. Ils étaient aussi tenus de porter une cravate. Durant la révolte étudiante de Mai 68, alors même qu'il ne tarissait pas d'éloges sur ces événements, ce « grand progressiste » ne toléra, dans son établissement, aucune forme de contestation. Parler des « événements » était un sujet tabou. Ça ne l'empêcha pas d'afficher à l'entrée de son établissement la belle définition du « libre examen » de Poincaré : « La pensée ne doit jamais se soumettre ni à un dogme ni à un parti, ni, etc. » C'est clair, si j'ai pu tenir le coup durant neuf mois dans cet enfer, c'est évidemment grâce à Danièle, le seul rayon de soleil qui illuminait ma sinistre caverne.

Le 1er juin 1964, un mois avant la fin de l'année scolaire, à mon grand dam, je fus appelé au service militaire. Mais avant de quitter mon job, je dus m'acquitter d'une formalité obligatoire : aller signer mon rapport chez le préfet. Quand j'entrai dans son bureau, il arborait un large sourire. Sans me dire un mot, Van Hout me fit signe de m'asseoir et me tendit un document sur lequel était écrit, sans autre commentaire : « Insuffisant », suivi d'une cote de 6 sur 10. Dans le réseau d'enseignement de la ville de Bruxelles, cette cote équivalait à une interdiction professionnelle. Je m'insurgeai et protestai. Je lui rappelai qu'il ne m'avait jamais fait la moindre remarque concernant mon travail, que durant l'année écoulée, il ne m'avait jamais transmis de rapport négatif et que, bien que j'étais un prof débutant, il n'était jamais venu assister à une seule minute de mon cours. Il ignorait tout de ce que je faisais avec mes élèves. Pour toutes ces raisons, je refusai de signer cet arrêt de mort professionnel. C'est alors que, sans se justifier aucunement, « magnanime », le grand moraliste ajouta un demi-point à sa note d'appréciation. Si elle était toujours très médiocre, elle ne m'interdisait dès lors plus de donner cours dans le réseau d'enseignement de la capitale. Je décidai donc de signer le document en ajoutant « lu, mais pas approuvé ». Ensuite, je sortis de son bureau sans le saluer. Georges Van Hout s'était choisi comme pseudonyme radiophonique : « Jean Le Paillot ». Ce pseudo lui allait comme un gant, car, d'après le Petit Larousse, « un paillot est une petite paillasse servant d'alaise »...

Finalement, tant Philippe Geluck que moi devons une fière chandelle à cet individu. Le célèbre humoriste attribue en partie à ce personnage odieux son goût pour la dérision et son insolence face à toute autorité. Quant à moi, en quittant ce lieu maudit, je me suis juré que jamais plus je n'accepterais d'être traité de la sorte. Ce triste sire m'a inoculé un vaccin antiautoritaire tellement efficace qu'il n'a jamais nécessité la moindre piqûre de rappel. D'autant plus qu'en bon Schaerbeekois, je sais qu'un âne ne trébuche jamais deux fois sur la même pierre...

MON SERVICE MILITAIRE

Le lendemain matin, j'étais dans un train qui m'emmena à Arlon où je fus caserné à 200 kilomètres de ma copine. Durant le voyage, je lus *Vipère au poing* d'Hervé Bazin. Un des personnages clés de ce roman est une marâtre surnommée « Folcoche », portrait tout craché de mon abominable grand-mère. Je me dis que, décidément, elle me poursuivait partout, jusque dans mes lectures. Arrivé à ma ville de garnison, valise à la main, je me rendis à pied de la gare jusqu'au camp « Général Bastin » (là où séjourneront les jurés du procès du terrifiant Marc Dutroux). À l'entrée de ma caserne, un vieux tank « Sherman », vestige de la guerre 40-45, me mit en joue avec son canon.

J'ai choisi de servir sous les drapeaux comme officier de réserve et je ne l'ai pas regretté. Cela m'a donné l'occasion d'avoir un regard très instructif sur nos forces armées. Sans faire de généralités, car la plupart de nos militaires de carrière sont de vrais démocrates, j'ai pu côtoyer quelques spécimens gratinés de « fachos » qui polluent malheureusement nos casernes. Cela a contribué à me rendre encore plus antimilitariste à la fin de ma conscription que je ne l'étais au début. Quand je pense à la saga de Jürgen Conings en 2021, je me dis que décidément, il y a quelque chose qui ne tourne pas rond dans le système.

Avant d'être muté en Allemagne, je dus passer, à Arlon, six mois d'instruction pour devenir sous-lieutenant de « cavalerie », une appellation prétentieuse qui sent le crottin de cheval et dont on affuble aujourd'hui les tankistes. Autrefois, les nobles partaient à la guerre à cheval et les roturiers étaient à pied. C'est la raison pour laquelle beaucoup de jeunes « à particule » choisissaient de servir dans les unités blindées. Tout comme leurs aînés chevauchant leurs destriers, certains de ces « culs poudrés » et autres petits « de » avaient toujours une propension à toiser les fantassins du haut de la tourelle de leurs chars.

Le « cul terreux » que j'étais eut donc l'infime honneur de côtoyer des barons, comtes, chevaliers, écuyers de tout poil. Sur les huit cavaliers (aux lanciers on ne dit pas soldat !) de ma chambrée, trois avaient une belle particule. Cela ne se voyait pas à l'œil nu, mais ils avaient le sang bleu. Mon voisin de lit était le Vicomte Rodolphe de Borchgrave d'Altena et du Saint Empire que j'appelais plus sobrement « Roro ». Comment, dans ces circonstances, ne pas penser au merveilleux film de Jean Renoir *La grande illusion* tourné en 1937 ? Un chef-d'œuvre dans lequel l'acteur, Pierre Fresnay, incarne un officier français issu de la noblesse, prisonnier de guerre en Allemagne et qui côtoie dans sa chambrée un simple capitaine joué magistralement par Jean Gabin.

De mon côté, je choisis la « cavalerie » non par goût particulier pour les engins blindés, mais parce que cette option me permit de terminer mon service militaire fin août juste avant la rentrée scolaire. Ce qui me donnait plus de chance de retrouver un emploi de prof dès que je serais démobilisé.

Un des côtés positifs de l'armée que je ne soupçonnais pas, ce furent les entraînements intensifs que devaient suivre les futurs officiers pour acquérir une condition physique optimale. Je découvris ainsi que j'étais plutôt doué pour les courses de fond. En fin d'instruction, je courais sans problème 21 km avec mes armes, mon casque et tout le barda. À l'armée, être en action valait mieux que de glander, car le plus déprimant pour les ploucs, c'était ce temps qui s'écoulait horriblement lentement. C'était au point que certains miliciens attachaient, à l'intérieur de leur béret, un mètre ruban dont ils coupaient chaque jour un centimètre comme symbole du nombre de jours qu'il leur restait à tirer avant la « quille ».

LE BLUES

Le soir à la caserne, j'avais souvent le blues... J'imaginais ma copine donnant ses cours, dans son univers machiste, entourée de « courtisans ». Je redoutais de la perdre. Ne dit-on pas « loin des yeux, loin du cœur ! » ? Attendrait-elle mon retour ? À l'époque, pas de GSM et téléphoner à la caserne était un sacré problème. Il n'y avait qu'une seule cabine téléphonique pour des centaines de bidasses. Appeler Danièle était un vrai chemin de croix. Pour avoir Bruxelles en ligne, il fallait attendre un temps interminable. Qu'elles devaient se marrer, les standardistes de la « RTT », en écoutant les jérémiades des miliciens... La déception était grande quand, après tant d'efforts, personne ne décrochait au bout du fil. C'est qu'en ce temps-là, il n'y avait pas non plus de répondeur automatique permettant de laisser un message.

Autre moyen pour avoir un contact avec le monde « normal » : la poste. Quel bonheur de recevoir une lettre de ma copine ! En revanche, lui écrire ou lui répondre était, pour moi, une véritable épreuve. L'ex-cancre que j'étais devait être masochiste d'avoir une petite amie prof de français. Car pour ne pas me taper la honte, je me devais de rédiger mes missives sans fautes, ni d'orthographe ni de style. Et comme évidemment il n'était pas question de faire relire mes lettres sucrées par un copain plus lettré que moi, la seule aide dont je disposais, c'était mon petit dictionnaire Larousse. À la lecture de ma prose de caniveau, ma copine faisait montre d'une indulgence inouïe, à moins qu'elle rangeât mes

« audaces littéraires » dans la catégorie du « nouveau roman » qu'elle appréciait particulièrement. Quoi qu'il en soit, elle répondait à toutes mes lettres et ne me les a jamais renvoyées avec mes fautes soulignées en rouge. Une vraie preuve d'amour...

Lors de ma première permission après un mois et demi d'absence au fin fond des Ardennes, je sortis de la gare du « Quartier Léopold ». J'aperçus Danièle scrutant des yeux la marée kaki de militaires qui débarquaient du « TPJ » (train permissionnaire journalier). Je me dirigeai vers elle en souriant, mais elle ne me vit pas. Elle regarda au-dessus de moi, à gauche puis à droite. Visiblement, elle ne me reconnut pas. Et pour cause ! C'est que j'avais l'air particulièrement con avec mon uniforme, mon béret noir sur la tête, mes cheveux coupés à ras des oreilles et mon teint bronzé par six semaines de manœuvres au soleil. J'étais méconnaissable. Quand je m'approchai, elle sursauta et on s'embrassa tendrement... Quel bonheur de retrouver cette femme et de pouvoir l'écouter me parler de choses « normales » ! Semaine après semaine, je me sentais de plus en plus vide et abruti par la vie de caserne qui me lobotomisait lentement mais sûrement. Je n'avais rien d'autre à raconter que des histoires de bidasses qui n'intéressaient personne. L'armée est un véritable lavage de cerveau.

UNE FORMATION DE PARFAIT TERRORISTE

J'appris à manier toutes sortes d'armes : pistolet, fusil d'assaut, mitraillettes et mitrailleuses de tous calibres, canon, bazooka, grenades, explosifs, mines antipersonnel, etc. On nous expliqua même comment attaquer une sentinelle par derrière en lui tranchant la gorge au couteau... Aujourd'hui, on appellerait cela une formation du parfait petit terroriste. Le plus inquiétant, c'est qu'en jouant ainsi à la guéguerre comme des gamins, on n'imaginait pas un seul instant qu'on puisse un jour être amené à tuer réellement nos semblables. Tout cela paraissait être un jeu absurde. Un peu comme si on tirait à la carabine à plomb sur des cibles à la foire du midi. Les hommes de ma génération ne mesurent pas la chance qu'ils ont eu de n'avoir dû participer à un vrai conflit comme ont dû le faire leurs pères ou grands-pères en 14/18 et 40/45... L'absence de guerre sur notre continent durant trois quarts de siècle est, sans conteste, le plus bel acquis de la construction européenne. Mais que dire aujourd'hui alors que la Russie a envahi l'Ukraine...

Notre instructeur, l'adjudant Schouters, avait pour mission de nous enseigner la convention de Genève censée réglementer l'utilisation de certaines armes durant les conflits. Grâce à lui, je découvris le côté illusoire de cette réglementation. En effet, ce sous-officier « d'élite » nous expliqua, diapositives à l'appui, que notre tank « Patton » était équipé de deux mitrailleuses. L'une, la « Point trente », était une arme « antipersonnel » autorisée pour tirer sur des soldats tandis que l'autre, celle de plus gros calibre qui était fixée sur la coupole à l'extérieur du char, ne pouvait être utilisée que contre des avions ou des blindés légers, mais interdite pour canarder des fantassins. Puis, après cette explication « humaniste », le « juteux » partit dans un grand éclat de rire et nous lança : « Évidemment, ça, c'est pour la théorie. » Et pour bien se faire comprendre, il nous raconta fièrement qu'au Congo, lors de l'intervention des paras belges début des années 1960, il l'avait utilisée : « Avec cette mitrailleuse lourde, j'ai tiré sur les “bougnouls” (sic). Cette arme est vraiment géniale : à plus de 400 mètres de distance, je décapitais ces “Bamboulas” (re-sic) dont on voyait voler les têtes. » Après cela, quand ce super-pro de notre armée défilait en arborant fièrement ses médailles, dont certaines reçues en récompense de ses faits d'armes héroïques en Afrique, j'avais froid dans le dos.

DEUX COMPÈRES COMBINARDS

Durant mon instruction à Arlon, je me liai d'amitié avec un toubib qui avait fait ses études de médecine à Paris et ne pouvait dès lors pas faire son service comme médecin militaire en Belgique. Comme il était aussi tire-au-flanc que moi, on s'entendait comme deux larrons en foire. Alors que chaque matin se déroulait à la caserne le salut au drapeau, précédé de l'inspection des godasses et de l'uniforme, on réussit à brosser cette corvée grâce à la complicité du toubib militaire réserviste de l'infirmerie. Pendant que dehors, par tous les temps, la troupe faisait du drill, nous deux, peinards, on buvait le café. La raison de notre absence permanente à la parade était couverte par le secret médical...

On trouva ainsi un tas de trucs pour échapper aux corvées pénibles. Par exemple, lors d'un exercice d'orientation nocturne, par équipe de deux, on devait se taper à pied 20 kilomètres dans la neige à travers bois pour repérer une série « d'objectifs militaires » (ponts, églises, gares, etc.). Et pour prouver qu'on s'était effectivement bien rendu sur place, on devait remplir un questionnaire. Mais, de mèche avec des miliciens plus anciens ayant déjà fait ce « parcours du combattant », on avait reçu d'avance les réponses aux questions posées. Plutôt que de jouer les Robin des bois noctambules, on dégota alors un bar louche sur la Nationale 4 et on y passa une partie de la nuit à picoler du Whisky. Le tenancier et les prostituées du « boxon » ne semblèrent pas surpris de voir débarquer deux loustics déguisés en militaires avec leur casque, fusil et sac à dos. Quand, vers 5 h du matin, on estima, à vue de nez, que le temps écoulé correspondait à la durée normale de notre « mission », on se fit déposer en taxi à quelques encablures de la caserne. Après s'être roulé dans la neige pour que notre retour après l'exercice imposé semble crédible, on rendit le questionnaire dûment complété au planton du corps de garde qui nota l'heure de notre retour. Le lendemain, notre instructeur fut tout de même un peu étonné qu'on soit rentré au cantonnement une heure avant tous les autres participants à l'escapade nocturne, mais il a sans doute pensé que nous étions deux soldats particulièrement performants !

Dans un autre registre : la cuisine militaire est à la cuisine ce que la justice militaire est à la justice et la musique militaire à la musique ! En d'autres termes, la mangeaille de la cantine ne plaisait pas à mon copain médecin. Le soir avec sa bagnole, garée hors du cantonnement, il m'emmenait fréquemment dîner au « Toit Doré », la meilleure table d'Arlon. Ma maigre solde ne me permettant pas d'assouvir ma faim dans ce resto trois étoiles, c'est mon ami médecin qui réglait toujours la note. Il faut dire qu'il était bourré de thunes, car ses parents étaient de riches diamantaires anversois et qu'il préférait ma compagnie plutôt que de manger seul...

Le week-end, si on n'était pas de garde, avec sa bagnole, on rentrait à deux à Bruxelles, en roulant comme des fous par la Nationale 4. Mais, hélas pour ma relation avec Danièle, les choses se compliquèrent encore.

LE 3ᴱ LANCIERS

Après six mois à Arlon, je fus muté en Allemagne, à Altenrath, à l'Est de Cologne, à 260 kilomètres de Bruxelles, au régiment du « 3ᵉ Lanciers ». C'est là que je dus prendre le commandement d'un peloton de cinq chars lourds « Patton ». Avantage considérable : avec ma nouvelle affectation, je logeais dans les pavillons réservés aux officiers où je disposais d'une chambre personnelle et d'un peu d'intimité, ce qui me changea des chambres communes. Au mess des officiers, je découvris un monde suranné : les tables du restaurant étaient recouvertes de nappes blanches, les assiettes en porcelaine étaient décorées aux armoiries du régiment, on mangeait avec des couverts et on buvait du vin dans des verres à pied. Les officiers étaient servis par des garçons qui portaient des gants blancs. C'étaient de jeunes miliciens forcés durant une partie de leur instruction de jouer les larbins pour les gradés. Si un officier sortait une cigarette, un planton s'approchait pour l'allumer avec un candélabre affublé d'une bougie. Ils servaient aussi au bar. Des activités particulièrement formatives pour devenir des guerriers redoutables si, par malheur, ils devaient faire la guerre pour défendre leur patrie.

J'appris que, sur ma maigre solde, on prélevait de quoi offrir une assiette décorée aux armoiries du régiment. Les salles étaient décorées d'ornements militaires et de trophées de toutes sortes. Sur le mur était écrite la devise du régiment : « Comme à Orsmael, je tiens ! » Elle rappelait un fait d'armes du « 3 L » durant la Grande Guerre. On pouvait aussi admirer les portraits des anciens chefs de corps. Parmi eux, le Lieutenant-Colonel Minette et le Colonel Salpeteur, autant dire des noms pas faciles à porter pour des officiers... Quant à moi, je servais sous les ordres du Lieutenant-Colonel BEM (Breveté d'État-Major) Écuyer Philippe van Caubergh. Quand il arrivait au mess, le premier qui le voyait criait « Messieurs, le chef de corps ! » et tous les officiers se levaient et se plantaient au garde-à-vous en claquant des talons. Au bar, les alcools étaient payants, mais très bon marché car détaxés, au grand dam de la ligue antialcoolique. C'était un des nombreux privilèges dont bénéficiaient tous les militaires belges casernés en République fédérale d'Allemagne. Lors des « banquets de corps », tous les officiers (sauf moi) étaient en uniforme d'apparat du genre de celui du général Cambronne à Waterloo. J'étais présent quand un gradé complètement ivre s'est levé pour un porter un toast en criant : « Messieurs, à nos chevaux, à nos femmes et à ceux qui les montent ! »

Comme dans tous les régiments de cavalerie, le 3e Lanciers se devait d'entretenir la tradition. Au cantonnement, il y avait une écurie, un manège et des chevaux. Certains officiers possédaient leur propre monture, d'autres canassons appartenaient à l'armée. L'essentiel de la logistique hippique et de l'entretien des destriers était lui aussi assuré par des miliciens reconvertis en garçons d'écurie.

À la tête du régiment, le Lieutenant-Colonel Écuyer Van Caubergh se piquait d'être un brillant cavalier. De petite taille, on l'entendait venir de loin avec ses bottes à talonnettes et ses grands éperons qui tintinnabulaient comme ceux de John Wayne dans *La chevauchée fantastique*. La cravache à la main, il marchait en roulant des mécaniques façon Nicolas Sarkozy.

Un jour, j'aperçus mon chef de corps galopant fièrement dans le manège. Arrivé à un angle de l'enclos, son cheval s'arrêta brusquement, baissa l'échine et balança son cavalier au-dessus la haie. Pris d'un fou rire, je me cachai pour éviter que mon colon sache que j'avais vu sa cabriole. Ébouriffé et fou de rage, le Colonel au sang bleu vit rouge. Il courut après son canasson, le rattrapa par les rennes et lui administra une terrible correction en le cravachant violemment. On ne badine pas avec un cavalier de sa trempe !

COLOSSES AUX PIEDS D'ARGILE

Dans sa célèbre chanson, Julien Clerc a beau glorifier « la ca-va-le-rie... j'abolirai l'ennuîîîî ! », qu'est-ce qu'on s'emmerdait dans ce régiment au fin fond de la Germanie ! Je me suis tellement ennuyé dans ce trou perdu entouré d'une forêt de bouleaux qu'aujourd'hui encore, je ne peux plus voir cet arbre en peinture. L'essentiel de l'activité des cavaliers bidasses était tout sauf exaltant. On passait la plupart du temps à réparer, entretenir et bichonner les blindés. Les chenilles des chars nécessitaient de nombreux réglages. On n'était pas au Club Med où il suffit de « mettre ses deux pieds en canard pour que la chenille redémarre... ».

En fait, ces monstres d'acier de 45 tonnes étaient des colosses aux pieds d'argile, car ils tombaient très souvent en panne. Un seul exemple, mais édifiant : au cours des grandes manœuvres, debout dans la tourelle de « Zorro » (c'était le nom de mon blindé !), je parcourus une cinquantaine de kilomètres par l'autoroute pour gagner le terrain d'exercice. À l'arrivée, sur les quinze tanks de mon escadron, seuls trois étaient parvenus à destination ! Quand on pense que l'objectif de l'exercice était de repousser un envahisseur, j'avertis mon commandement par radio de cette hécatombe. Sa réponse fusa : « Poursuivez la mission comme prévu ! »

Avec mon Zorro, flanqué des deux derniers Patton encore en état de marche, je passai héroïquement à l'attaque en dévalant une colline à toute berzingue. Après 200 mètres, le tank situé à ma droite perdit brusquement une de ses deux chenilles. Le blindé se mit alors à tourner comme une toupie et s'enfonça complètement dans la boue. Sur ma gauche, l'autre Patton s'embourba aussi lamentablement dans la gadoue jusqu'à la tourelle et fut immobilisé. Quant à mon char, le seul resté valide, sa radio rendit l'âme et il m'était, dès lors, impossible de communiquer avec mes chefs.

Théoriquement en zone de combat sous le feu de l'ennemi, je descendis de ma tourelle avec mon émetteur radio de 40 kg sur l'épaule, parcourus, dans le bourbier, les 200 mètres qui me séparaient d'un des deux tanks immobilisés. Je troquai sa radio contre la mienne et refis le chemin inverse. Depuis le seul char rescapé, j'appelai mon « QG ». « Charlie, Papa, Tango, Foxtrot ». Bref, tout le blabla de la procédure radio habituelle. J'expliquai ma situation ubuesque à mes supérieurs. La réponse fusa à nouveau : « Ordre de poursuivre la mission ! » On n'oserait imaginer que ce cirque, dont il ne manquait que les otaries, aurait pu se dérouler sur un vrai champ de bataille en présence de vrais ennemis...

Intrépide, « chevauchant » le seul rescapé, je repartis à l'attaque, mais, 200 mètres plus bas, je fus aussitôt stoppé net par une petite rivière infranchissable. Nouvel SOS au QG : « Que dois-je faire ? » Nouvelle réponse : « Appelez le char-pont ! » Ignorant de quoi il s'agissait, on me donna son indicatif radio et, en bon petit soldat, j'exécutai cet ordre. Et voilà qu'à ma grande surprise déboula de derrière la colline un engin chenillé transportant un énorme mécano qui, en se dépliant, jeta une passerelle par-dessus le cours d'eau. Dans le même temps, un hélicoptère

« Alouette » atterrit à proximité et un général flanqué et deux colons en sortirent jumelés à la main. Tel César traversant le Rubicon, je passai au-dessus du cours d'eau sur ce char-pont miraculeusement tombé du ciel. Le torse bombé, de ma tourelle, je saluai la brochette d'officiers supérieurs ravis d'assister à la première utilisation de ce joujou de 70 tonnes acquis par la division.

Grâce à lui, j'ai pu poursuivre mon attaque et, à moi tout seul, j'ai anéanti la position ennemie. Héroïque, vous avez dit héroïque ? À l'évidence, mon grand exploit militaire aurait mérité de figurer sur le mur du mess des officiers du « 3 L ». Je jure que je n'ai rien inventé de cette histoire !

Comme le prévoyait la tradition, au 3e Lanciers, on emportait vaisselle, argenterie, nappes blanches, candélabres et tout le tralala pour pouvoir fêter dignement sous tentes, lors d'un banquet d'officiers, la fin des manœuvres. C'était l'occasion pour le chef de corps de se réjouir du magnifique succès des opérations...

Au rayon moins festif, durant mon service militaire, trois miliciens sont morts dans des accidents. Dans un garage, un candidat officier de réserve a été écrasé par un tank qui reculait et deux jeunes soldats se sont fracassés contre un arbre avec leur Jeep. À propos des pertes humaines en temps de paix, la « grande muette » préféra garder le silence. Je ne me souviens pas avoir lu la moindre statistique dans la presse concernant le nombre de morts ou de blessés graves par accidents à l'armée. Et cela sans compter les suicides.

De plus, quand j'ai accompli mon service en RFA, la guerre 40/45 était terminée depuis 20 ans, mais restait vive dans nos esprits. Je sortais très peu du cantonnement, car chaque fois que je croisais un type qui avait plus de 40 ans, je m'interrogeais sur son comportement sous le troisième Reich. Avait-il été nazi ou pire, SS ? Je n'oubliais pas qu'une majorité d'Allemands avaient soutenu Adolf Hitler. Bien sûr, le temps a passé et je ne rends évidemment pas les générations suivantes responsables des crimes de leurs parents. Mais j'estime que la « dénazification » en RFA a été bien trop sommaire et que, la guerre froide aidant, beaucoup de criminels de guerre nazis n'ont pas dû rendre des comptes. En République fédérale, beaucoup se sont même recyclés jusqu'à des postes à hautes responsabilités dans l'administration ou le privé.

CAVALIERS EN HERBE

Lorsque j'avais été muté en Allemagne, j'avais été séparé de mon compère médecin d'Arlon qui avait été versé dans un autre régiment. Mais curieusement, à Altenrath, je me liai d'amitié à nouveau avec un toubib. Un flamand de Gand qui ne manquait pas d'humour. Très sympa, il était responsable du service médical du régiment. Comme moi, c'était un fameux tire-au-flanc. Pour que le temps passe plus agréablement, on monta une super combine. Comme en fin de service, tout officier de réserve était tenu de prêter le serment traditionnel de fidélité au Roi, nous demandâmes audience au chef de corps. D'un air grave, nous expliquâmes au colonel que, souhaitant perpétuer les traditions de la cavalerie, nous souhaitions pouvoir jurer fidélité au souverain à cheval. Devant les deux officiers de réserve qu'il avait devant lui, le « colon » avait presque les larmes aux yeux. Ému et ravi, il accepta avec enthousiasme. Je lui signalai tout de même qu'ayant peu pratiqué l'équitation dans le civil, pour que la cérémonie soit réussie, nous devrions pouvoir nous entraîner de manière intensive. Il nous lança alors aussitôt : « Vous disposez de vos après-midi pour vous perfectionner ! »

Bingo ! Comme prévu, notre grand chef mordit à l'hameçon. Plutôt que de glander toute la journée au cantonnement, on allait galoper dans la campagne ! Resta néanmoins un problème de taille : si mon ami Frank, fils d'une grande famille bourgeoise gantoise, était déjà monté à cheval, je n'avais jamais mis mes fesses sur une selle. Devant choisir un destrier à l'écurie, je demandai au palefrenier de me fourguer le plus docile. Il me proposa « Chapka », une pouliche immense qu'il sella. Je parvins à me hisser sur ma bête, mais j'étais tellement haut perché que j'avais l'impression de chevaucher le cheval Bayard. Mon copain toubib prit la tête de l'équipée et ma brave Chapka décida de le suivre. Je n'eus d'ailleurs pas d'autre choix, car sans aucun écolage, j'ignorais où était l'embrayage, l'accélérateur ou le frein sur ce moyen de locomotion vivant.

Généralement, dans ma vie, je suis plutôt du genre casse-cou et n'ai pas froid aux yeux, mais allez savoir pourquoi, sur ma pouliche, j'étais très mal à l'aise. Ce ne fut qu'en multipliant les promenades, avec les conseils éclairés de mon ami toubib, mais surtout la docilité de mon canasson, que j'acquis quelques automatismes. Mais, rien n'y fit : quand je montais, j'avais toujours un peu les chocottes.

Mon service militaire toucha bientôt à sa fin et comme j'avais voulu jouer au plus malin en proposant de prêter serment à cheval, je dus assumer. Toute la troupe était rassemblée sur la vaste plaine d'exercices. Les escadrons étaient parfaitement alignés. En grande tenue, chevauchant nos destriers, le docteur et moi gagnâmes la place qui nous fut assignée pour attendre le début de la cérémonie. Chapka semblait beaucoup moins stressée par la situation que moi. Soudain, au loin, sonna une trompette et trois cavaliers arrivèrent au grand galop. C'était le chef de corps, bardé de ses décorations « grands modules », qui arrivait au grand galop, flanqué sur sa droite d'un trompettiste et sur sa gauche, du porteur de l'étendard du régiment.

En arrivant avec sa monture, le colonel voulut se placer face à ses soldats mis au garde-à-vous. Hélas pour lui, son étalon s'était immobilisé de profil. Cette situation ridicule tourna au vaudeville. Pendant plusieurs minutes, le colonel eut beau tirer sur les rênes de son cheval, lui administrer de furieux coups d'éperons et de cravache : rien n'y fit. L'étalon refusa obstinément de se positionner face à la troupe. Se vengea-t-il ainsi des corrections que lui infligeait son colon ? En tout cas, les troufions apprécièrent. Ce fut la rigolade générale. Les officiers hurlèrent : « Silence dans les rangs ! » En vain. Finalement, un fantassin fut obligé de prendre le cheval récalcitrant par les rênes pour le tirer dans la position adéquate en le tenant ainsi durant toute la durée de la parade. Une vraie honte pour un officier supérieur de cavalerie ! J'ai évidemment conservé précieusement une photo de ce sketch hilarant...

Dépité, le colonel s'écria : « Sous-lieutenant Dubié, venez prêter votre serment ! » Merde, c'était à mon tour de jouer ! Je serrai les fesses autant que possible quand on est à califourchon sur un cheval. Parfaitement drillée, ma brave Chapka m'amena face au colon. Je sortis mon sabre pour faire le salut traditionnel des cavaliers. Je le rengainai, après quoi ma jument vint docilement se ranger entre le cheval du colonel et celui de son porte-étendard. J'avais tellement fait répéter cette manœuvre à mon canasson en le récompensant avec des morceaux de sucre au risque de le rendre diabétique qu'il réalisa tout à la perfection.

Mais la suite fut plus délicate encore. Pour prêter serment, il fallait lâcher les rênes de sa monture afin de pouvoir saisir le drapeau belge de la main gauche, lever la main droite et crier : « Je jure fidélité au Roi, obéissance à la Constitution et aux lois du peuple belge ! » Quelle bête extraordinaire ! Je parle évidemment de mon cheval qui a été admirable, démontrant à mon chef de corps qu'on obtient bien plus d'un animal avec une carotte qu'avec un bâton.

Vint le tour de mon ami médecin. Cavalier expérimenté, il réalisa la première phase du manège brillamment. Par contre, quand il lâcha les rênes de son bourrin pour saisir le drapeau et prêter serment, le cheval démarra brusquement au galop. Éjecté de sa selle, mon copain s'accrocha à l'étendard et atterrit avec les fesses dans la gadoue. Dans la troupe, la rigolade était à son paroxysme.

Affolé, l'étalon cavala dans tout le « parade ground », devant les centaines de soldats de plus en plus hilares. Finalement, un palefrenier parvint à le rattraper et à le ramener près du colon. Tout crotté, mon ami toubib remonta en selle et parvint à prêter serment. Quel dommage que l'émission « Striptease » n'existait pas encore ! Filmer ce cirque militaire aurait sûrement fait exploser l'audimat ! Peu après cette apothéose finale, mon interminable séjour sous les drapeaux se termina enfin. Vive la quille et le retour à la vie civile.

RETOUR À LA VIE NORMALE

Quel bonheur d'être à nouveau dans la vie « normale » ! J'eus la chance d'emblée de dégoter une place de prof à l'Institut des Arts et Métiers de Bruxelles, un très grand établissement qui comptait une pléiade de sections techniques et professionnelles. Je pus enfin donner un vrai cours de dessin et une initiation à l'histoire de l'art. Avec ces jeunes réputés difficiles, je n'eus pas de problème. Sauf dans une classe où, par moments, ma ceinture noire de judo me sécurisait plus que les cours de pédagogie que j'avais suivis. De plus, mes rapports tant avec mes collègues qu'avec la direction étaient excellents. Ce qui me changea beaucoup du bagne de l'Athénée Adolphe Max.

Avec Danièle, ma relation se poursuivit. Nous partions fréquemment en voyage, notamment à Paris pour visiter des expositions ou voir des pièces de théâtre. On adorait se balader dans cette ville-musée. On partageait les mêmes goûts tant pour la peinture que pour l'architecture.

Ma « Goggomobil » ayant rendu l'âme, je m'achetai une Porsche décapotable. Si, d'aspect, c'était quasi le même modèle que la « 550 Spyder » au volant de laquelle James Dean s'est tué dans un accident à 24 ans, entre le roadster de l'acteur mythique de *La fureur de vivre* et ma nouvelle acquisition, il y avait plus qu'une différence ! D'abord, ma Porsche avait coûté infiniment moins cher. À peine 20 000 francs (soit 500 €) ! Ensuite la vitesse de pointe de ma voiture « sport » n'était que de 110 km/h. La raison ? Le moteur de cette « Porsche » ayant explosé, son ancien propriétaire l'avait remplacé par celui d'une « VW Coccinelle ». Il n'empêche, décapotée, avec ses sièges en cuir noir, elle en jetait ! C'est donc forcément très peinard, au volant de mon pseudo-bolide, qu'avec Danièle, j'ai visité la Côte d'Azur.

Du côté politique, en dépit de nos racines parentales très marquées à droite, Danièle et moi étions viscéralement de gauche. Mais ne dit-on pas que le cœur penche à gauche ? On se politisa de plus en plus et on s'affilia à la CGSP enseignement, le syndicat socialiste. La guerre du Vietnam faisait rage à ce moment-là et les grandes manifestations contre l'intervention américaine se multipliaient. On marcha aussi pour exiger la dépénalisation de l'avortement. Ce combat me motiva particulièrement du fait de mon expérience personnelle et plus encore quand la justice emprisonna le docteur Willy Peers, le gynécologue qui revendiqua publiquement avoir pratiqué des interruptions de grossesse à une époque où c'était encore pénalement réprimé.

Pour autant, nous n'adhérions à aucun parti politique. Pour nos amis communistes, nous étions « des compagnons de route ». Mais loin d'être naïfs, nous savions aussi que certains nous considéraient comme « des idiots utiles ». Même si le communisme se réclamait de certaines valeurs auxquelles j'aurais pu souscrire, je n'ignorais rien des crimes de Staline et de la chape de plomb qui s'était abattue sur tous les pays du bloc soviétique comme sur tous les autres pays communistes du monde d'ailleurs.

À la Toussaint 1966, au retour d'une manif pour exiger le retrait des fusées nucléaires américaines stationnées à Florennes, j'appris que mon père était mort, terrassé par une crise cardiaque. Il n'avait que 61 ans. Il avait beau être « un vieux réac » bourré de défauts, je fus totalement bouleversé. Ma mère l'était bien plus encore. C'est le seul homme de sa vie, qu'elle a connu à 17 ans. Quand il décéda, elle n'en avait que 47. « Bouffeur de curé », mon paternel a toujours répété que pour ses funérailles, il ne voulait pas de bondieuseries ni curés avec leurs « salamalecs ». J'ai donc été surpris que cet anticlérical viscéral ait demandé un crucifix sur son corbillard et une petite croix sur sa tombe, qui n'est qu'une simple pierre bleue.

AUTRE HISTOIRE DE FAMILLE

Danièle est née le 1er juillet 1940, un mois et demi après l'invasion de la Belgique par les nazis. Ses parents étaient très jeunes. Son père n'avait que 19 ans et sa mère à peine 20. Fille unique, elle est comme moi le fruit d'un « accident ». Son père Albert Van Maele a toujours été noceur, picoleur, hâbleur et grand séducteur. Beau mec, c'était le sosie de Joseph Cotton, l'acteur principal du film culte *Le troisième homme*. Dragueur impénitent, il vivait d'expédients et de petits trafics. L'expression bruxelloise « smokkelaer » lui allait comme un gant. Très jeune, il est entré en conflit avec son père. Pendant plus de dix ans, ce sont les grands-parents qui se sont chargés de l'éducation de la petite fille. Très tendre avec elle, son papy supervisait ses devoirs et lui faisait répéter ses leçons. Cette rigueur a certainement contribué à faire de la gamine une excellente élève.

Après une longue période de frasques et de déboires de toutes sortes, Albert Van Maele finit par s'assagir et bien gagner sa vie comme vendeur dans l'électroménager. Danièle entra à l'Athénée et ses parents se décidèrent enfin à la reprendre en permanence chez eux. Ce fut un vrai drame pour les vieux grands-parents, car pour eux, ne plus avoir « Bibi » à la maison était un terrible déchirement. Heureusement, l'adolescente qui les aimait beaucoup venait régulièrement les voir.

Danièle réussit brillamment ses humanités et s'inscrivit à l'ULB où elle décrocha un diplôme de licenciée en philologie romane. Durant son adolescence à l'Athénée et plus encore quand elle était à l'université, les copines de Danièle trouvaient son père, d'à peine vingt ans de plus qu'elles, beau et séduisant. Ce n'était évidemment pas pour lui déplaire et il en jouait abondamment. Mais comme tout bon phallocrate, il n'arrêtait pas de mettre sa fille en garde sur les garçons qu'il considérait tous comme des coureurs à qui il ne faut pas faire confiance ! Il savait de quoi il parlait, lui qui cocufiait sa femme sans vergogne. Fameux spécimen du parfait macho, il mettait son épouse sous sa coupe. Madeleine n'avait pas voix au chapitre.

Danièle, très marquée par son passé, a gardé un profond sentiment d'abandon et une peur d'être rejetée par son père comme durant sa prime jeunesse. C'est sans doute la raison pour laquelle, cherchant à plaire à son géniteur, elle craignait de l'affronter ? Ce n'est pas par hasard qu'elle se passionnait pour Freud et Lacan. Elle exprimait souvent le regret d'avoir choisi d'être prof plutôt que psychanalyste. Régulièrement, elle me parlait de son envie de faire une analyse, mais n'osait pas s'allonger sur le divan. Avait-elle peur de faire ressurgir certains souvenirs refoulés enfouis au fond de sa mémoire ? Mystère ! Tout cela explique sans doute pourquoi il m'a fallu des années pour l'apprivoiser et surtout pour la rassurer quant aux sentiments que j'éprouvais pour elle. Sa méfiance vis-à-vis de la gent masculine que son super-macho de père lui a inoculée, elle la traînait comme un boulet.

Terrible fatalité familiale, comme ma propre grand-mère maternelle, morte écrasée par un tram, celle de Danièle est décédée après avoir été renversée par un chauffard...

L'INCENDIE DE L'INNO

À 26 ans, j'habitais toujours chez ma mère et Danièle chez ses parents. On se voyait quasi tous les jours, sans compter les week-ends et les vacances, mais on ne se décidait toujours pas à vivre ensemble. Le 22 mai 1967, j'étais dans ma classe au troisième étage de l'Institut des Arts et Métiers. Par la fenêtre, j'aperçus un gros nuage de fumée noire qui montait vers le ciel et envahissait une partie de Bruxelles. Ensuite, en direction du centre-ville, je distinguai des flammes immenses. On sentait aussi une forte odeur de brûlé. De tous côtés, des dizaines de sirènes de pompiers et d'ambulances achevèrent de nous angoisser.

Le grand magasin « L'Innovation », situé rue Neuve, était entièrement la proie des flammes. C'est la plus grande catastrophe qu'ait connue la Belgique. Ce drame a fait 323 morts et 150 blessés. Cet événement tragique me renvoie à un autre aussi terrifiant qui s'était produit en 1956 : la catastrophe de Marcinelle. Dans un incendie au charbonnage du « Bois du Cazier », 262 mineurs ont trouvé la mort. Branché en permanence sur la radio qui diffusait des musiques funèbres, on s'accrochait à l'idée que les sauveteurs allaient découvrir des rescapés. Hélas en vain ! Ce sont des traumatismes nationaux qui me poursuivront des années durant.

Le drame de « L'Inno » a provoqué une prise de conscience dans notre pays où énormément d'immeubles sont potentiellement de véritables bombes incendiaires. À mon tour, je me rendis compte qu'au dernier étage de l'Institut des Arts et Métiers, ma classe était située sur un volcan. Mon local, véritable souricière, se trouvait au fond d'un long couloir sans issue. Pour y accéder, il n'y avait qu'un seul escalier de bois sous lequel était stockée la réserve de papier de l'école d'imprimerie. De plus, au rez-de-chaussée, sur toute la longueur de l'immeuble, il y avait le garage de l'école de mécanique automobile où on manipulait de l'essence et d'autres produits très inflammables, tout cela sans qu'il y ait le moindre extincteur ! C'était clair, en cas d'incendie, avec mes 25 gamins, on serait coincés comme des rats.

Très angoissé pour les gosses dont j'étais responsable, j'en parlai à la direction. En guise de réponse, je reçus : « C'est comme cela depuis toujours, on ne peut rien y faire. » Quant à mes collègues enseignants, ils paraissaient tout aussi résignés et fatalistes. Aucun n'osait réagir. Je pris ma plus belle plume et, dessins à l'appui, j'écrivis une lettre expliquant en détail cette situation très inquiétante qui réclamait des mesures urgentes. Je proposai à mes collègues de co-signer la missive et de l'envoyer à la ville, pouvoir organisateur. Personne n'accepta. On me prit pour un fou parce que je ne respectais pas la sacro-sainte voie hiérarchique. C'est donc seul que j'envoyai copie de ma lettre à Lucien Cooremans, bourgmestre de Bruxelles, Pierre Van Halteren, échevin de l'Enseignement, et Paul Vanden Boeynants, échevin des Travaux Publics. Deux mois se passèrent sans réponse.

Je rédigeai alors une deuxième lettre beaucoup plus comminatoire cette fois et je l'envoyai par recommandé. Je prévins les trois édiles politiques que je les tiendrais personnellement pour responsables si un malheur devait arriver à mes élèves ou à moi-même. Je précisai que je mettais ce document en lieu sûr, au cas où… Il faut noter que je n'étais qu'un stagiaire non nommé à la ville de Bruxelles. Mes collègues me traitèrent de kamikaze et refusèrent à nouveau de signer cette mise en demeure.

Quinze jours plus tard, toujours pas de réponse, mais, à ma grande surprise, un homme en salopette bleue frappa à la porte de ma classe. Il avait un mètre ruban et un carnet de notes à la main. Il m'annonça qu'il venait prendre des mesures pour l'installation d'un escalier de secours ! Quelques semaines plus tard, le long de la façade, des ouvriers assemblèrent, comme un grand mécano d'acier, un escalier qui montait jusqu'aux fenêtres de ma classe. C'était une issue de secours comme celles qu'on peut voir dans le film *West Side Story*. Et ce n'était pas tout : peu après, tous les autres bâtiments de l'institut furent également sécurisés par des escaliers permettant une évacuation rapide.

Puis un matin, alors que je ne donnais cours qu'après la récréation, j'arrivai à l'école et à mon grand étonnement, tous les élèves étaient silencieusement en rang dans la cour, chaque prof se tenant devant sa classe. L'un d'eux arborait le drapeau belge décoré aux armoiries de l'établissement. Quand ils me virent, sourire aux lèvres, ils se mirent à chanter la *Brabançonne*.

Je me demandai : « À quoi rime ce cirque ? » Puis je vis que l'entrée de l'escalier de secours était barrée d'un ruban noir, jaune, rouge et qu'un élève tenait en main un coussin de velours rouge sur lequel était posée une paire de ciseaux. Il me demanda alors de couper le ruban tricolore. C'est alors que je compris enfin le sens de cet énorme gag. Je m'exécutai évidemment de bonne grâce et montai jusqu'à ma classe au 3e étage, suivi par tous les élèves et les profs de l'école.

Arrivé à mon local, un élève, futur typographe, me remit une belle pierre lithographique sur laquelle était imprimé en lettres dorées : « Ici a été inauguré l'Escalier Dubié, célèbre peintre du XXe siècle. » Stupéfait, je fus ému jusqu'aux larmes par une telle marque de reconnaissance et surtout épaté par l'humour incroyable de ceux qui avaient organisé cette farce délirante... Cette « pierre inaugurale » n'étant pas scellée dans la façade de l'école comme on le fait d'habitude quand c'est un ministre qui inaugure des travaux, je l'ai ramenée chez moi. Ce beau souvenir, je l'expose bien en vue dans mon atelier de peinture, car j'en suis très fier.

Je dois même avouer qu'aujourd'hui encore, quand je passe devant les « Arts et Met », il m'arrive d'admirer avec une certaine jubilation « mes » escaliers.

MAI 68

En 1968, aux « Arts et Met », je donnais cours en professionnelle à de futurs artisans peintres. Des élèves super sympas, un quart de filles, trois quarts de garçons. Parmi eux, un certain Christian Janssens. Un jour, m'inquiétant de ne pas le voir depuis un certain temps, j'interrogeai ses camarades de classe qui me répondirent qu'il faisait de la musique. Puis, quelques mois plus tard, il parada devant l'école au volant d'une belle voiture sport. Je lui dis : « Eh bien Christian, tu as touché le gros lot ? » Il me répondit : « Non M'sieur, j'ai vendu un disque ! » J'appris ensuite qu'il faisait partie du groupe rock des « Wallace Collection » dont le premier 45 tours *Daydream* est devenu en quelques semaines un « tube » mondial. Plus d'un demi-siècle plus tard, je l'entends encore très régulièrement sur « Classic 21 », ma radio préférée. Franchement, je ne comprends pas comment mes cours de dessin ont pu faire éclore un tel talent musical !

La même année, un autre incendie, heureusement nettement moins meurtrier celui-là, embrasa la jeunesse. Je parle ici de la révolte étudiante de Mai 68 à Paris. Dans la capitale française, comme dans d'autres villes du monde, l'imagination prit le pouvoir. Ce fut une explosion de revendications de toutes sortes qui bousculèrent certaines des pseudo-certitudes moisies. Ce déchaînement incroyable de la jeunesse entraîna dans son sillage la classe ouvrière de France qui partit en grève avec ses propres revendications. On baignait dans l'utopie d'un avenir meilleur.

Quand Paris tousse, Bruxelles s'enrhume, dit-on. Le feu de la contestation s'alluma un peu partout et chez nous aussi. D'abord à l'ULB où la grève était générale et les cours, remplacés par des assemblées libres. Mais le monde des arts ne fut pas en reste et, naturellement, je fus contaminé. Une petite centaine de peintres, sculpteurs, graphistes et plasticiens, dont certains très connus comme Serge Creuz, Jo Delahaut, Roel D'Haese ou Roger Somville, se réunirent à l'étage du café « Les Armes des Brasseurs » non loin de la Bourse. J'y étais aussi. On ne savait pas au juste ce qu'on voulait, mais on était sûr que ça devait changer...

Les prises de paroles se succédèrent, souvent contradictoires. C'était la foire aux idées qui partaient dans tous les sens. Un des plus « enragés », c'était Roger Somville, un peintre communiste rompu au débat en public. D'autres ne pipèrent pas mot. Tout à coup, quelqu'un lança à l'assemblée : « Camarades, ce n'est pas dans un café que les artistes doivent se réunir, mais dans leur maison, le Palais des Beaux-Arts. Allons l'occuper ensemble ! » Après un vote à main levée, la proposition fut adoptée à l'unanimité et nous prîmes, comme un seul homme, la direction du magnifique bâtiment conçu par Victor Horta, rue Ravenstein. À l'arrivée, il ne restait que le tiers des « camarades artistes ». Les autres avaient fait défection. Contester l'art en tant que marchandise, c'est bien, mais risquer de se mettre à dos les pontes qui régissent la culture et les galeries d'art semblait vraiment trop risqué pour certains.

Durant plusieurs semaines, quasi 24 h sur 24, le grand hall des Beaux-Arts fut occupé. Dans les « commissions », on discutait fiévreusement de musique, de théâtre, d'arts plastiques, de cinéma... Les débats étaient interminables et débouchaient souvent sur une motion ou un cahier de revendications. On pinaillait sur chaque mot, chaque virgule. Mettre des artistes d'accord entre eux est plus utopique encore que d'espérer rendre un tigre végétarien. Comme il était hors de question qu'un contestataire tire la couverture à lui, il était convenu qu'on joue collectif. Une nuit, après des heures de palabres, on parvint à s'accorder sur un texte commun, voté par l'assemblée libre. Un grand type, qui ne quittait jamais sa gabardine, proposa de se charger d'imprimer le tract. Chose faite, on s'aperçut qu'il en avait profité pour écrire au verso un poème personnel signé de son nom : Marcel Broodthaers. Aujourd'hui, de Bruxelles à New York, tous les musées et collectionneurs d'art moderne du monde s'arrachent ses « œuvres » à coup de millions de dollars. Entre autres, sa série de « casseroles de moules », qui sont des marmites remplies de ces délicieux mollusques qu'il a pétrifiés. Les « spécialistes » considèrent ces créations comme géniales... Contrairement à moi, un béotien : je préfère les moules pour les manger...

À l'ULB, « l'assemblée libre » était aussi quasi permanente et attirait beaucoup plus de monde. Les ténors de la contestation se succédèrent au micro pour haranguer le public. C'était un joyeux bordel qui tournait souvent à l'empoignade entre les différents « istes » (communistes, maoïstes, anarchistes, trotskystes et autres « tutti quantistes »). Tous se prenaient très au sérieux comme si la révolution était à portée de main. Évidemment, à l'université, seuls les intellos s'exprimaient, souvent dans un jargon aussi incompréhensible que prétentieux. Tous se réclamaient du peuple et de la classe ouvrière, mais des vrais prolos, on n'en voyait guère.

Pour rappel, à cette époque, j'avais 27 ans et j'étais prof non nommé aux « Arts et Met » de Bruxelles. Comme cet institut n'était pas en grève, j'étais obligé d'assumer mes cours tout en faisant d'incessants allers-retours entre mon école, l'unif et le Palais des Beaux-Arts. Tous les soirs et une partie de la nuit, j'assistais passionnément aux débats tout en écoutant les événements de Paris sur mon petit transistor. Même le soleil soutenait la révolte étudiante : le temps était magnifique...

OCCUPATION À L'ACA

Apprenant que l'Académie des Beaux-Arts suivait le mouvement et était, à son tour, occupée par les étudiants, je fonçai rue du Midi. Sur la façade du bâtiment, la bannière belge était remplacée par un drapeau noir. En tant qu'ancien de cette école, je me devais d'apporter mon soutien ! Dans le couloir principal, bordé de statues de plâtre antiques, c'était l'effervescence. Ici aussi, la parole était libérée et l'imagination était au pouvoir. Les futurs architectes, publicistes, artistes peintres, sculpteurs et graveurs élaboraient des cahiers de revendications. Ils exigeaient, entre autres, une participation des étudiants à la gestion de leur école.

Mais, à quelques jours des examens, certains craignaient des représailles de la part de certains profs très « réac ». Une délégation étudiante devait se rendre à la direction pour y présenter des revendications. Je proposai, en tant qu'ancien élève de la boîte, de me joindre aux quelques courageux. Ce fut évidemment avec grande jubilation que je me retrouvai face au fameux « monsieur Legardien », le secrétaire de l'Aca, un individu que je détestais pour m'avoir fait perdre trois ans de ma vie par son incompétence et son dédain.

Le sinistre personnage était visiblement terrorisé par ce qui se passait dans son établissement. Il restait cloîtré dans son bureau. Il était encore plus gros et répugnant qu'avant. Quand il me vit, il me reconnut et blêmit. Alors qu'on lui faisait part de nos exigences, il sortit du tiroir de son bureau un petit livre rouge, pas celui de Mao Zedong, mais le règlement de l'école. Il le brandit en disant que nos demandes étaient inacceptables, car non prévues dans le manuel. Je le lui arrachai des mains, le jetai à la poubelle et lui annonçai que désormais, il était obsolète ! Pétrifié, il finit par accepter quasi toutes les revendications des contestataires, à condition qu'ils retirent le drapeau noir accroché à la façade de l'Aca. Curieusement, ce bout de tissu semblait vraiment le traumatiser. Magnanimes, les représentants des étudiants lui firent cette petite concession…

Quand je fais le bilan de Mai 68, avec le recul, je dois admettre qu'il y a eu beaucoup d'excès dans les slogans et les idées véhiculées par cette révolution pacifique. Il faut cependant rappeler qu'en Belgique, elle n'a fait aucun mort et, au-delà des outrances, j'en retiens surtout le positif. Mai 68 a marqué toute une génération et a eu le mérite de remettre en question les rapports à l'autorité qui étaient particulièrement pesants à cette époque. Finalement, durant ce « joli mois de mai », n'a-t-on pas poussé le principe du « libre examen » jusqu'à son paroxysme ?

Des slogans comme « il est interdit d'interdire », « les murs ont la parole », « soyez réalistes, demandez l'impossible », « sous les pavés, la plage », « prenons nos désirs pour des réalités », « je ne veux pas perdre ma vie à la gagner », « l'imagination au pouvoir », etc. résonnent toujours à mes oreilles. Je suis convaincu que le vieux « soixante-huitard » que je suis devenu, aurait, tant dans sa vie privée que professionnelle, eu moins de culot, de sens de la dérision, d'impertinence, s'il n'avait pas participé à cette salutaire explosion libératoire.

Cette révolte a aussi considérablement boosté la cause des femmes dans un pays où les lois étaient très imprégnées de morale chrétienne. Les centres de planning familial se sont multipliés, popularisant la contraception et pratiquant des avortements clandestins avant qu'enfin, en 1990, l'interruption volontaire de grossesse ne soit dépénalisée. Sans compter le pacifisme et la non-violence qui doivent aussi beaucoup à ces événements durant lesquels on manifestait contre la guerre au Vietnam en scandant le fameux slogan : « Faites l'amour, pas la guerre ! » On peut aussi y voir les prémices de la prise de conscience écologique et environnementale.

JEAN-PAUL SARTRE À L'ULB

Fin des années 1960, une rumeur persistante courait dans les milieux d'extrême gauche : un coup d'État fasciste serait imminent ! Et vrai miracle : tous les mouvements gauchistes mirent leurs divergences entre parenthèses pour créer « Secours Rouge », un front commun visant à contrer cette supposée menace. Pour recueillir des fonds et faire connaître cette organisation unitaire, on décida d'organiser un grand meeting payant. Dans la foulée, Maurice Beerblock, un camarade réalisateur TV, se fit fort de convaincre Jean-Paul Sartre, la super star intellectuelle de l'époque, de participer à ce rassemblement. Il jura ses grands Dieux que le philosophe, dont il prétendait être l'ami, serait présent. Sur foi de cette affirmation, je réalisai une grande affiche annonçant sa venue à Bruxelles et le soir venu, malgré un droit d'entrée prohibitif, le grand auditoire « Paul-Émile Janson » de l'ULB était plein à craquer. Tous avaient payé cher et vilain le droit d'entendre et de voir le grand « Jean-Sol Partre », comme l'appelait son copain Boris Vian.

La soirée commença et pour chauffer la salle, des orateurs, tous plus emmerdants les uns que les autres, se succédèrent à la tribune. Le problème : le temps passa, le philosophe français n'était toujours pas là et on était sans nouvelles de Beerblock... 21 h 30, puis 22 h et dans la salle archicomble, on se mit à gueuler : « Où est Sartre ? », « Remboursez ! », « On n'en a rien à foutre de vos discours ! », etc. Il était déjà passé 22 h 30 quand Maurice Beerblock déboula tout essoufflé, courut à travers les travées du « Janson » et monta à la tribune. Il prit le micro et, en brandissant une bande magnétique, annonça fièrement qu'il arrivait de Paris avec l'enregistrement d'une interview qu'il avait faite de Sartre et qu'il proposait de faire écouter à l'assemblée. Devant le tollé général, c'est un miracle que les organisateurs n'aient pas été lynchés. Est-il nécessaire de dire que je n'ai jamais su ce qu'est devenu l'argent de la grosse recette de cette soirée militante inoubliable ? Mais le principal, n'est-ce pas que ce coup d'État ne se soit jamais produit ?

MES EXPOSITIONS

Pendant cette même période, être prof de dessin me laissait le temps de peindre. Le 1er juin 1970, j'exposai pour la première fois mes tableaux. Pour cette grande première, je ne souhaitais pas exhiber mes œuvres dans une galerie professionnelle. Toujours dans un esprit « soixante-huitard », je refusai que mes créations, accrochées aux cimaises d'une galerie, ne soient destinées qu'aux seuls « connaisseurs ». Adepte de l'art pour tous, selon les principes de l'éducation populaire, j'estimais que ce sont les artistes qui doivent aller vers le peuple et non l'inverse.

Un ami fonctionnaire et passionné de peinture me suggéra d'exposer mon travail dans la grande passerelle reliant le building de 37 étages de la « Tour du Midi » au grand pavillon-restaurant d'entreprise situé juste à côté. Chaque midi, des milliers d'agents de l'État y passaient pour aller déjeuner. Souvent, ils devaient faire la file et attendre dans ce grand couloir avant de pouvoir pénétrer au mess. C'était donc un endroit parfait pour exposer mes tableaux en adéquation avec mes valeurs, car ces « ronds de cuir » étaient quasiment obligés de regarder mes « œuvres ». Anonymement, je me glissais parmi eux, observais leurs réactions et écoutais leurs commentaires. Cela m'amusait beaucoup et c'était très instructif. Je ne pouvais m'empêcher d'éclater de rire quand un de ces fonctionnaires s'exclamait : « Il doit être fou le type qui peint de telles horreurs ! »

Pour moi, peindre est une catharsis qui me permet de me « purger » de mes idées noires, en l'occurrence, à l'époque, celles liées à mon service militaire. Mes tableaux expressionnistes représentaient des hommes casqués et grimaçants. Ils étaient seuls ou défilaient en rangs serrés. Inspirées par mon antimilitarisme décuplé par mon passage sous les drapeaux, mes œuvres n'étaient pas apaisantes, elles étaient angoissantes.

Je conçois que ce genre de peinture soit difficile à accrocher en permanence au mur de son salon. Mais quand Picasso a peint « Guernica », son but n'était certainement pas d'apaiser les spectateurs, mais de les « secouer ». Pourtant, dans cette galerie improvisée, je vendis plus des deux tiers de mes toiles. J'espère que ce n'est pas seulement du fait que leurs prix étaient très abordables...

J'exposai encore à deux reprises. D'abord, dans la petite église désacralisée de Neder-over-Heembeek où j'accrochai mes tableaux de ma période « hommes-machines » d'inspiration très ouvriériste. Ensuite, ce fut le « Cercle d'Éducation Populaire » de Saint-Josse qui mit à ma disposition ses cimaises. J'y retrouvai, avec grand plaisir, le peintre Roger Somville que j'avais connu en mai 68 et avec qui j'avais noué des relations amicales. Au-delà de ses outrances, c'était vraiment un personnage attachant.

Enfin, un demi-siècle plus tard, en pleine période Covid, alors que j'avais repris mes pinceaux, j'exposai à nouveau mes œuvres dans une galerie improvisée : le cabinet médical d'une amie. Je reviendrai plus loin sur mes œuvres picturales récentes. Une bonne partie de mes peintures, dessins et sculptures réalisés de 1953 à 2023 figurent dans le désordre sur une galerie en ligne[1].

---

1 Retrouvez-les sur www.flickr.com/photos/jcdubie

LA VIE COMMUNE

Finalement, après sept ans de relation amoureuse ininterrompue, Danièle et moi sautâmes le pas et décidâmes de vivre ensemble. Ma maman était heureuse que je choisisse de faire ma vie avec Danièle, car elle l'aimait beaucoup, mais, sans le dire, elle était évidemment triste de devoir désormais vivre seule. Le père de Danièle, en revanche, apprécia moins que sa fille quitte le nid familial. Il était clair qu'il aurait préféré pour elle un médecin ou un avocat plutôt qu'un « petit régent ».

On loua un appartement au 3ᵉ étage, sans ascenseur, dans un vieil immeuble de la rue de l'Abbaye à Ixelles. Peu à peu, on découvrit les charmes de la vie commune et le quotidien de tous les couples qui se chamaillent quand il faut laver assiettes, couverts et casseroles. On résolut le problème en achetant un lave-vaisselle. J'ai coutume de dire que pour la paix des ménages, cette machine est plus efficace que dix ans de thérapie familiale.

Après quelques mois de vie commune, Danièle et moi franchîmes une nouvelle étape dans notre relation et décidâmes de nous marier. La cérémonie eut lieu le 25 juillet 1970 à l'hôtel de ville de Watermael-Boitsfort. Le temps était magnifique et sous un ciel bleu azur, la mariée était resplendissante avec sa courte robe blanche et son chapeau fleuri. Elle descendit les marches de la maison communale avec une telle grâce qu'on aurait dit un ange. À son bras, je me sentais tout balourd. Cette journée se termina par une inoubliable fête avec nos familles et nos amis.

De son côté, mon frère Josy vivait avec une institutrice, après avoir quitté la marine marchande où il était officier sur des pétroliers. Quelques années lui ont suffi pour que, selon son expression consacrée, « il en ait marre de traîner ses couilles en mer ». Il reprit des études de sociologie et de journalisme à l'ULB.

MAISON DE JEUNES

Pour mettre un peu de beurre dans les finances de son ménage, Josy dégota un boulot d'animateur dans une maison de jeunes à Ixelles ouverte par le « YWCA », une association caritative protestante. Cette maison, située rue Gray dans un quartier populaire d'Ixelles, était ouverte tous les soirs, week-end compris.

Cependant, le fait de cumuler ce job avec ses études universitaires devint vite trop lourd. Avec trois amis, j'acceptai de l'aider bénévolement. Dans l'équipe, outre les frères Dubié, il y avait l'avocat Michel Graindorge, exclu pour déviationnisme du parti communiste prochinois (l'ancêtre du PTB), Thierry Delforge, instituteur maoïste, et « Sky », un trotskyste pur jus qui passait sa vie à glander. Mon frangin et moi n'étions membres d'aucun parti. Sauf peut-être celui du « parti pris ».

Cette brochette de soixante-huitards décida d'aider ces jeunes paumés à la dérive, des gamins et des filles de 15 à 20 ans qu'on percevait comme des victimes du système. À la maison de jeunes, la violence était quasi permanente. Pour un oui ou pour un non, c'était le pugilat. Coups de poing et coups de tête, ils ne faisaient pas dans la dentelle... Au bar, la bière était moins chère qu'au bistrot. Du coup, en fin de soirée, des gamins et des gamines étaient souvent ivres morts. Quelques caïds donnaient le ton. Leur leader incontesté était « Micky », un malabar qui avait des avant-bras comme « Popeye ».

On tentait en permanence de calmer le jeu. Rien n'y faisait. « Micky » cherchait la bagarre tout le temps, en provoquant tout le monde, animateurs compris. Un soir, alors qu'il était saoul comme toute la Pologne, il agressa mon frangin. Josy riposta d'un violent coup de tête qui le mit KO et il le traîna par les pieds jusque dans la rue. C'était évidemment déplorable, mais ça a eu le mérite de calmer tous les gros bras de l'« YWCA » pour un bon bout temps.

Entre les cinq mousquetaires qui tenaient la « boutique », c'était un pour tous, tous pour un. Malgré nos activités professionnelles, on se partageait le boulot. Moi, qui étais ceinture noire de judo, je donnais aux jeunes des rudiments de cet art martial très codifié dans l'espoir de canaliser leur agressivité. Chaque vendredi, je m'occupais aussi du ciné-club. À l'aide d'un vieux projecteur 16 mm et d'une sono pourrie, je projetais des films que je louais chez « Progrès films ». J'essayais que la programmation soit à leur portée, mais toujours avec un objectif éducatif. Beaucoup de jeunes assistaient aux projections. Après chaque séance, on animait un débat sur le thème du film (c'était un peu notre « écran témoin » à nous). Hélas, comme l'accès était gratuit et ouvert à tous, une brochette de gauchistes de l'ULB s'invitait aussi aux séances. Ces pseudo-intellos monopolisaient la parole en jargonnant des discours politiques abscons, totalement inaccessibles, ce qui avait pour effet de clouer le bec de nos protégés. On finit donc par interdire l'entrée à ces « bobos » qui, en s'écoutant parler, sabotaient notre travail.

Très vite, on découvrit que dans notre maison de jeunes, « ça baisait à tous les étages ». Dare-dare, on organisa une « soirée éducation sexuelle ». Visiblement intéressés, énormément d'ados y assistèrent. Sans tourner autour du pot, un « camarade gynéco » expliqua de manière didactique comment utiliser un préservatif. Il enfila alors de manière adéquate une capote anglaise sur une queue de brosse. La rigolade était générale, mais au moins, j'espérais que cela éviterait à certains d'entre eux de vivre la mésaventure qui m'était arrivée à leur âge, quand j'avais mis ma petite amie enceinte.

En théorie, l'« YWCA » fermait à 22 h durant la semaine, et à minuit le week-end. Mais problème : chaque soir, c'était la croix et la bannière pour mettre les jeunes dehors, car certains étaient ivres morts. Pour juguler la soûlographie, on tripla le prix de la bière plutôt que de l'interdire et on diminua le prix des limonades. Sans succès. Les petits futés allaient alors boire des chopes « Chez Franco », un bistrot situé juste à côté de notre local, et revenaient ensuite chez nous complètement bourrés pour danser et faire la fête. Le « must », c'était de provoquer une bagarre et, pendant qu'un des éducateurs quittait le bar pour tenter de s'interposer, tout le fric du tiroir-caisse se volatilisait...

Un soir, « Sky », un des cinq mousquetaires-animateurs, était tout seul pour tenir la boîte. Quelques gros bras en profitèrent pour méchamment le tabasser. Sonné et ensanglanté, il nous appela à l'aide pour « rétablir l'ordre ».

C'est comme cela qu'après avoir démarré avec enthousiasme et plein d'idées généreuses en tête, on termina complètement anéantis et on finit par jeter l'éponge. On a dû se rendre à l'évidence : c'était décidément trop dur d'assumer ce boulot ingrat en plus de nos activités professionnelles. De plus, en ce qui me concernait, j'étais en ménage depuis peu de temps avec Danièle qui en avait légitimement assez de passer ses soirées seule et de me voir revenir à la maison complètement déprimé, empestant la bière, la cigarette et les frites.

Hélas, à l'« YWCA », personne ne prit le relais et la maison de jeunes ferma définitivement ses portes peu après. Malgré cet échec, cette expérience a quand même eu le mérite d'être très enrichissante pour moi. Depuis lors, j'ai une admiration sans bornes pour les milliers d'animateurs et travailleurs sociaux qui s'occupent de jeunes dans les « quartiers difficiles », un métier ingrat, mal rémunéré et le comble : souvent dénigré.

L'ATHÉNÉE LÉON LEPAGE

À la rentrée en 1970, je fus muté de l'Institut des « Arts et Met » vers l'Athénée Léon Lepage. Dès la première réunion des professeurs, le décor de mon nouvel établissement était planté. Le préfet des études, un « nabot » bronzé hiver comme été, par ailleurs secrétaire du parti libéral d'Ixelles, prit la parole. Il déplora l'absence de discipline dans l'école et rappela à l'ordre tout le corps professoral. Il épingla, tout particulièrement, le fait que de plus en plus d'élèves osaient venir aux cours sans cravate. L'écoutant docilement sans broncher, les enseignants étaient visiblement habitués d'entendre ses discours comminatoires. Interloqué, je levai la main et, rappelant que j'étais novice dans l'établissement, je lui demandai de m'expliquer le rapport entre la discipline et le port d'une cravate. Furibard, il me dit : « Monsieur, je vais vous répondre par une autre question, quand vous étiez jeune, portiez-vous une cravate ? » Je répondis : « Très, très rarement ! » Là-dessus, le préfet me balança : « Eh bien, Monsieur Dubié, vu la manière dont vous m'avez interpellé, ça se voit ! » C.Q.F.D. ! Rigolade générale de tout le corps professoral ! Voilà l'avant-goût du personnage que j'allais devoir supporter durant toute l'année scolaire. Mais ce ne fut que cinq jours plus tard que j'ai vraiment pu apprécier ce zigomar dans toute sa saveur.

Je donnais cours à mes élèves quand, brusquement, mon chef d'établissement déboula dans ma classe comme une furie. Il se planta devant moi et, me menaçant du poing, il me hurla : « Si je trouve celui qui a fait ça, je lui casse la gueule ! » Mes ados tout comme moi furent sidérés. Pour rappel, il avait une tête de moins que moi. J'éclatai de rire, je reculai d'un pas et, me mettant en garde comme un boxeur, je lui dis : « Je ne sais pas de quoi vous parlez, mais si vous voulez vous battre, allons-y ! » Déstabilisé, l'apprenti « Cassius Clay » me cria : « Jurez-moi que ce n'est pas vous qui avez peint ces insanités sur le mur de l'école ! » Comme je ne comprenais toujours pas, il finit par m'expliquer que « quelqu'un » avait peint en énormes lettres blanches sur la façade extérieure de l'Athénée : « Darquennes [c'était son nom], on te pendra par ta cravate ! »

Ce « pion » était persuadé que c'était moi qui avais fait le coup. Évidemment, c'était faux, mais comme je pénétrais toujours dans l'établissement par le garage, je n'avais pas vu la « fresque » qui décorait la façade de l'école. Il n'empêche, quand j'ai vu ce tag, je me suis bien marré. Pas seulement moi, d'ailleurs ! Malgré une enquête digne de l'inspecteur Colombo, le préfet n'a jamais pu identifier le coupable. Alors, si ce tagueur masqué lit ces lignes, puisqu'il y a aujourd'hui prescription, je lui serais très reconnaissant de me révéler enfin son identité. Cela m'empêche de dormir depuis des décennies.

C'est peu dire qu'entre le boss et moi, le climat n'était pas au beau fixe. J'ai eu de nombreuses altercations avec lui. Celle qui m'a le plus marqué, c'est quand un jour, mon réveil n'ayant pas sonné, j'étais arrivé à l'école une demi-heure en retard. Mes élèves, surveillés par le préfet, m'attendaient sagement dans le préau. Quand j'arrivai essoufflé, il regarda sa montre et m'apostropha devant mes gamins : « Et alors, Monsieur Dubié ? » Je lui répondis du tac au tac : « Je vous prie de m'excuser, Monsieur, mais ma femme est enceinte. » « Ah ! », dit-il, « et la naissance, c'est pour quand ? » Je répondis : « Très exactement dans neuf mois, Monsieur le Préfet ! » Pour une fois, plutôt que d'exploser de rage, il pouffa de rire et me laissa monter dans ma classe avec mes élèves hilares. Je savais qu'il appréciait beaucoup les blagues égrillardes. Même si je ne donnai cours que pendant une seule année à l'Athénée Léon Lepage, je pourrais encore écrire plusieurs pages sur mes « clashs » avec ce personnage, mais je retiens surtout que je m'y suis fait un ami germaniste, Charly Jacobs, que je vois encore fréquemment aujourd'hui.

CHARLES BULS

L'année suivante, je fus à nouveau muté. Cette fois, c'était à l'École Normale Charles Buls. Après mon « Guantanamo » à Adolphe Max, c'était mon deuxième retour aux sources. Sauf que celui-ci était positif puisque je devins maître de stage pour les futurs enseignants dans l'établissement où j'avais décroché mon diplôme de prof. Mes rapports avec mon nouveau directeur ne furent pas au beau fixe pour autant. Visiblement, il avait lu mon dossier puisque d'emblée il m'avertit : « Ici, il n'est pas question de faire des pétitions comme aux Arts et Métiers, n'est-ce pas ! » Et trois jours plus tard, il me convoqua dans son bureau et hors de lui, il me balança : « Monsieur Dubié, ça ne va pas, ça ne va pas, ça ne va pas ! À la réunion des professeurs, vous avez enlevé votre veston et fumé un long cigare ! » Je me dis merde, je suis tombé sur un autre caporal-chef, et lui répondis : « Moi, Monsieur, si j'ai trop chaud, j'ôte ma veste et de plus j'ignore quelle est la longueur réglementaire des cigares dans votre établissement ! » À l'époque, à la salle des profs, beaucoup de profs fumaient des cigarettes et moi des fins cigares mexicains. Fort heureusement, cela fait 40 ans que je me suis débarrassé de cette addiction.

Un jour, sans explication, le corps enseignant fut convoqué pour une réunion. Très tendu, le « dirlo » nous annonça qu'à la demande du ministre de la Défense nationale, Pol Vanden Boeynants, chaque prof devait remplir un questionnaire. À l'époque, « VDB » avait le projet saugrenu d'obliger les garçons à faire leur service militaire dès la fin de leurs humanités avant de poursuivre des études supérieures... D'emblée, le directeur prévint qu'il n'était pas question de débattre des intentions du ministre, car à l'école on ne parle pas de politique ! (sic) Les remarques concernant ce sondage devraient être écrites dans la case prévue à cet effet dans le document à remplir. Là-dessus, il distribua un formulaire à chacun des prof. Sans lui demander la parole, qu'il m'aurait de toute façon refusée, je lui demandai qui allait dépouiller ce sondage et faire la synthèse des milliers de remarques consignées dans ces documents. Blême, le Big Boss de l'école fut évidemment incapable de répondre à ma question. Là-dessus, je me levai et, déchirant le questionnaire, je lui dis : « Dans ces conditions, je refuse de me prêter à cette mascarade », et je quittai la salle. Je fus immédiatement suivi par la plupart de mes collègues, sauf quelques « couillons » qui n'ont pas osé le faire.

À noter qu'à la suite d'un mouvement de contestation étudiante d'une ampleur sans précédent, « VDB » a été contraint de retirer son projet qui s'est retrouvé dans les limbes des conneries politiques. Je passe sous silence les multiples accrochages que j'ai encore eus avec ce chef d'établissement, d'autant plus que, par bonheur, j'ai eu la chance de pouvoir totalement changer d'air...

MON ENTRÉE À LA RTB

Mon frangin, qui avait terminé ses études de journalisme à l'ULB, fut engagé, à titre temporaire, au journal télévisé de la RTB. Pour obtenir un contrat définitif dans le service public de Radio/TV, il fallait réussir un concours d'entrée qui était ouvert à tout le monde, pas uniquement à ceux qui, comme lui, y travaillaient déjà. Téléspectateur passionné d'info TV et fan des enquêtes d'Henri Mordant, la star de l'époque, je décidai de tenter aussi ma chance. On était en 1972, j'avais déjà 31 ans et il y avait 1150 autres candidats. C'est donc sans illusion que j'entamai cette épreuve qui était une course d'obstacles par éliminations.

Durant les épreuves du concours, j'ai eu l'occasion de remplacer un journaliste des émissions mondiales de la RTB diffusées en ondes courtes à destination des Belges de l'étranger. Un soir, une longue dépêche « Belga » annonçait le décès à 91 ans d'un certain « Franz Hellens », un romancier-poète belge. Inculte, je dis à ma dactylo : « Je ne connais ce zig, ni des lèvres, ni des dents, tu sais qui c'est, toi ? » Elle me répondit : « Non, pour moi c'est un inconnu au bataillon ! » Vu la longueur de la dépêche et de la liste de ses œuvres, j'en déduisis que c'était un écrivain important. Je décidai d'ouvrir mon journal parlé par cette info. En lui dictant ma « bafouille », je lui dis : « En tout cas, à 91 ans, ce type était assez vieux pour faire un mort ! » À l'antenne, je pris un ton très sinistre comme si je venais d'apprendre que toute ma famille était morte dans un accident d'avion. Je dis : « Pour commencer ce journal, une triste nouvelle : Franz Hellens est décédé à l'âge de 91 ans... », et me rendant compte que je parlais d'un inconnu dont je n'avais rien à cirer, j'attrapai un fou rire impossible à arrêter. Essayant de reprendre mon souffle, je tentai de m'excuser au micro. En vain. Impossible de poursuivre mon « JP ». Je n'ai pas pu aller plus loin... Après, je paniquai un peu, car je me dis que si mon rédac-chef m'avait entendu ou qu'un auditeur indigné avait écrit qu'on se moquait à la RTB des lettres belges, ma carrière de journaliste serait tuée dans l'œuf. Après 15 jours d'attente, je fus rassuré. En fait, quasi personne n'écoutait les émissions mondiales de la RTB, vestiges de la période coloniale qui ont d'ailleurs été supprimés peu après. Ouf !

Lors de la première épreuve du concours d'entrée à la RTB, il fallait répondre anonymement à un questionnaire à choix multiples visant à tester les connaissances des candidats tant dans les domaines politiques, économiques, culturels que sportifs. Une majorité de participants restaient sur le carreau. Je fus tout étonné d'avoir réussi.

La deuxième épreuve, toujours anonyme, était un test de voix. On lisait un texte dans un studio radio où on était enregistré. À l'audition de ces bandes-son, des « spécialistes » jugeaient le timbre de voix, la diction, l'accent et l'éloquence. À la suite de cette épreuve, il y avait un nouvel écrémage et je fus à nouveau très surpris d'être retenu pour l'épreuve devant jury. Les « rescapés » devaient alors choisir entre trois sujets d'actualité et rédiger, sans documentation, en un temps limité, un billet d'information radio qui était aussi enregistré.

Sans voir le candidat, le jury, composé de cinq journalistes chevronnés et d'un professeur d'université, auditionnait d'abord ma « bafouille » enregistrée, lui attribuait une cote et ensuite seulement me fit entrer dans la fosse aux lions. Tous ignoraient que mon frère bossait déjà dans la boîte, car on ne devait pas révéler son nom. Au cours d'une brève présentation, j'expliquai que j'avais 31 ans, que j'avais suivi des cours à l'Académie des Beaux-Arts, que j'avais un diplôme de régent, que j'enseignais le dessin à la ville de Bruxelles. J'étais évidemment conscient que c'était loin d'être le cursus idéal pour postuler à un emploi de journaliste.

Là-dessus, de manière sarcastique et méprisante, Pol Van Drome, le président du jury, m'interrompit et me lança : « Si j'ai bien compris, vous êtes artiste et vous voulez devenir journaliste ? » Je lui rétorquai : « En effet Monsieur et, que je sache, le règlement du concours ne l'interdit pas ! » Piqué au vif par ce type arrogant et n'ayant, de toute façon, rien à perdre, je me sentis subitement super décontracté. Je fus alors « cuisiné » longuement par cette brochette de professionnels de l'info. Ce concours sans programme précis était une loterie. Je subis une rafale de questions qui partaient dans tous les sens. Loin de posséder une culture universelle, j'avais la baraka, car j'eus la chance de bien maîtriser tous les sujets sur lesquels ils m'interrogèrent. Je sortis de l'examen plutôt confiant tout en me méfiant de mes impressions à chaud.

LA BONNE NOUVELLE

Mon frère Josy, qui passait son examen deux jours plus tard, me téléphona et me dit : « Tich ! [c'est ainsi qu'on s'appelle...], j'ai une très bonne nouvelle pour toi ! » Et il me rapporta que quand Pol Demol, son Big Boss au JT qui était membre de mon jury, était revenu à la rédaction, il avait lancé à la cantonade : « Nom de Dieu, quand je pense à mon idiote de fille qui est prof de dessin et qui n'y connaît rien à l'info, je viens d'assister à l'examen d'un type qui fait le même métier et qui, lui, est comme ça ! » Il avait appuyé son propos en levant le pouce et avait ajouté : « Celui-là, en tout cas, je l'engage ! »

Mon frangin, en entendant ça, prit la balle au bond et lui dit : « Chiche, Monsieur Demol ? C'est de mon frère que vous parlez ! » Très étonné, le rédac-chef lui confirma tout le bien qu'il pensait de ma prestation. Je fus évidemment aux anges, moi qui m'étais inscrit à ce concours par bravade et sans la moindre illusion. Au final, sur le gros millier de candidats, seuls soixante furent retenus. Mon frère termina 5e et moi 25e.

Restait à réussir les stages consistant à passer successivement par toutes les rédactions, tant radio que TV, de la RTB. Sans certitude d'être engagé, je n'abandonnai pas mon boulot de prof et je fus obligé d'intercaler toutes ces épreuves pratiques en slalomant dans mon horaire scolaire. À l'époque, les stagiaires, sans aucune expérience, devaient faire des choses insensées. Par exemple, sans le moindre écolage, je me retrouvai seul à devoir présenter en direct le journal télévisé de fin de soirée. Si ce JT rediffusait l'essentiel des séquences de celui de 19 h 30, on était tout de même à la merci d'une info importante de dernière minute. « Dans mes petits souliers » et ébloui par les spots, je pénétrai pour la première fois dans un studio TV en me demandant avec angoisse si j'allais me planter devant des dizaines de milliers de téléspectateurs. Je m'installai dans le siège du présentateur et reçus une seule instruction d'un cameraman : qu'après le générique, dès qu'une lampe rouge s'allumait, je devais parler à la caméra sans la quitter des yeux. À l'époque, il n'y avait pas encore de téléprompteur, qui permet de lire son texte sur l'objectif de la caméra sans baisser les yeux. J'entendis le « Bali Bada Boum boum boum ! » du générique, je serrai les fesses et c'était parti pour vingt minutes de direct.

Comme je réussis mon stage, il me resta à découvrir dans quel service j'allais être affecté. Ma grande préférence allait à la TV plutôt qu'en radio, mais lors du « partage des esclaves » entre les rédac-chefs, les nouvelles recrues n'avaient pas voix au chapitre. Et là, nouveau coup de bol : Henri Mordant (mon idole, celui que, téléspectateur, je regardais avec passion), qui était le patron du service « enquêtes et reportages », le top du top en matière d'info, souhaitait que mon frère Josy quitte le journal télévisé pour rejoindre son équipe. Or, Pol Demol, le « rédac chef du JT » refusait de le lâcher. Après des palabres, finalement, Demol aurait dit à Mordant : « Tu veux un Dubié ? Je t'en propose un autre ! J'ai assisté à son examen, il est super. » Incroyable ! Même dans mes rêves les plus fous, je n'ai jamais imaginé quitter ma classe de dessin pour être propulsé dans l'équipe TV du journaliste que j'admirais le plus.

En cette même année, dans un autre registre, je changeai d'identité ! Au moment de signer mon premier contrat, le directeur du personnel de la RTB me demanda de choisir un pseudonyme parce qu'il trouvait gênant que deux frères journalistes portent le même nom à l'antenne. Pris au dépourvu, pour ne pas me casser la tête à chercher un nom « ronflant » du genre « Ricochet », « Jean Valhardi » ou « Tintin », je choisis le nom de famille de ma maman. En une fraction de seconde, « Jean-Claude Dubié » devint « Jean-Claude Defossé ». À noter que, ce faisant, je conservai tout de même la première et la dernière lettre de mon nom de baptême : un « D » et un « E » accent aigu…

FUTUR PAPA

1973 était décidément une année placée sous une bonne étoile, car un deuxième événement merveilleux allait bouleverser complètement ma vie. Depuis quelques semaines, Danièle ne prenait plus de pilule contraceptive, car nous avions décidé d'avoir un enfant. De mon stage à la RTB, je lui téléphonai pour connaître le résultat d'un test de grossesse et, à ma plus grande joie, elle m'annonça que j'allais être papa début septembre. Je rentrai au plus vite à la maison pour fêter la bonne nouvelle.

Journaliste « aux pieds nus », sans aucun bagage dans ce métier, je n'avais jamais vu une caméra à moins de cent mètres et pourtant, je me lançai à corps perdu dans mon nouveau job. La coïncidence veut que ce soit avec Jacques Bredael, ex-prof de français de l'Athénée Adolphe Max, ancien collègue et ami de Danièle, que je réalisai mon premier reportage. Entré à la RTB depuis plusieurs années, il avait déjà une solide expérience du métier et ses conseils me furent grandement utiles. Ma toute première émission, nous la présentâmes en duo bien avant que ce soit à la mode. Son sujet était déjà très écologique, puisqu'il s'agissait d'une enquête sur la pollution du poisson par le mercure. Diffusée dans le magazine « Situation 73 », elle dura 55 minutes et fut tournée en film 16 mm en noir et blanc. Hélas, ce grand problème de santé publique est toujours plus que jamais d'actualité un demi-siècle plus tard.

Le tout premier tournage se passa à 3 h du matin, au marché aux poissons de Bruxelles. Très stressé, avec un cameraman et un opérateur son qui n'arrêtaient pas de s'engueuler, je fis comme je pus. À 8 h du matin, sans avoir dormi, je fonçai à l'école pour donner mes cours. Très chouettes, les équipes étaient compréhensives avec moi. Les prises de vue et le montage tenaient compte de mes contraintes scolaires. On faisait le montage de l'émission le soir et même la nuit. Le tournage des présentations se passait dans un restaurant, et ce à la manière d'Henri Mordant. C'étaient des (faux) dialogues entre Bredael et moi entrecoupés de petits reportages. Les prises de vues étaient interminables et duraient jusqu'à 4 h du matin. Hélas, si Mordant avait une « gueule » très télégénique et une voix grave qui lui donnait beaucoup de charisme, moi qui avais encore une « tronche » de gamin attardé, avec mes rouflaquettes et mes cheveux longs, je n'étais pas du tout crédible. Pour rigoler un peu, j'aurais aimé revoir ma première prestation audiovisuelle. Malheureusement, cette œuvre « grandiose » a disparu de la filmothèque de la RTBF. Une perte irréparable pour l'histoire du petit écran...

SALVATOR

Coup de chance, à la rédaction du magazine, je rencontrai Salvator Nay, un réalisateur avec lequel, d'emblée, j'eus des atomes crochus. Avec sa grosse barbe et ses cheveux longs, il aurait pu être le fils de Karl Marx et de Georges Moustaki. Déjà « vieux briscard » de la TV, il avait pas mal de bons reportages à son actif. Sa rigueur professionnelle était remarquable. Chaque fois qu'il abordait un nouveau sujet, il lisait tout ce qui s'y rapportait comme s'il faisait une thèse universitaire. En plus de sa fabuleuse culture, il avait un humour décapant. Il était pour moi un véritable mentor qui m'a initié à mon nouveau métier. C'était un homme d'une grande humanité, que ce soit dans le choix de ses sujets ou dans la manière de les réaliser.

On décida d'enquêter sur les dérives de l'enfermement psychiatrique. Titre de l'émission : « Derrière les murs des asiles ». Un des aspects fabuleux de mon nouveau métier, c'était d'être payé pour découvrir des situations dont j'ignorais tout, de rencontrer des tas de gens intéressants et de visiter des lieux où je n'aurais jamais pu mettre les pieds. Nous obtînmes l'autorisation de filmer dans « Les Marronniers », un hôpital psychiatrique de Tournai qui comptait 1200 « malades ». La moitié étaient des détenus de défense sociale considérés comme dangereux pour la société ou pour eux-mêmes. Certains étaient des criminels qui ne purgeaient pas leur peine en prison, car ils avaient été jugés irresponsables de leurs actes. Ce qui frappait d'emblée, c'était l'odeur pestilentielle qu'on respirait dans tous les bâtiments. Un mélange abominable d'urine et de sueur. On y croisait des centaines de malheureux, complètement « dans le gaz », errant comme des zombies, drogués aux médicaments, enfermés dans une « camisole chimique », pour les calmer 24 h sur 24 h. Au fond d'un couloir, on entendait des hurlements ou des gémissements à glacer le sang. Dans cet enfer sur terre, ce que j'ai vu de plus terrifiant et qui me hante toujours, ce sont des dizaines d'hommes dans des grandes cages et qui, à la vue de notre scripte, se sont accrochés aux barreaux en bois en hurlant et en faisant des gestes obscènes.

Je rappelle qu'en théorie, ce n'était pas une prison, mais un établissement de soins ! Or, pour « soigner » les détenus de cet asile d'aliénés, on ne comptait que trois médecins à mi-temps. Le médecin-directeur, qui refusa de nous accorder une interview, s'enfermait toute la journée dans son bureau pour jouer du violon. Un jeune psychiatre nous confessa que, faute de traitement adéquat, certains malades pourtant « récupérables » ne sortiraient jamais. Dans l'impossibilité de pouvoir soigner simultanément plus d'un millier d'internés, ce médecin nous avoua en avoir sélectionné quelques dizaines sur lesquels il « mettait le paquet » (sic) dans l'espoir d'en sauver quelques-uns. Cinquante ans plus tard, j'ai revu cette émission et, comme à l'époque, elle m'a ému en me rappelant que, dans le métier de journaliste, on ne sort pas intact de certains tournages.

En quittant cet antre démoniaque, notre équipe TV était complètement déprimée. Durant mon trajet en voiture vers Bruxelles, je songeai à Danièle enceinte en pensant que les mères de ces malades mentaux n'imaginaient sûrement pas mettre au monde un enfant qui deviendrait comme ça. Et dire que certains osent proclamer avec des trémolos dans la voix que « Dieu a créé l'homme à son image et qu'il est amour ! ». Fort heureusement, je ne crois pas à l'existence d'un créateur de toute chose, car je le considérerais comme une fameuse crapule. De retour à la maison, je me gardai bien évidemment de raconter ma journée à mon épouse enceinte pour ne pas risquer de la traumatiser.

LA NAISSANCE DE MA FILLE

Fin juin, l'année scolaire se termina, Danièle fut en vacances et moi enfin libéré de ma charge d'enseignement. Je respirai un peu, car j'avais enfin un peu plus de temps à consacrer à mon épouse qui arrivait au septième mois de sa grossesse. Je m'épanouissais dans mon nouveau travail dans lequel je me sentais déjà plus « cool ». Durant l'été, on aménagea, avec amour, une belle chambre d'enfant. On acheta le nécessaire dans l'attente de l'heureux événement. L'enfant ne ferait pas carrière à la SNCB : il fut ponctuel et arriva juste au moment prévu, le 5 septembre 1973. Danièle accoucha d'un adorable bébé de 3 kg 261. Nous décidâmes de l'appeler Florence en référence à la fabuleuse ville de Toscane que nous adorions. « Ma puce » était forcément, et en toute objectivité, la plus belle du monde. J'appris à pouponner, à langer et à biberonner. Si « Flo » était un vrai bonheur qui débarquait dans notre quotidien, son arrivée nous changea considérablement la vie.

Nous déménageâmes dans une modeste petite maison avec jardin, située rue Deraeck à Woluwe-Saint-Pierre. Avec sa chaussée en macadam pleine de trous et ses trottoirs défoncés, cette rue était un peu sinistre. J'eus l'idée de la transformer en zone piétonne fleurie. Je fis un croquis pour la montrer telle qu'elle était et telle qu'elle pourrait être si on supprimait les trottoirs, si on les remplaçait par un beau pavement rouge sur toute la largeur de la chaussée, si on y disposait des bacs de fleurs sur toute sa longueur et si on limitait la vitesse de circulation à 20 km/h. J'eus le soutien actif d'un voisin architecte, séduit par mon projet. Je glissai, dans les boîtes aux lettres de tous les riverains, une photocopie de mes esquisses accompagnée d'une lettre explicative et d'une invitation à se réunir au bistrot « Le Saint-Pierre » pour en discuter. La plupart des habitants répondirent présents et quasi la majorité valida le projet. La seule restriction vint de Jef, mon voisin de 83 ans, qui était d'accord à condition qu'on ne mette pas de bac fleuri devant sa porte, car, dixit le vieux monsieur, « sinon à ma mort, les pompes funèbres ne pourront pas sortir avec mon cercueil pour le mettre dans le corbillard… ». Demande accordée à l'unanimité ! Seul le menuisier, habitant en haut de la rue, était déchaîné contre le projet, car il estimait que ça allait lui faire perdre des clients.

On était à quelques semaines des élections communales. Pour devenir bourgmestre, il y avait deux grands favoris : Jacques Vandenhaute (PRL) et Roland Gillet (FDF). Comme disait le leader communiste Jacques Duclos, « bonnet blanc et blanc bonnet ». Avec mon projet et la pétition signée par quasi tous les riverains, on se rendit en délégation chez ces deux candidats.

Évidemment, avant le scrutin, tous deux s'engagèrent à réaliser les transformations. Mais, comme dit Jacques Chirac : « les promesses n'engagent que ceux qui les croient... » Par précaution, je demandai aux deux aspirants mayeurs de signer « pour accord » sous notre demande. Quelques semaines après le vote, j'attirai l'attention du vainqueur sur son engagement. Même si j'ai dû lui administrer quelques piqûres de rappel, finalement, les ouvriers communaux vinrent réaliser les travaux. La rue fut métamorphosée. Outre les bacs fleuris, les habitants ornèrent également leurs fenêtres de fleurs et de plantations. Les enfants purent jouer dehors sans danger, car seules les voitures des riverains étaient autorisées à circuler en roulant au pas. Dans les années 1990, la rue Deraeck remporta le prix de la rue la mieux fleurie de Woluwe-Saint-Pierre...

UN COUP DE POING FATAL ?

Hélas, la démocratie directe ne se passe pas toujours sans « couac ». Un soir d'été, vers 22 h, on sonna agressivement à notre porte. J'ouvris et me retrouvai face au menuisier qui était farouchement opposé au nouvel aménagement de la rue. À l'évidence, il était complètement ivre. Menaçant, il éructa et me hurla : « T'es content hein ! J'ai cogné tes sales bacs de fleurs avec le pare-chocs de ma bagnole et il est complètement foutu ! »

Gardant mon calme, je lui rétorquai que c'était sans doute plutôt son état d'ébriété qui devait être la cause des dégâts occasionnés à sa voiture. Alertée par les cris de cet hurluberlu, mon épouse sortit à son tour et, gentiment, de sa voix douce, lui dit : « Monsieur, je vous en prie, ne criez pas si fort, vous allez réveiller ma petite fille qui dort. »

Là-dessus, l'énergumène lui lança : « Toi, mêle-toi de tes oignons ! » et lui décocha un coup de poing. Heureusement, comme il était complètement saoul, il ne fit qu'effleurer le cou de ma femme. Je ripostai illico presto en lui assénant une terrible beigne en plein visage. Sonné, le forcené bascula en arrière et sa tête heurta violemment le trottoir. Allongé sur le sol, il ne bougeait plus. Ses yeux étaient révulsés et restaient grands ouverts. Un filet de sang lui coulait de l'oreille. Je me penchai sur lui et craignis de l'avoir tué.

Je demandai à ma femme d'appeler une ambulance. J'entendis ma pauvre Danièle, affolée, crier au téléphone : « Venez vite, mon mari a tué un homme ! » Comme c'était l'été et qu'il faisait très chaud, toutes les fenêtres des maisons de la rue étaient ouvertes. Mes voisins, alertés par les hurlements précédents du menuisier, se demandaient tous s'il était mort ou seulement KO. Moi, j'étais de plus en plus angoissé, je leur disais de ne surtout pas y toucher. Chacun y allait de son commentaire. La femme du type, elle aussi très éméchée, lança : « Je lui avais bien dit de ne pas aller sonner chez ces crapules ! »

Pin-pon ! Pin-pon ! Le « SAMU » arriva enfin. Les secouristes glissèrent délicatement le « zigomar » sur un brancard et, alléluia, il était vivant, il bougeait et roulait des yeux dans tous les sens en se demandant visiblement ce qui lui était arrivé. Quel soulagement, qu'il ne soit pas mort ! J'imaginais déjà le titre de la DH : « Un journaliste de la RTBF tue son voisin d'un coup de poing. »

Deux jours plus tard, dans la rue, je croisai mon voisin irascible. Comme à son habitude, il était habillé en treillis militaire, avait chaussé ses « Combat Shoes » et tenait son berger allemand en laisse tout en « roulant des mécaniques ». Sur mes gardes, je le regardai fixement entre les deux yeux. Il passa devant moi sans prononcer le moindre mot d'excuse. Dans mon for intérieur, je rigolai, car il avait la tête tuméfiée, un fameux « œil au beurre noir » et, à l'arrière du crâne, je remarquai une grande tonsure avec quatre points de suture.

Heureusement, Léon, un voisin policier à la commune, avait assisté à toute la rixe depuis sa fenêtre et avait pu témoigner en ma faveur, car j'avais déposé plainte pour insultes et coups et blessures. Le tribunal correctionnel a condamné le menuisier à huit jours de prison avec sursis et 10 000 francs d'amende. De quoi le calmer s'il lui prenait l'envie de récidiver. Il n'empêche, Danièle et ma fille terrorisées n'ont plus jamais osé passer seules devant chez lui.

JO

« Salva », très seul depuis que sa première femme l'avait quitté, passait quasi toutes ses soirées chez nous pour préparer nos émissions. Son épouse britannique qui, durant son adolescence, était très copine avec les futurs « Beatles » était retournée à Liverpool en emmenant la fille qu'ils avaient eue ensemble. Curieux mélange d'homme, à la fois volubile et secret, Salvator parlait très difficilement de son passé d'enfant juif caché durant la guerre. Très épicurien, il adorait la bonne bouffe et cuisinait admirablement. C'était son côté « bourguignon ». De plus en plus fréquemment, le week-end, il se rendait à Dijon, capitale de la Bourgogne, au volant de sa vieille Simca rouillée. C'était 1150 kilomètres aller-retour, sans autoroute à l'époque ! Cela devint tellement fréquent qu'avec Danièle, on se dit qu'il devait y avoir anguille sous roche. Il nous avait vaguement parlé d'une amie française connue naguère à Londres et voilà qu'un beau jour, il nous présenta « Jo », une très belle Dijonnaise, prof d'anglais, dont il était éperdument amoureux. Entre elle et nous, le courant passa tout de suite. Jo et Danièle s'entendaient à merveille. Nos deux couples devinrent très amis. En fin d'année scolaire, la nouvelle compagne de « Salva » se fit muter à l'Athénée de Valenciennes non loin de Mons où ils allèrent habiter tous deux. Comme on dit dans les contes de fées, quelque temps plus tard, ils se marièrent et eurent un bel enfant : Judith, la « petite sœur » de notre Florence.

Je tournai encore plusieurs émissions avec mon ami Salvator, dont certaines particulièrement marquantes. L'une au titre éloquent : « Est-ce ainsi que des hommes vivent ? » était une très longue enquête d'une heure et demie consacrée au « quart-monde », qui jettait une lumière crue, très émouvante, sur des situations d'extrême pauvreté tant matérielle que morale en Belgique. À propos de ce programme diffusé la veille de Noël, René Hénoumont, alias « L'homme à la pipe », critique TV de l'hebdo « Pourquoi Pas ? », n'avait rien trouvé de mieux que de s'indigner que la RTB ait passé ce genre de reportage juste avant les agapes du réveillon. Heureusement, tout le monde n'est pas aussi ignoble puisque ce reportage a été récompensé en 1979 par une « Antenne de Cristal ».

Ces distinctions télévisées étant remises au Palais des Congrès de Liège au cours d'une soirée où n'étaient conviés que les journalistes et réalisateurs primés, Salva et moi-même avions sollicité que notre scripte, notre cameraman et notre opérateur son, très impliqués dans le tournage, soient aussi invités. Les organisateurs nous répondirent que « c'est impossible faute de place ! » (sic). Je découvris alors que plein de « VIP », d'apparatchiks et autres obligés comme la veuve du bourgmestre Destenay, le capitaine des pompiers d'Ougrée, le secrétaire communal de Seraing, et tutti quanti étaient de la partie. Constatant qu'il y avait des places pour toute cette clique et pas pour notre équipe, on décida de ne pas être présents pour venir chercher notre très convoitée « Antenne de Cristal ». Et nous chargeâmes Georges Konen, directeur de la TV, de lire un court message expliquant le pourquoi de notre absence. On nous a rapporté que cela avait provoqué un certain froid dans l'assistance...

Par la suite, nous avons encore tourné un autre reportage sur des démunis, intitulé « Ceux de la Bosse », nom d'un lieu-dit près de l'abbaye de Maredsous. Pendant plus d'une semaine, nous avons filmé le quotidien d'une tribu de Barakis, trois familles aux noms qui ne s'inventent pas : les « Dieu », les « Marx » et les « Catin ». Ces malheureux vivaient avec leurs treize enfants dans des roulottes ou des cabanes sans eau, ni gaz, ni électricité, sur un dépôt d'immondices. Ce long documentaire révélait l'existence d'une forme de misère cachée dont on ne parlait quasi jamais.

UN SUPER SCOOP !

Quelques mois à peine après mes débuts à la TV, une amie psychologue me téléphona. Elle n'était autre que l'épouse du fils de Théo Fleischman, le fondateur, avant la guerre, de l'INR, l'ancêtre de la RTBF. Sachant que j'étais devenu journaliste, elle me demanda si j'accepterais de rencontrer un de ses patients, car elle estimait que son problème ne relevait pas d'un psy, mais plutôt de la presse. J'acceptai évidemment de le voir.

C'est ainsi que le soir, un petit monsieur chauve d'une trentaine d'années, portant un loden vert bouteille et un petit chapeau, débarqua à mon domicile privé. Ce Flamand de Gand qui s'appelait Pol Demaeght travaillait comme ingénieur à la Régie des Télégraphes et Téléphones, l'ancêtre de « Belgacom ». Il m'expliqua que son chef l'avait relégué sur une voie de garage et qu'on ne lui donnait plus aucune tâche à exécuter. Il passait ses journées seul à ne strictement rien faire. Il avait beau être bien rémunéré, il déprimait totalement.

Quand je l'interrogeai sur le pourquoi de cette mise au placard, il me raconta avoir découvert, à la RTT, de nombreuses malversations, des passe-droits et des contournements des règles d'adjudication obligatoires dans la passation de marchés publics. Il avait averti de nombreuses fois sa hiérarchie, mais on lui avait répondu de ne pas se mêler de ça et de se contenter de signer les documents qu'on lui donnait, « Punt aan de lijn! », comme on dit, chez lui, à Gent.

Pour étayer ses accusations, l'ingénieur sortit de sa serviette un épais dossier de photocopies méthodiquement classées. Je passai toute la soirée avec lui à éplucher ces documents qui étaient de véritables bombes mettant en cause le Directeur Général de la Régie, Germain Baudrin, un architecte, le ministre des Communications Édouard Anseele (SP) et le bourgmestre de Mons Abel Dubois (PS) ! Bref, du caviar pour un journaliste d'investigation, obtenu grâce à ce qu'on n'appelait pas encore un « lanceur d'alerte ». À l'évidence, je tenais là un scoop exceptionnel. Je demandai à mon informateur de me confier sa documentation durant trois jours avant d'en parler à la presse. Il me fit confiance et accepta.

Dès le lendemain, je me rendis chez mon chef de service, Émile Henceval, que d'aucuns décrivaient comme un homme indépendant n'ayant pas froid aux yeux, et je lui expliquai le contenu de ce dossier explosif. Il fut convaincu du sérieux de mes infos, mais il trouva l'affaire tellement délicate qu'avant de mettre en cause une de ces hautes personnalités, il préféra d'abord en parler au « briefing », la réunion hebdomadaire de toutes les « huiles » de la RTB qui, par chance, se tenait le lendemain.

La « bleusaille simple plouc » que j'étais n'étant pas invité à ce « pow pow », j'attendis impatiemment dans le couloir les décisions de ma haute hiérarchie. La porte s'ouvrit, Émile Henceval sortit de la salle, me prit par le bras et me dit : « Jean-Claude, encore bravo pour tes infos très intéressantes. Cependant, avant d'en parler à la RTB, on pense qu'il vaut mieux attendre d'abord que ce soit dans la presse écrite. C'est une affaire vraiment trop délicate pour nous... » Complètement dégonflé et surtout honteux, je dus annoncer cette dérobade à mon informateur et lui restituer ses dossiers. Lui aussi fut consterné.

Deux jours plus tard, « De Standaard », le plus grand quotidien de Flandre, titrait, à la une : « Énorme scandale à la RTT ! » et sur trois pages, le journal balançait tout le dossier. À l'époque, cela déclencha un tremblement de terre politico-financier du même calibre que celui de l'affaire Agusta qui sortira dans les années 1990. Cette expérience amère me marqua pour la suite de ma carrière. Je décidai de ne plus jamais lever le doigt, comme à l'école, pour demander l'autorisation de réaliser une émission sur un problème « délicat ».

SI VOUS SAVIEZ

En 1974, pour le magazine des consommateurs « Si vous saviez ! », toujours avec mon ami « Salva », nous tournâmes une émission au titre éloquent : « Tous les Belges sont égaux devant la loi, mais certains le sont plus que d'autres. » Avec cette enquête sur l'accès à la Justice, je découvris à nouveau qu'il est parfois périlleux d'aborder certains sujets. En cette époque « post-soixante-huitarde », quelques avocats progressistes secouaient le cocotier vermoulu de la Justice. Ils créèrent la revue « Pro Justitia » pour laquelle je dessinais bénévolement quelques illustrations.

Puisque nous abordions le problème de l'aide judiciaire, je sollicitai une interview du bâtonnier de l'Ordre des avocats de Bruxelles, Maître Sadi Kirschen. Il accepta, mais quand je l'informai que d'autres avocats ayant un regard critique sur l'organisation du « pro deo » s'exprimaient aussi dans notre programme, il monta sur ses grands chevaux. S'estimant être le seul représentant légitime du barreau qualifié pour donner un avis autorisé sur l'organisation de la Justice, il était pour lui hors de question que de « jeunes avocaillons contestataires » débattent publiquement avec leur bâtonnier dans un programme TV.

Je lui signalai que le code de déontologie de la RTB prévoyait que participer à une émission n'impliquait pas qu'on puisse choisir ses autres protagonistes et que, s'il refusait de répondre à mes questions, ce qui était son droit, le magazine devrait se faire en son absence, ce que je regretterais beaucoup. La réponse du bâtonnier fusa : « Je vais inviter monsieur Robert Wangermée, votre patron à la RTB, à déjeuner et je réglerai ce problème directement avec lui ! » Et il m'indiqua la porte de son somptueux bureau...

Fort du prescrit du code de déontologie de la RTB, je sollicitai de pouvoir être présent à ce dîner et ma demande me fut accordée. Les agapes se déroulèrent rue Blanche, au local de « l'Union des anciens de l'ULB ». Autour de la table, outre le bâtonnier

Kirschen, deux autres membres du conseil de l'Ordre, les avocats Roger Lallemand et Louis Van Bunnen, également avocat conseil de la RTB (bravo pour le conflit d'intérêts !). En face, pour représenter la TV, outre Robert Wangermée, deux directeurs étaient également présents, et moi-même. Le petit « journaleux » débutant que j'étais se disait : « Quel cirque pour réaliser une séquence TV de 30 minutes ! »

Au repas, en entrée, on servit des « avocats aux crevettes », ce qui fut l'occasion de fines plaisanteries. D'emblée, Maître Kirschen réitéra que, pour lui, haut représentant de l'Ordre, il était exclu d'être contredit à la télévision par d'autres avocats, de surcroît inexpérimentés. Et sans la moindre discussion, mon grand patron trancha : « C'est entendu, Monsieur le Bâtonnier, vous serez le seul à pouvoir vous exprimer dans cette émission. » Et, coup de canif supplémentaire dans les règles journalistiques en vigueur à la RTB, « Wang » autorisa les représentants de l'Ordre à visionner notre enquête avant sa diffusion pour leur permettre éventuellement de répliquer. Je tentai timidement d'intervenir, mais mon « grand manitou » me coupa sèchement la parole par un : « J'ai dit ! »

S'en suivit une conversation mondaine entre gens qui étaient à l'évidence d'une très grande connivence… En bout de table, j'étais mutique et je « tirais la gueule ». Pendant le trajet en voiture vers la cité Reyers, je sortis de ma poche le petit livre vert du code de déontologie de la RTB et tentai de lire l'article qui contredisait totalement les décisions de mon grand patron. À nouveau, il trancha sèchement en me disant : « Sachez, M. Defossé, qu'à la RTB, il n'y a pas de règles générales, il n'y a que des cas particuliers ! »

Estomaqué, à mon retour à ma « base », je racontai cette mascarade à toute l'équipe. Dans la rédaction, l'indignation était générale ! On décida de refuser de réaliser l'émission dans de telles conditions. L'accepter équivaudrait à signer l'arrêt de mort des vraies enquêtes télévisées. Jacques Bredael, alors secrétaire de rédaction, l'avait bien compris. Il monta, seul, voir la direction et eut une discussion houleuse avec le Big Boss. Du bout des lèvres, « Wang » concéda que comme il n'y avait aucun contradicteur dans cette enquête, ce serait le journaliste qui développerait le point de vue des absents. Finalement, cela m'arrangeait, car, à l'époque, avant de parler aux médias, tout membre du barreau devait d'abord obtenir le feu vert de son bâtonnier ! Or, il était probable que certains avocats « contestataires » n'auraient pas osé passer outre un refus de s'exprimer.

Le premier à donner des interviews sans en demander l'autorisation, ce fut l'avocat Michel Graindorge dont j'ai déjà parlé et sur lequel je reviendrai plus loin. Depuis lors, c'est devenu banal. Ce qui est la moindre des choses pour ceux dont le métier est, entre autres, de défendre la liberté d'expression.

UN BILAN GLOBALEMENT POSITIF

Depuis, fort heureusement, les choses ont évolué et une telle ingérence dans le travail des journalistes serait beaucoup plus difficile aujourd'hui. Cependant, selon la règle journalistique bien connue « un train qui arrive à l'heure, ce n'est pas une info [quoiqu'à la SNCB ?], en revanche un train qui déraille c'en est une ! », si je révèle ces censures, c'est pour leurs côtés exceptionnels et du coup d'autant plus choquants.

Car j'affirme, par ailleurs, que durant les trente-sept années que j'ai passées dans le service public d'information, j'ai joui d'une très grande liberté d'informer, mais évidemment toujours en toute responsabilité. Pourrait-on imaginer une seconde, par exemple, qu'après la privatisation de TF1 en 1986 et son rachat par Francis Bouygues, un des plus grands entrepreneurs de travaux publics du monde, j'aurais pu réaliser ma série sur les « Travaux Inutiles » en le mettant en cause comme je l'ai fait à la RTBF ? La réponse est non ! La preuve, c'est qu'à la même époque, Michel Polac, l'animateur vedette de « Droit de réponse », une émission très regardée le samedi soir sur TF1, en a fait l'amère expérience. Il a osé animer un débat sur la construction du « pont de l'île de Ré », qui dénonçait, en direct, un scandale financier, urbanistique et écologique qui impliquait le propriétaire de la chaîne Francis Bouygues. Ce fut la dernière émission du très populaire Michel Polac, viré sur le champ !

Je crois plus que jamais à la nécessité de l'existence d'un service public d'information fort face aux chaînes privées comme celles de Berlusconi en Italie ou de Bolloré en France qui, depuis qu'il est propriétaire de « Canal + », a décapité les très populaires « Guignols de l'info » qui déplaisaient à ses amis.

Dans les années 1970, Henri-François Van Aal, présentateur vedette du journal télévisé, se lança en politique. Beau mec, il fut élu haut la main député PSC. Dans la foulée, il devint ministre de la Culture et eut, dans ses compétences, la tutelle de la RTB. À peine installé, le « bel Henri-François » convoqua à son cabinet Robert Wangermée, son ancien patron, en le laissant poiroter un bon moment dans la salle d'attente... Très vite, il s'avéra que, comme responsable politique, l'ancien journaliste était une véritable catastrophe. Notamment du fait de son alcoolisme doublé d'une propension à faire la fête. Conséquence, en fin de mandat, la queue entre les pattes, il revint à la RTB. La direction commit alors l'erreur de le nommer à la tête du « Journal Parlé » du matin. Et comble des combles, l'ex-ministre voulut mettre la rédaction au pas. Conséquence, il se heurta à une brochette de jeunes journalistes chez qui son autoritarisme ne passa pas et qui partirent en grève, suivis par la plupart de leurs confrères. C'est ainsi qu'ils ont obtenu que désormais tout journaliste qui revient à la RTBF après un mandat politique soit privé d'antenne durant un an. Cette règle, qui a été baptisée le « sas de décontamination », est toujours d'application aujourd'hui.

AU JOURNAL TÉLÉVISÉ

À la même époque, je fus muté au journal télévisé. À l'info quotidienne, le boulot est différent. Il faut être très réactif et pouvoir traiter tous les jours un sujet différent. Réaliser une enquête pour un magazine, c'est une course de fond alors que faire une séquence pour le JT pour le jour même, c'est un sprint. Comme en athlétisme, ce sont deux disciplines sœurs, mais qui nécessitent des qualités différentes. Je dois être un décathlonien, car j'ai aimé les deux. Pour le JT, on ne dispose que de quelques heures pour « approfondir » une matière qu'on doit, de surcroît, résumer dans une séquence qui dure rarement plus de deux minutes. Pour éviter de n'être qu'un faire-valoir de ceux qu'on interviewe, il faut pouvoir compter sur son « background ». Le boulot est souvent stressant, car les séquences ne sont souvent montées qu'à la dernière minute.

Cependant, cette autre facette du journalisme TV me plut aussi. Chaque matin se tenait une réunion de rédaction où, après une brève critique du journal télévisé de la veille, on réfléchissait à ce qu'il fallait mettre dans la gazette du jour. Certains sujets étaient « incontournables » et s'imposaient dans l'actualité. Les séquences qui faisaient l'originalité du JT, face à la concurrence, étaient proposées par les journalistes les plus imaginatifs ou les plus « fouineurs ». Chacun avait ses dadas. Moi, je préférais couvrir le social et les faits de société plutôt que l'actualité politique « pure ». Malgré la composition pluraliste de la rédaction du JT, les rapports entre journalistes étaient le plus souvent excellents. Mais pas toujours...

LUC BEYER

« Star » du petit écran, Luc Beyer de Ryke a présenté le journal télévisé durant 18 ans, de 1961 à 1979. Très « vieille France », avec son style ampoulé et sa bouche en cul de poule, il terminait toujours ses JT par une interminable tirade mielleuse du genre : « Mesdames, Mesdemoiselles, Messieurs, permettez-moi, avant de vous quitter, de vous souhaiter à chacun d'entre vous en particulier, de passer une excellente soirée… » C'est ainsi qu'un soir, ma pas très futée grand-mère regardait la télé, littéralement subjuguée par « le grand Luc », et nous lâcha en Wallon : « Il est bien aimable avec moi cet homme-là de me dire bonsoir ! Alors comme ça, il nous voit dans toutes nos maisons ? »…

Un dimanche, comme il ne se passait rien dans l'actualité, on se demanda ce qu'on allait bien pouvoir mettre dans le JT. Et voilà qu'une dépêche nous apprit qu'en Afrique du Sud, un nouveau président avait été nommé. Comme on était en plein apartheid, je proposai donc de faire le point sur la situation dans ce pays raciste.

Mon supérieur hiérarchique, Luc, me répondit : « Non ! Pas question. » Je lui demandai : « Mais pourquoi, tu trouves que ce n'est pas intéressant ? » Il me dit : « Si, mais pas toi ! » Étonné, je lui répondis : « Ah ! Pourquoi, tu penses que ce ne sera pas bien fait ? » Sur quoi il dit avec ironie : « Si, justement ce sera même trop bien fait ! » Je téléphonai alors à Pierre Delrock, mon rédac-chef, et l'informai de l'incident. Celui-ci trancha et intima l'ordre à mon éditeur de me confier cette séquence. Il faut savoir que, « coïncidence », Beyer était sympathisant du régime raciste sud-africain et s'y rendait justement le lendemain.

Pour réaliser ma séquence, je visionnai des archives à la filmothèque. Je découvris des images de John-Baltazar Vorster, le nouveau président, manifestant avec un brassard à croix gammée aux côtés d'un parti pronazi. Le montage de mon sujet terminé, Beyer le visionna et, blême de rage, il tenta de me le faire édulcorer. Sans succès. Le soir, au JT, très crispé, il présenta ma séquence presque en se pinçant le nez et, pour manifester sa réprobation, dit : « Voici la situation en Afrique du Sud, du moins… telle qu'elle apparaît à Jean-Claude Defossé… »

Le lendemain, alors que Beyer était dans l'avion pour Johannesburg à l'invitation du régime, j'envoyai une note de service à toute la hiérarchie de la RTBF et au conseil d'administration, expliquant son comportement avec bien sûr copie à l'intéressé. À son retour, Beyer eut le culot de m'accuser d'être anti-confraternel. Pendant des mois, y compris lors des réunions de rédaction, on ne s'adressa plus la parole.

Les sympathies pour l'extrême droite du « grand Luc » étaient un secret de polichinelle. Quand ce dernier est devenu député européen sur la liste libérale, mon frère Josy l'avait piégé en le filmant en train de documenter Jean-Marie Le Pen au parlement de Strasbourg avant sa venue à Schaerbeek à l'invitation de Roger Nols, le bourgmestre notoirement raciste...

Malgré mes relations tendues avec Beyer, cela ne m'a pas empêché de lui jouer un beau tour... Souvent, il arrivait à la rédaction du JT avec une valise qu'il déposait discrètement dans un « kot » de la photocopieuse, on savait alors qu'après le JT, il allait faire un « ménage ». Comprenez : une conférence rémunérée dans un club huppé genre « Rotary Club » ou « Fifty-One ». Pendant qu'il était à l'antenne, j'ouvris la mallette et remplaçai le smoking qu'elle contenait par une vieille salopette...

Remontant à toute vitesse du studio du JT, Beyer s'enferma dans le réduit où on suppose qu'il s'est déshabillé et qu'en caleçon, il a découvert le pot aux roses. Après avoir enfilé à nouveau son costume de ville, il est sorti furibard et, brandissant la salopette, il a hurlé : « Qu'est-ce que c'est que ça ? » Avec mes collègues, mis dans le coup, on joua tous les imbéciles en disant : « Mais tu vois bien Luc, c'est une salopette ! » Il répondit : « Defossé, je sais que c'est toi qui as fait le coup ! Rends-moi mon smoking ou ça va chauffer ! » On le fit lanterner un bon moment puis, après le petit jeu « là c'est froid, Luc ! », « là, c'est chaud, Luc ! », il a finalement pu récupérer sa précieuse chic tenue... C'est peu dire que ce gag n'a pas amélioré nos relations.

HUMOUR

Certains collègues m'avaient baptisé « rédacteur en chef de la section farces et attrapes du JT ». En effet, lors des briefings matinaux, je ne pouvais pas m'empêcher de caricaturer mes confrères journalistes, les scriptes, les réalisateurs, etc. Mes dessins étaient agrémentés d'une bulle caustique, pas toujours appréciée par la « victime ». Pendant des années, ces croquis ont tapissé la salle de montage du JT. J'en ai conservé des fardes entières. Certains ont même été publiés avec d'autres dessins dans un album intitulé *Les travaux utiles de Jean-Claude Defossé.*

Par ailleurs, quand l'info s'y prêtait, j'aimais la traiter avec humour. Si j'ai un point fort, c'est peut-être celui de la mise en images. En effet, je suis un visuel, et ce, sûrement grâce à mon premier métier. Dès lors, si un sujet était compliqué à illustrer, c'était souvent pour ma pomme ! Et comme, à l'époque, les « trucages électroniques » extraordinaires dont on dispose aujourd'hui n'existaient pas, j'avais recours à plein d'artifices ou de « bricolages » (dessins, mises en scène, déguisements, etc.) pour rendre l'info plus compréhensible et plus « digeste » pour tous les téléspectateurs. Car, comme certains antibiotiques, j'ambitionnais d'être un journaliste « à large spectre », c'est-à-dire qui touche tout le monde, des moins instruits aux intellos pur jus.

Je fus aussi, durant de longues années, le préposé attitré pour la traditionnelle séquence du « poisson d'avril ». J'en réalisai près d'une quinzaine... Quelques semaines à l'avance, je salivais déjà en me demandant comment j'allais bien pouvoir piéger les téléspectateurs avec des infos invraisemblables. Même si, comme disait Jacques Chirac, elles étaient souvent « abracadabrantesques », beaucoup de gens mordaient à l'hameçon. Parfois, même des confrères journalistes prenaient pour argent comptant mon info bidon.

J'annonçai, par exemple :

– qu'après une étude de « McKinsey », on avait décidé de privatiser l'armée pour raisons d'économies ;

– qu'un émir, avec ses pétrodollars, allait acheter l'Atomium pour le démonter et le réinstaller chez lui ;

– qu'un savant avait solutionné nos conflits linguistiques avec un « walkman » à traduction instantanée ;

– qu'une femme venait d'être parachutée générale à l'armée (depuis lors, il y en a eu plusieurs !) ;

– que le ministre chinois des Travaux publics, Monsieur « L'Hin Hû Tîl », était en Belgique pour acheter nos ponts et viaducs inutiles ;

– que les Japonais envahissaient le marché de la frite belge ;

– que Bruxelles devenait un paradis fiscal où tout était « tax free » ;

– que le JT allait interviewer les hommes politiques avec un détecteur de mensonges ;

– etc.

Le lendemain, j'étais ravi si au bistrot ou dans les trains, des téléspectateurs avaient gobé mon « info bidon » et y avaient cru comme une vérité révélée.

Cependant, au-delà de l'aspect gag des « poissons d'avril », je trouve inquiétant de constater que quand c'est « dit à la TV », certains téléspectateurs prennent tout pour argent comptant. Et plus c'est gros, plus ça passe ! Un constat qui a été confirmé, en 2006, lors de la fameuse émission « Bye-Bye Belgium ». Comme tous les mercredis, je présentais le magazine « Questions à la Une », quand mon émission fut brusquement interrompue par une édition spéciale du JT et, en studio, François de Brigode annonça sans coup férir que la Belgique n'existait plus, car la Flandre avait proclamé son indépendance ! Suivait alors immédiatement une série invraisemblable de faux directs devant le palais royal, le parlement flamand, etc. Un tram de la STIB dut même s'arrêter à la frontière linguistique...

Tout de suite, le standard téléphonique de la RTBF fut submergé d'appels angoissés de téléspectateurs qui avaient cru à cette farce grossière. Tandis que des milliers de gens étaient affolés par cet énorme canular, j'étais présent à la RTBF et j'assistais à la panique qui gagnait la direction de la TV visiblement dépassée par l'ampleur des événements. Ce n'est qu'après vingt minutes et un bandeau annonçant à l'antenne « ceci est une fiction » que la baudruche s'est peu à peu dégonflée.

On se souvient par la suite de la polémique qui a agité le monde politique sur l'opportunité de réaliser cette émission conçue par Philippe Dutilleul. Quant à moi, je pense qu'à bien des égards, elle a réussi positivement à secouer le cocotier. Depuis, il est clair que via Internet et les réseaux sociaux où pullulent les « fake news », les dangers de manipulation du public ont été décuplés. Pour tout journaliste professionnel sérieux qui tente d'informer honnêtement, c'est un sujet de grande inquiétude. À noter qu'à la différence des « fake news », les gens ont été finalement dûment avertis que « Bye-Bye Belgium », ce n'était que du pipeau...

LE DÉPART DES PARAS

Quel que soit mon goût pour la dérision, je ne veux pas être réduit à un rôle de comique troupier. Durant ma carrière, tant dans l'info quotidienne que pour des magazines, j'ai réalisé des centaines de reportages très sérieux ou à propos de situations dramatiques. Certains m'ont particulièrement marqué, d'autres m'ont valu pas mal d'ennuis.

Par exemple, en mai 1978, une rébellion d'anciens gendarmes katangais a éclaté au Shaba (Zaïre). Des centaines d'Européens ont été pris en otages et certains ont été assassinés. Au JT, on se doutait que les paras belges allaient intervenir pour secourir nos expatriés, mais, à la Défense nationale, c'était le « black-out » total. Le 18 mai, en fin d'après-midi, on apprenait que des camions amenaient des bérets verts et rouge à l'aéroport militaire de Melsbroek. Je fonçai immédiatement sur place avec une équipe TV.

À l'entrée de la base militaire, interdiction d'entrer. On refusait aussi les interviews. C'était le « no comment ! ». La voiture du ministre de la Défense nationale, Paul Vanden Boeynants, entra dans la base en trombe… Au téléobjectif, mon cameraman filmait comme il pouvait à travers les clôtures. Le long des barbelés de l'enceinte, des parents des jeunes paras criaient après leurs garçons. Angoissés, ils étaient venus leur dire au revoir. De très jeunes soldats embrassaient leur père et mère en larmes. La scène était poignante. Certains hurlaient de désespoir, car ils étaient terrorisés à l'idée que leur « gamin sans expérience » soit envoyé au « casse-pipe » (sic). Ces jeunes miliciens qui paradaient fièrement en uniforme de para dans leur village n'en menaient pas large. Ils partaient en mission en ignorant sur quoi ils allaient tomber en terre inconnue.

Évidemment, on filma cette scène déchirante. Puis, à toute vitesse, on retourna à la RTBF faire développer notre film qu'ensuite, je dus monter super vite pour être prêt à diffuser au JT de 19 h 30. C'étaient forcément les seules images dont on disposait pour illustrer le départ de nos paras. À la rédaction, on me félicita d'avoir réussi à ramener mon mini-reportage en un temps record.

Pourtant, le lendemain, le monde politique était en ébullition… Un débat parlementaire sur l'intervention militaire était diffusé en direct à la TV. Quasi tous les députés faisaient haro sur le baudet ! Le ministre de tutelle de la RTBF, le socialiste Jean-Maurice Dehousse, condamnait sans nuance mon reportage qu'il jugeait scandaleux. Dans une réaction quasi unanime, on m'accusa d'avoir voulu saboter l'opération, en voulant démoraliser les téléspectateurs. Haro aussi sur moi de la part de Jean Gol, le chef de l'opposition libérale ! Il réclama des sanctions à l'encontre de ce journaliste qui « a osé réaliser une telle séquence alors que le pays doit être uni et soutenir l'intervention de ses parachutistes ».

Des confrères français de TF1 arrivés à notre rédaction regardaient à la TV avec nous cette séance exceptionnelle qui se tenait au parlement. Ils interrogeaient : « Mais c'est qui ce journaliste que ces politiciens ont dans leur collimateur ? » Un collègue me montra du doigt : « C'est celui qui se marre là en écoutant les discours ! » Nos confrères d'outre-Quiévrain furent littéralement sciés en découvrant l'indépendance des journalistes de la RTBF face au pouvoir politique.

Cependant, quelques jours plus tard, je fus convoqué par mon grand patron, Robert Wangermée, qui est tout ce qu'on veut, mais pas un comique. Allait-il me savonner les oreilles ? Quelque peu inquiet, je frappai à la porte et « Wang », très souriant, me fit asseoir dans son salon. Comme à son habitude, il jouait nerveusement avec un attache-trombone tout en me tenant des propos particulièrement aimables concernant mon travail au JT. Il me cita plusieurs de mes reportages qu'il avait fort appréciés. Après quelques minutes, il se leva, me reconduisit à la sortie et, m'ouvrant la porte, au dernier moment, il me dit : « Ah oui, concernant votre reportage sur les paras… » Je tentai alors de m'expliquer ou de me justifier, mais il me coupa et, avec un sourire en coin, ajouta simplement : « Faites attention, hein ! » Je dois dire que je suis volontaire pour me faire savonner de manière aussi agréable tous les jours…

Comme prévu par la loi, à la suite de la demande du commissaire du gouvernement, sollicité lui-même par plusieurs responsables politiques, le « Big Boss » de la RTBF avait fait les remarques qu'il jugeait nécessaires. « Wang », en vrai pro, avait très bien compris que je n'avais fait que montrer une réalité évidente : quand ils partent au combat, les soldats y vont rarement la fleur au fusil et c'est ce qui les rend encore plus méritants ! En démocratie, la radiotélévision de service public ne doit jamais être aux ordres du pouvoir. Ce beau principe, Robert Wangermée l'a toujours défendu, à de rares exceptions près (dont celle dont j'ai parlé plus haut). Il a même été le chantre, très décrié par certains hommes politiques, de l'information « dérangeante », une conception qui, on le devine, n'était pas toujours très appréciée par ceux qui nous gouvernent.

DES JOURNALISTES ÉTIQUETÉS

Au début des années 1980, ce fut le coup de tonnerre : le journal « Le Soir » publia la liste complète de tous les journalistes de la RTBF avec leurs supposées couleurs politiques. La réaction fut immédiate : deux tiers des journalistes refusèrent d'être affublés d'un « dossard » politique et créèrent l'AJ, « l'Association des Journalistes », indépendante de la RTBF. Après cela, quasi tous ceux qui obtenaient une promotion étaient « sponsorisés ».

N'étant pas carriériste et peu désireux de me retrouver « chef » dans un bureau, même si c'était mieux payé, je posai tout de même ma candidature pour monter en grade dans le but de démontrer que les dés étaient pipés. Comme, durant toute ma carrière à la RTBF, dans mes rapports annuels, ma hiérarchie me gratifiait de la mention « grands choix » accompagnée de commentaires dithyrambiques, je terminai ma demande de candidature en écrivant : « Compte tenu de toutes les qualités que ma propre hiérarchie m'attribue, je souhaiterais que vous me fassiez savoir pourquoi je ne suis pas promu à ce poste... » Je n'ai jamais reçu de réponse !

Par la suite, j'appris qu'un arrêté royal venait d'être pris qui stipulait que tout agent d'un service public avait le droit de consulter tous les dossiers le concernant. Je montai immédiatement chez Gérard Lovérius, le directeur de la TV. Après lui avoir dit : « Salut Love ! » (c'est son surnom), je lui demandai : « Aurais-tu l'amabilité de me donner mon dossier secret ? » Interloqué, il me répondit : « Mais pourquoi donc ? » Je lui brandis la nouvelle réglementation. Étonné, il demanda à sa secrétaire de m'apporter la farde me concernant. Je me mis illico en devoir de photocopier tout son très instructif contenu. J'y découvris que c'était un peu le « bal des faux culs », car il y avait de la marge entre mes rapports officiels et ce que la hiérarchie colportait derrière mon dos...

UN DREYFUS À LA RTBF ?

Durant toute ma carrière, je n'ai jamais bénéficié de bonifications pécuniaires, sauf celles automatiques liées à mon ancienneté. Je suis donc resté « journaliste » sans autre promotion. Si en 1989, mon rédac-chef m'attribua un intérim de « secrétaire de rédaction » pour animer la cellule « société » du JT, cette « promotion » n'impliquait pour moi aucune gratification salariale.

Pourtant, en 2000 (onze ans plus tard !), une note de service de Christian Druitte, le nouvel administrateur général, m'annonça qu'il avait décidé de me retirer mon grade de « secrétaire de rédaction ad intérim », et ce à dater du 1er mars 2000. Même si je n'en avais vraiment rien à cirer de ce pseudo-grade et d'avoir deux galons sur la manche, je pris la mouche. Dans une lettre ironique à mon grand patron, j'écrivis : « Monsieur l'Administrateur Général, cher Christian, après ta décision je me sens comme le capitaine Dreyfus humilié devant la troupe, mes insignes arrachés et le sabre brisé. Heureusement qu'étant dans une année bissextile, je pourrai conserver ma fonction un jour de plus ! Plus sérieusement, je n'accepte pas ta décision, je vais au Conseil d'État. »

Dès le lendemain, Druitte me convoqua dans son bureau et après m'avoir longuement entretenu sur ses déboires conjugaux, il me dit : « En effet, ce n'est pas normal. Un type comme toi aurait dû avoir une promotion depuis longtemps. Un poste de directeur culturel au Centre de Charleroi t'intéresserait-il ? » J'éclatai de rire et lui répondis : « Tu me vois, moi, dans un bureau ? Et en plus, directeur culturel ? Si tu as une autre proposition à me faire, peut-être que je ne cracherai pas dessus, mais en attendant ma plainte au Conseil d'État partira demain. » Dois-je ajouter que je n'ai jamais eu de nouvelles de cette promotion, ni d'une autre d'ailleurs ?

Six ans plus tard, j'étais déjà pensionné, mais je continuais à présenter le magazine « Question à la Une » et, surprise : je reçus une convocation du Conseil d'État. J'avais complètement oublié cette affaire et c'est sans avocat que je plaidai ma cause devant les juges de cette mémorable institution. Le conseil de la RTBF dit en substance que « cette affaire n'avait plus d'objet puisque depuis sa requête, six ans s'étaient écoulés et qu'entre-temps, monsieur Defossé avait été pensionné ». De plus, il ajouta que « la suppression de son intérim de secrétaire de rédaction n'avait eu aucune incidence ni sur son salaire ni sur le montant de sa retraite ». De mon côté, prenant la parole, je fis observer que je n'étais pas responsable des lenteurs de la Justice et que pour moi, cette affaire était une question de principe. J'ajoutai avoir constaté avec plaisir que l'auditeur du Conseil d'État, Madame Carlier qui, je l'espère, était aussi auditrice de la RTBF, me donna raison dans ses attendus...

Le soir, je reçus un coup de fil de Jean Bourtembourg, avocat spécialiste du droit administratif, qui me dit en rigolant : « Jean-Claude, tu as foutu un fameux bordel au Conseil d'État. Tu ne l'as pas remarqué, mais dans la salle d'audience, il y avait plein de magistrats venus pour t'écouter qui estiment que si on te donne raison, ça va faire jurisprudence et que si tu perds, tu vas leur mettre dans les gencives une émission sur les lenteurs de la Justice. »

Peu de temps après, à ma grande surprise, le Conseil d'État me donna raison. Je me suis donc rendu illico presto à l'imprimerie de la RTBF pour me faire imprimer des cartes de visite avec comme mention : « Jean-Claude Defossé, journaliste, secrétaire de rédaction ad intérim honoraire pour l'éternité ». Ensuite, j'en ai distribué un exemplaire à ma hiérarchie et notamment à Mamine Pirotte, la cheffe du personnel que j'appelais ironiquement « Mamine antipersonnel ». Il est à noter que, malgré mon action en justice contre mon employeur, il a continué à me confier la présentation du magazine « Questions à la Une » alors que j'étais pensionné...

MICHEL GRAINDORGE

Il n'y a pas que la TV qui rythmait ma vie. L'amitié y occupait aussi une grande place. Danièle et moi étions très liés à l'avocat Michel Graindorge et « Mimine », son épouse pédiatre. Baptisé ironiquement « Maître Grain-de-riz » par le journal satirique « Pan », Michel a été un militant très actif d'un parti communiste prochinois, ancêtre du « PTB ». C'est au point qu'il a fait partie d'une délégation invitée à Pékin, en tant que membre d'un parti frère, et qu'il a été accueilli, à son arrivée, par Zhou Enlai, le Premier ministre de Mao Zedong. Pour autant, cela n'a pas empêché qu'il soit exclu du parti pour cause de déviationnisme.

Quant à moi, si je suis politiquement à gauche, je n'ai jamais été communiste même si j'ai souvent manifesté avec eux. C'est d'ailleurs après une de ces manifs qu'au bistrot, devant une bonne bière, Michel et moi avons sympathisé pour la première fois en échangeant nos conceptions en matière d'art. À l'époque, il était un grand admirateur du réalisme socialiste, un art de propagande que j'exécrais. C'était notre première divergence avant bien d'autres. Cela ne m'a pas empêché d'entretenir une relation, parfois houleuse, avec lui jusqu'à sa mort en 2015. Dans ma conception de la vraie amitié, on a le devoir de tout se dire, même si ça fâche ! Forcément, nos discussions politiques étaient souvent animées ! Nous passions de nombreuses vacances ensemble en famille, mais ce sont celles de Toscane, en août 1979, qui ont sans aucun doute été les plus marquantes, surtout à notre retour...

Après un séjour de rêve dans le Chianti où nous avons visité Sienne, Florence et Pise, nous sommes rentrés en Belgique. Voyageant à deux voitures, on s'est quittés à notre arrivée à

Bruxelles après avoir convenu de prendre dimanche prochain notre petit déjeuner ensemble et puis de nous rendre au musée d'art ancien pour comparer les primitifs flamands aux peintres du quattrocento italien. Nous sommes rentrés chez nous à Woluwe-Saint-Pierre et nos amis à Watermael-Boitsfort.

À peine arrivés, le téléphone sonna. Je décrochai et j'entendis Mimine, affolée, qui me cria : « Venez vite, des policiers nous attendaient devant la maison. Ils ont arrêté Michel et l'ont emmené, menottes aux poings ! » Tandis que ma femme restait à la maison avec notre petite Florence, je fonçai chez les Graindorge. Je trouvai Mimine et ses deux enfants, Catherine et Martin, en larmes et effondrés. Ils ne comprenaient pas ce qui se passait. Peu après, Pierre Legros, un ami avocat de Michel, déboula à son tour. Ignorant la raison de cette arrestation, nous étions consternés. C'était le début de « L'affaire Graindorge ». Une grande enquête suivie de deux procès qui allaient défrayer la chronique durant des mois.

BESSE ET MESRINE, COMPLICES

En tant qu'avocat, Maître Legros avait le droit de rencontrer Michel en détention. Grâce à lui, on apprit que la police judiciaire soupçonnait Michel d'avoir participé et organisé l'évasion d'un de ses clients. Qui n'était pas n'importe qui puisqu'il s'agissait de François Besse, un truand français surnommé « le roi de la cavale », considéré comme le bras droit de Jacques Mesrine, « l'ennemi public numéro un ». Un gangster qui ridiculisait toutes les polices de l'Hexagone depuis des mois. Auteur de nombreux crimes et hold up, Mesrine finira abattu, criblé de balles par l'antigang, au volant de sa voiture à la porte de Clignancourt à Paris. Il sera la « star posthume » de deux films à succès dans lesquels l'acteur Vincent Cassel interprète son rôle.

Quant à Besse, arrêté et incarcéré en Belgique, il fut défendu par Maître Graindorge. Il passa en chambre du conseil au Palais de justice de Bruxelles. Comme le prévoyait la procédure, on lui enleva les menottes, car, avant son procès, tout prévenu est présumé innocent. Assis sur un banc, il était sandwiché par deux gendarmes, car considéré comme un malfrat très dangereux. Tandis que les hommes de loi s'échangeaient leurs arguments, brusquement Besse brandit un revolver qui était collé sous son siège. Très petit, mais râblé et surtout agile comme un tigre, il sauta par-dessus les balustrades, empoigna le président du tribunal et plaça le canon de son arme sur sa gorge. Le bandit hurla : « Que personne ne bouge ! » Michel Graindorge lui cria : « Ne fais pas le con, François ! » Le magistrat, pris en otage, demanda aux deux pandores de ne pas intervenir. L'entraînant avec lui, par une porte dérobée, le malfaiteur s'éclipsa par les dédales du palais pharaonique de Poelaert. À l'évidence bien renseigné, il s'échappa par une porte dérobée où, dehors, une moto l'attendait, prête à partir. Il démarra en trombe et disparut dans la nature. C'était clair, le gangster avait bénéficié de complicités…

Avant d'être arrêté en Belgique, François Besse s'était évadé de la prison de la santé à Paris en compagnie de Jacques Mesrine. Alors que celui-ci était en cavale, à l'évidence, il était toujours en contact avec son complice François Besse puisque celui-ci signala à son avocat, Michel Graindorge, qu'il pourrait organiser une rencontre discrète entre Mesrine et un journaliste. Très narcissique, « le grand Jacques » raffolait qu'on parle de lui dans les médias. Michel me fit part de la proposition de son client. Surpris, je demandai à y réfléchir. Balancer à la TV belge une interview de celui que tous les flics de France traquent sans succès depuis des mois serait un scoop incroyable doublé d'un énorme pied de nez aux flics de l'Hexagone. Cependant, conscient que ce serait flirter avec les limites de la déontologie journalistique, je mis Pierre Delrock, mon rédac-chef, dans la confidence.

Même si mon interview du gangster français était sans complaisance, ne serait-ce pas entrer dans son jeu ? Ne serait-ce pas faire de la pub à celui qui suscitait l'admiration d'une partie de l'opinion publique au point de le considérer comme un Robin des Bois ? Naturellement, je devrais me soumettre aux exigences du malfrat pour garder secret le lieu de rendez-vous, etc. Il était évident que Mesrine était un assassin sans scrupule, mais si j'avais pu avoir une interview d'Hitler ou de Staline, comme des confrères l'ont fait avec Saddam Hussein, n'aurais-je pas accepté ? Toutes ces considérations trottaient dans ma tête et il va sans dire que ma femme me décourageait à 200 % d'accepter ce projet fou.

Après avoir pesé le pour et le contre, finalement j'estimai plus sage de décliner l'offre. Bien m'en a pris, car en septembre 1979, Mesrine donna une interview à un journaliste de l'hebdomadaire Minute, un torchon d'extrême droite. Mais pas de chance pour la journaliste : le « grand Jacques » n'ayant pas du tout apprécié sa prose, il l'enleva, le cribla de balles et le laissa agonisant au fond d'une grotte. Ce n'est que par miracle qu'on le retrouva vivant. J'ai donc été bien inspiré de résister aux sirènes de ce super scoop, car il aurait peut-être été mon dernier...

LE PROCÈS

Mais revenons à Michel Graindorge. Pendant nos vacances de rêve dans la région du Chianti en août 1979, l'enquête sur l'évasion de François Besse était en cours. Les enquêteurs belges arrêtèrent un psychologue, visiteur de prison, et sa petite amie, qu'ils soupçonnaient tous deux d'avoir organisé la fuite du malfrat. La police était convaincue que son avocat, Michel Graindorge, était également impliqué.

Pour tous ses amis, le choc de son arrestation fut terrible. S'il était reconnu coupable, il serait évidemment radié à vie du barreau et risquait jusqu'à 30 ans de prison pour complicité de prise d'otage d'un magistrat sous la menace d'une arme. Michel fut emprisonné à la maison d'arrêt de Forest et je fus mortifié de ne pas pouvoir lui rendre visite. Pour qu'il garde le moral, je lui envoyai nos photos de vacances et par écrit, je l'informai de la mobilisation d'une partie de l'opinion publique qui estimait que son arrestation était une machination politique et ne croyait pas à sa culpabilité. Sur toutes ses lettres que j'ai conservées, il y a comme adresse : « Michel Graindorge, cellule No 453, Prison de Forest, avenue de la jonction 52, 1190 Bruxelles. »

Avec de nombreux sympathisants, on organisa une manifestation qui rassembla plus d'un millier de participants devant la prison où il était incarcéré pour réclamer sa libération. Finalement, il fut libéré peu avant Noël, après plus de trois mois et demi de préventive, et put passer les réveillons en famille.

Au début de l'année 1980, j'assistai pour la première fois à un procès à grand spectacle. Toute la presse belge et des envoyés spéciaux de journaux étrangers étaient présents. La salle d'audience était pleine à craquer. Entendu comme témoin de moralité, j'expliquai qu'après notre retour de vacances, il était prévu qu'on prenne le petit déjeuner ensemble et que j'apporterais des pistolets. Émoi chez certains journalistes étrangers qui pensèrent que je faisais aveu de complicité... Je précisai immédiatement pour mes confrères que chez nous les pistolets ne sont pas seulement des armes, mais aussi des petits pains...

Après mon témoignage, j'assistai au procès comme simple spectateur. J'en garde un curieux sentiment de malaise, comme si j'avais vu une très mauvaise pièce de théâtre. Par moments, je me demandais même de qui on parlait. L'accusation dressa de mon ami un portrait apocalyptique. À entendre le procureur du Roi, c'était quasi le diable incarné. Pour la défense, tout au contraire, c'était le type même de l'avocat idéaliste, presque un Saint qui défend la veuve et l'orphelin. Deux visions caricaturales qui rejoignent celles des deux opinions publiques : pour les gens de droite, ce n'était qu'un gauchiste dévoyé qui ne pouvait être que coupable et pour la gauche, c'était un gêneur innocent qu'on tentait de faire taire.

Si « Saint-Michel » était un homme très engagé, il traînait, comme tout le monde, ses contradictions, ses doutes, ses souffrances et ses tourments personnels. Écorché vif, il est parvenu avec une volonté farouche à dompter ses démons et à se débarrasser de son addiction à l'alcool et à la cigarette. Bien plus fragile qu'il n'y paraissait, il n'a cependant pas craqué quand il était au fond de sa cellule. Je ne le pensais pas capable d'une telle force. Coup de chapeau aussi à ses trois avocats, Maîtres Pierre Legros, André François et Roger Lallemand. Ce dernier, transpirant comme un coureur de marathon, a plaidé avec une passion et un talent exceptionnel durant plus de cinq heures.

Michel a été jugé deux fois en 1980. Il a finalement été acquitté en première instance et en appel. Après cette terrible épreuve, Mimine et Michel se sont séparés. Il faut dire que, déjà bien avant cette épreuve, leur couple battait de l'aile. Évidemment, durant toute cette période où je travaillais au journal télévisé, je me suis abstenu de traiter cette affaire. À la fois par déontologie et parce que j'y étais beaucoup trop impliqué pour être crédible.

L'IHECS

C'est à cette époque-là que le directeur de l'IHECS (l'Institut des Hautes Études en communications Sociales) me téléphona. Cette école supérieure de niveau universitaire forme, notamment, de futurs journalistes. Le chef de cet établissement me dit apprécier mon travail à la RTBF et souhaitait que je transmette mon « savoir » à mes futurs collègues dans un cours intitulé « Analyse et réalisation de séquences de presse télévisée ». Sa « boîte » faisant partie du réseau catholique, je l'informai que j'étais un athée convaincu anticlérical. Il me répondit que cela ne lui posait aucun problème et j'acceptai sa proposition. Je ne l'ai jamais regretté.

Durant 18 ans, je côtoyai des centaines de futurs journalistes auxquels j'espère avoir apporté un petit quelque chose de ma maigre expérience. Avec ces jeunes souvent enthousiastes, on réalisa de « vrais faux Journaux Télévisés ». Pour les séquences, ils faisaient la caméra, la prise de son, le montage, le mixage, la présentation en studio, la régie et même la météo. En général, cela les amusait plus que les cours généraux.

En fin de stage, la tradition voulait que les étudiants tournent une séquence gag pour se payer la tête du prof. J'adorais ce moment où les jeunes pouvaient s'en donner à cœur joie en épinglant leur « maître ». Celle qui m'a le plus amusé, c'est quand la présentatrice de leur « JT » m'a demandé de venir sur le plateau et m'a annoncé que mon fantasme le plus fou allait être réalisé en direct ! Déboula alors une étudiante déguisée en Tina Turner, la pulpeuse chanteuse afro-américaine surnommée la « grand-mère du Rock and Roll ». Perruque noire frisée, visage barbouillé de noir et rouge à lèvres provoquant, « Tina » vint s'asseoir sur mes genoux tandis que, « à fond la caisse », j'entendais *The best*, le plus célèbre tube de la chanteuse. J'avais eu l'imprudence, durant mon cours, de dire en blaguant mon regret de ne pas avoir eu une mamy aussi sexy qui me prenne sur ses genoux quand j'étais enfant. Aujourd'hui, je prends plaisir à voir, entendre ou lire certains de mes anciens étudiants qui ont eu la chance de trouver du boulot. Je ne me permets évidemment plus de leur attribuer une cote...

SOUVENIRS DE TOURNAGES INOUBLIABLES

J'ai pour habitude de dire, par boutade, qu'il faut infiniment plus de talent pour réaliser un Journal TV attractif quand il ne se passe rien dans l'actualité que lorsque des infos bouillantes pleuvent de partout. J'ai vécu pas mal de périodes pendant lesquelles, hélas, on n'a pas dû se casser la tête pour remplir la gazette, notamment dans les années 1980. D'abord, à cause des terrifiantes tueries du Brabant, ces massacres à répétition qui ont fait 28 morts et dont la justice n'a jamais trouvé ni les coupables ni les mobiles. Il y a eu aussi la série des 28 attentats commis par les CCC (Cellules Communistes Combattantes). Comme ces terroristes d'extrême gauche prévenaient chaque fois où une bombe allait exploser pour éviter qu'elle fasse des victimes, c'était presque devenu un rituel, en arrivant à la rédaction on posait la question : « C'est où que ça a encore pété aujourd'hui ? » Jusqu'au jour où, fatalement, du fait d'un manque de communication entre la police et les pompiers, deux soldats du feu ont été tués dans l'explosion d'une voiture piégée, rue des Sols à Bruxelles.

Parmi mes reportages inoubliables, il y a aussi les enlèvements de deux ministres d'État. D'abord en 1984, quand on apprit que Guy Cudell, bourgmestre de Saint-Josse pendant 46 ans, avait disparu. C'était le dernier mayeur qui portait uniforme, épée et bicorne lors des cérémonies de mariage. Il aurait été enlevé sous la menace d'une arme. Ce personnage folklorique aurait été emmené de force et emmené dans la maison de campagne d'un certain René Busschot. Il aurait été attaché à un lit avec des menottes, mais il serait parvenu à se détacher. En rentrant chez lui, l'homme politique socialiste fut accueilli par des dizaines de militants de son parti, la plupart visiblement complètement saouls. Je ne sais pas comment on traduit « commedia dell'arte » en bruxellois, mais le retour du mayeur était tellement surréaliste que ça y ressemblait beaucoup. L'interview que je réalisai alors était du plus haut comique (à voir absolument sur Internet !).

On apprit plus tard qu'au même moment, le ravisseur téléphonait au numéro privé du bourgmestre depuis une cabine située à 150 mètres de son domicile. Le kidnappeur a été jugé à Mons lors d'un procès qui est loin d'avoir éclairci toutes les zones d'ombre de cette affaire rocambolesque. Bizarrement, Busschot n'a été condamné qu'à une peine très légère de trois ans de prison avec sursis. Ce qui n'est vraiment pas cher payé pour l'enlèvement d'un ancien ministre sous la menace d'une arme...

« VDB »

Deuxième kidnapping tout aussi délirant : celui de Paul Vanden Boeynants, un des personnages les plus importants de la vie politique belge, plusieurs fois Premier ministre PSC et aussi industriel de la viande. Alors qu'il sortait de chez lui, la « bande à Haemers », qui avait déjà de nombreux braquages sanglants à son actif, l'enleva en lui mettant un sac sur la tête. « Loin dans le nord », comme il le racontera plus tard, « VDB » fut attaché à un radiateur dans une villa du Touquet. Finalement, après plus de trois semaines de détention et le paiement d'une rançon d'une quarantaine de millions de francs belges, ses ravisseurs le libérèrent.

La conférence de presse qu'il donna pour expliquer son enlèvement était tellement désopilante que des facétieux en ont fait un CD délirant dont le titre est : *VDB tu ne vas pas crever !* Un « tube » qui fit se plier en deux la Belgique entière. À cette occasion, on découvrit que durant son enlèvement, l'homme politique, puisqu'il était végétarien, n'avait été nourri qu'avec des boîtes de petits pois. Surprenant, tout de même, pour un type qui a fait son beurre en vendant de la « bidoche ». Pour les mauvaises langues, c'est parce que, en tant que boucher industriel, il savait mieux que quiconque ce qu'on met dans le haché, les saucisses, les boudins et les cervelas !

Quel personnage, ce ministre d'État ! Un jour, en l'interviewant, je le poussai dans ses contradictions et ses revirements. Il me répondit alors du tac au tac avec son accent bruxellois haché qui n'appartenait qu'à lui : « Écoutez ! C'est vrai que j'ai changé d'avis, mais, si on me taxe d'être un imbécile, alors il y en avait beaucoup à l'époque ! Et puis d'ailleurs, il n'y a que les imbéciles qui ne changent pas d'avis ! » Dans la même veine, alors qu'on lui demandait s'il n'était pas dégoûté par certains scandales à répétition, il répondit : « Écoutez ! Si tous les dégoûtés s'en vont, alors il ne restera plus que les dégoûtants. » C'était lui aussi qui disait : « Je suis bilingue dans les deux langues » et qui, bien avant qu'on parle de « LGBTQIA + » et de « woke génération », se targuait d'être d'un genre nouveau : « être un asexué linguistique ». Cependant, cette gouaille folklorique ne doit pas faire oublier que « VDB » a été condamné plusieurs fois en justice entre autres pour escroquerie et fraude fiscale.

Paul Vanden Boeynants a toujours prétendu ne jamais mélanger ses affaires personnelles et la politique. Or, alors qu'il était Premier ministre, je reçus par un « vent favorable » deux lettres très éclairantes. L'une provenait de « l'Empire Centre Africain » dirigé par Bokassa, un dictateur qui s'était fait couronner Empereur en singeant Napoléon... Sur la missive, on pouvait lire : « Monsieur le Premier ministre, cher ami, [...] Nous attendrons les experts de votre entreprise pour examiner une possibilité de coopération en matière de technologie de la viande. » L'autre lettre, également adressée à « VDB » provenait du Zaïre de Mobutu. Elle évoquait « la possibilité pour l'armée zaïroise de bénéficier de 2000 tonnes de Corned-Beef actuellement disponible... ». Dans une démocratie normale, un responsable politique aurait dû démissionner après de telles révélations. Pas en Belgique, cela n'a pas fait de remous et « VDB » est resté au pouvoir...

LA BANDE À HAEMERS

Un soir, on m'appela du JT pour me signaler qu'un fourgon transporteur de fonds avait été attaqué sur l'autoroute à Meise. Je fonçai immédiatement sur place avec une équipe TV et, arrivé sur le lieu du braquage, je découvris une scène d'horreur qui me hante parfois encore aujourd'hui. Des truands avaient bloqué la camionnette blindée et avaient fait exploser son hayon arrière pour s'emparer du butin. À l'intérieur, c'était une véritable boucherie : deux malheureux employés de banque avaient été déchiquetés par l'explosion. Il y avait du sang partout. On a vite compris que c'était « la bande à Haemers » qui avait fait le coup.

Finalement, après bien d'autres braquages sanglants, le « beau Patrick » et sa compagne ont été arrêtés en Amérique du Sud. Extradé en Belgique, il s'est suicidé en prison et n'a donc jamais été jugé...

AUSCHWITZ

Dans un tout autre registre, fin des années 1980, pour le JT, je réalisai un reportage qui restera gravé à jamais au fond de ma mémoire. J'accompagnai une délégation d'étudiants juifs à Auschwitz venus protester contre l'installation d'un Carmel de religieuses catholiques à l'intérieur du camp d'extermination. Ces descendants de rescapés de la Shoah étaient scandalisés que l'Église polonaise tente ainsi de confisquer la mémoire où des millions d'israélites ont été éliminés par les nazis. L'intention de ces nonnes était d'honorer la mémoire d'Edith Stein, cette juive s'étant convertie au catholicisme et ayant été canonisée par le Vatican. Pour rappel, quand le socialiste André Flahaut était ministre de la Défense nationale, l'armée organisait des voyages permettant aux enfants des écoles de se rendre à Auschwitz pour découvrir la barbarie du troisième Reich. Son successeur, le social-chrétien flamand Pieter De Crem, les a supprimés, leur préférant sans doute des visites à Lourdes...

L'ORDRE DES MÉDECINS

Affecté au JT, j'étais régulièrement détaché pour réaliser des enquêtes et des reportages pour des magazines. Je disposais alors de plus de temps pour traiter des sujets qui me tenaient à cœur et c'était pour moi une bouffée d'oxygène. C'est ainsi qu'avec mon ami Salvator et sur base des réflexions du « GERM » (le Groupe d'Étude et de Réforme de la Médecine), nous traitâmes du fonctionnement et de l'utilité de l'Ordre des médecins. Pour ce faire, nous tentâmes d'organiser un débat entre le docteur Joseph Farber, vice-président de l'Ordre, et le docteur Willy Peers, emprisonné pour avoir pratiqué des avortements avant que la loi ne les autorise. Très en colère devant notre projet, Farber, personnage truculent, nous invita dans un restaurant chic pour discuter. D'emblée, le ton fut donné quand nous lui demandâmes quelle était sa spécialité médicale : « Moi ? Du cul à la bouche ! » (comprenez : gastroentérologue). À noter que ce toubib se glosait d'être l'auteur du « code de déontologie médicale » qui prévoit en son article 9 que « le médecin doit s'abstenir, même en dehors de l'exercice de sa profession, de tout acte de nature à entacher l'honneur ou la dignité de celle-ci »... Malgré notre insistance pour organiser cette confrontation télévisée, le docteur Farber refusa obstinément. Son principal argument : « Vous n'imaginez tout de même pas que moi, une institution, je vais débattre à la TV avec un repris de justice ? » Finalement, on a quand même réalisé notre émission en interviewant les deux médecins séparément.

J'ai aussi réalisé pas mal d'enquêtes sur certaines pratiques inavouables du corps médical. D'abord, sur les médecins conventionnés qui ne respectent pas les tarifs convenus et majorent leurs honoraires tout en profitant des avantages que leur donne ce statut. Pourquoi se gêneraient-ils, puisque ces dépassements ne sont ni contrôlés ni sanctionnés ? Et pour cause, avec une franchise étonnante, le Big Boss de l'INAMI me dit dans une émission face caméra : « Monsieur, si je décidais de faire ce genre de contrôle, j'aurais immédiatement une grève des médecins sur les bras ! » (sic).

Autre pratique scandaleuse de certains spécialistes qui est loin d'être rare : celle des « dessous de table ». Une arnaque qui fait trois « pigeonnés ». D'abord, le patient victime d'un chantage à la santé ; ensuite, l'hôpital dans lequel le médecin opère, puisque cet argent « black » échappe à sa comptabilité ; et enfin le fisc, puisque sur ces revenus au « noir », le médecin tricheur ne paie pas un euro d'impôt. J'ai ainsi épinglé quelques cliniciens, et non des moindres, pour qui venir avec une enveloppe de quelques milliers d'euros en liquide était la condition préalable au recours à leurs services. Pour se faire opérer d'un sarcome du genou ou pour se faire greffer un rein par exemple.

Un autre exemple de ce type : un « éminent » professeur d'université, spécialiste du foie, accepta un dessous de table de 5 000 € pour justifier l'indication d'une greffe hépatique. En cours d'opération, ses collègues chirurgiens (lui ne l'était pas) jugèrent totalement inutile de greffer ce patient qui, d'ailleurs, décéda en postopératoire. Dans l'hôpital universitaire, c'était « fort Chabrol » ! Furibards, les frères albanais du greffé débarquèrent à l'hôpital et, sous la menace d'armes, réclamèrent le remboursement du pognon qu'ils avaient donné en sous-main au praticien suborné ! Pris la main dans le sac, l'intéressé prétendit que son intention était de reverser l'argent du « bakchich » à la caisse sociale de l'institution hospitalière... J'interrogeai la direction sur la perte de ce précieux organe que des centaines de patients attendent dans l'espoir d'une transplantation. La réponse était surréaliste : « Ce n'est pas une vraie perte, car, en l'occurrence, il ne s'agissait que d'un foie marginal ! » (sic). « Une mauvaise occasion, en somme ? », dis-je. Réponse d'un hépatologue de la clinique : « Oui, on peut le dire comme ça ! »

Hélas, ni la direction de l'hôpital ni le toubib qui a reçu le pot-de-vin n'ont accepté d'interview. Par communiqué, l'hôpital a fait savoir que « le personnel de l'hôpital ayant suffisamment souffert de cette affaire, nous ne souhaitons plus en parler » (sic). Cela ne m'a pas empêché de révéler cette saga dans mon émission. À noter qu'après trois mois de « vacances », ce grand professeur, spécialiste du foie, a retrouvé son travail dans son service comme si de rien n'était... Alors, mon « conseil consommateur » : si vous devez vous faire greffer un cœur, un rein, un poumon, un cerveau ou n'importe quel organe, demandez d'abord s'il n'est pas marginal...

MÉDECINS REBELLES

De toute façon, même si l'Ordre des médecins sanctionne un toubib pour ce genre de pratique, le patient n'en saura rien, car chez les disciples d'Hippocrate, on lave son linge sale en famille. Cela vaut aussi pour les victimes d'erreurs ou de négligences médicales. Par contre, l'Ordre a sanctionné un couple de généralistes du Limbourg sous prétexte qu'ils demandaient des honoraires inférieurs à ceux prévus dans la convention.

Leurs (plus) chers confrères ont porté plainte, estimant qu'ils leur faisaient une concurrence déloyale. En réaction, ces deux médecins, très à gauche, refusèrent de payer leur cotisation à l'Ordre et pour les y contraindre, un huissier de Justice, escorté par un peloton de gendarmes, se présenta à leur domicile pour saisir leurs biens. Je filmai la scène incroyable de ces pandores escortant « l'homme de Loi », accueilli par les habitants du village qui faisaient barrage pour empêcher cette saisie. Parmi eux, Jef Ulburghs, un prêtre-ouvrier sénateur Agalev (vert). Très bon orateur, il exhortait les patients des deux docteurs à défendre leurs médecins. Au moment où l'huissier sonna à la porte pour pouvoir pénétrer chez les toubibs, ceux-ci lui balancèrent par la fenêtre le contenu d'un pot de chambre (appelé à Bruxelles un « pisse-pot » !), pour la plus grande joie des villageois qui applaudissaient. Hélas, après une vaine résistance, les gendarmes rétablirent l'ordre en enfonçant la porte et en vidant la maison : frigo, lave-vaisselle, machine à laver, TV, etc., tout fut embarqué dans un camion pour être vendu en place publique à Genk. J'ai appris par la suite que les patients des deux toubibs rebelles se sont cotisés pour aider à racheter leurs biens pour les leur restituer.

TOUS, TOUS, TOUS À LA PLAYA DEL ZOUTE !

Une autre fois, le même très folklorique Jef Ulburghs était en maillot de bain sur la plage de « Knokke-le-Zoute », accompagné d'une bande de joyeux lurons, venus pique-niquer sur le sable avec des frigos-box. Ils bravaient ainsi un arrêté municipal pris par le bourgmestre du lieu, le comte Léopold Lippens, qui interdisait l'usage du frigo-box dans sa très chic station balnéaire. Son but était d'éviter qu'elle soit envahie par des touristes d'un jour, trop vulgaires à son goût. L'interview les pieds dans l'eau du « sénateur-prêtre-ouvrier » vaut cette fois encore son pesant de caviar.

En revanche, Maurice Lippens, l'ex-Big Chief de Fortis, qui est aussi le frère du mayeur, était, lui, bienvenu « au Zoute ». Déprimé, il se serait réfugié chez son frangin après sa gestion calamiteuse de son institution bancaire qui n'a été sauvée que par l'intervention de l'État et des deniers publics. Interrogé, à huis clos, en Commission des Finances de la Chambre sur sa responsabilité dans ce naufrage, le cadet des frères Lippens se serait justifié en disant que la finance n'était pas son métier ! Étonnant tout de même, car dans un numéro de « Questions à la Une » que j'ai présenté, on a pu voir Didier Reynders, ministre des Finances, recevoir fièrement, de la main de Maurice, le « Code Lippens », un ouvrage écrit de sa main et recommandant plus d'éthique dans les sociétés cotées en bourse. Alors, question : le cadet des deux comtes Lippens a-t-il au moins lu son code ?

LES GUIGNOLS DE L'INFO

En mars 2001, à huit jours des élections municipales de Paris, j'ai eu la chance de pouvoir réaliser un reportage sur les « Guignols de l'info » de « Canal + ». Je dis chance, car les trublions du « PAF » n'ont jamais accepté qu'on filme les coulisses de leurs exploits. Or, j'ai obtenu le feu vert pour filmer la désopilante réunion de rédaction du matin où ils déliraient en imaginant leurs sketches du soir. De la fabrication des marionnettes jusqu'au direct à l'antenne, j'ai pu tout filmer sans aucune contrainte. Comme on était en pleine campagne électorale pour la mairie de Paris, « Canal » organisait un débat politique en direct entre les deux principaux candidats, Bertrand Delanoë et Philippe Séguin. Mais ensuite, immédiatement après cette confrontation, les tontons flingueurs des « Guignols » ont refait un débat avec les marionnettes des deux protagonistes de manière évidemment truculente. Planqué avec mon cameraman derrière le comptoir où ces marionnettistes de génie manipulaient leurs figurines, je pus apprécier leur dextérité incroyable. Du tout grand art !

Petit bémol à ma liberté d'action, je sollicitai une interview de Michel Denisot, le patron de la chaîne, sans succès ! Mais coup de bol, j'entrai dans un ascenseur avec mon cameraman et tombai nez à nez avec lui. Immédiatement, je posai la « question qui tue » : « Monsieur Denisot, pourquoi n'avoir invité que ces deux candidats à votre débat, n'est-ce pas désavantager tous les autres qui briguent aussi la mairie de Paris ? » Déstabilisé, le patron de « Canal » marmonna un début de réponse, mais arrivé à son étage, furax, il nous poussa et sortit de l'ascenseur. Avec mon équipe, on jubilait de notre bon coup quand on vit arriver trois malabars de la sécurité qui me demandèrent de bien vouloir les suivre. Dès que je fus seul avec eux, d'un ton très agressif, ils exigèrent que je leur remette l'enregistrement de l'interview de leur patron. Ayant justement la cassette en main, je la fourrai dans ma chemise, reculai de quelques pas et, me mettant en position de boxeur, je leur dis : « Vous êtes trois et beaucoup plus costauds que moi. Si vous la voulez vraiment, vous pourrez sûrement me l'arracher. Mais avant, il faudra d'abord me casser la gueule. » Et j'ajoutai : « Évidemment, avec ma gueule tuméfiée, je ne manquerai pas de faire savoir comment la chaîne soi-disant déjantée "Canal +" respecte la liberté de presse... » Interloqués, les trois sbires se concertèrent et me demandèrent d'attendre. L'un d'eux disparut puis, revenant peu après, me dit : « C'est bon, vous pouvez la garder la "K7" ! » Je leur répondis : « Je crois en effet que c'est mieux pour tout le monde... »

DÉONTOLOGIE

On entend souvent dire : « Ce journaliste manque d'objectivité ! » Pourtant, l'objectivité est un mythe, quelque part. On a tous notre subjectivité, personne ne vient de nulle part... En revanche, ce qu'on est en droit d'attendre d'un journaliste, c'est qu'il soit honnête. Qu'il ne déforme ou ne cache pas des faits méritant d'être révélés. Pas toujours facile, par exemple quand on « couvre » une manifestation, de rendre compte honnêtement du nombre de participants qui ont défilé. On connaît la formule « 40 000 selon la police, 120 000 pour les participants ». Il n'y a guère que lors des manifs de policiers que ces deux chiffres coïncident. À mes étudiants, je donnais toujours la formule miracle pour résoudre ce dilemme : « Vous comptez les pieds des manifestants et puis vous divisez le chiffre par deux, tout en appliquant un petit coefficient correctif pour les unijambistes... » C'était évidemment une blague ! En TV, pour visualiser correctement une très grande manif, le cameraman doit absolument se placer en hauteur. Si à mon époque, les drones n'existaient pas, aujourd'hui, dans certaines situations, ils sont devenus indispensables. En revanche, si un cadreur mal intentionné cherche à diminuer l'importance d'une manif, il reste au ras du sol. On peut aussi traiter une actualité en quatre minutes ou en trente secondes. Dans les deux cas, on en a chaque fois un compte-rendu, mais sans lui donner la même importance. Idem, si d'une info on fait un titre en début de journal ou qu'on en parle seulement tout à la fin, elle prend évidemment moins d'importance. C'est souvent à cela qu'on peut reconnaître la sensibilité politique d'un éditeur, que ce soit dans la presse écrite ou au JT...

LA RTBF PARTIALE ?

Dans les années 1980, surtout sous l'impulsion de Jean Gol, certains hommes politiques accusaient la RTBF de ne pas leur donner suffisamment la parole. Au JT, on comptabilisait alors à la seconde près le temps de passage à l'antenne des représentants de tous les partis politiques. Or, un jour, l'éditeur (connu pour être très proche du « PSC ») me demanda d'aller filmer à l'aéroport de Melsbroek le retour de notre ministre des Affaires étrangères, Charles-Ferdinand Nothomb (PSC), qui revenait d'un sommet de l'OTAN dans le même avion que celui du secrétaire d'État américain, Alexander Haig. On filma l'arrivée du Boeing de l'US Air Force, le général Haig en sortit, suivi, comme son ombre, par le ministre belge, très fier d'être vu en sa compagnie. Visiblement averti (par qui ?) de notre présence, il fonça droit sur la caméra de la RTBF. Chargé de l'interviewer, je posai au citoyen d'Habay-la-Neuve une rafale de questions auxquelles il me répondit dans un charabia totalement incompréhensible. De retour à Reyers, mon éditeur me demanda : « Alors, qu'est-ce qu'il a dit ? » Je lui répondis : « J'en sais rien, j'ai rien compris ! »

Au montage, je cherchai vainement dans le propos du ministre 10 secondes compréhensibles. En vain ! J'avertis l'éditeur qui me soupçonna visiblement de vouloir censurer le ministre PSC. Je réclamai l'arbitrage du rédac-chef qui, comme moi, se marrait comme une baleine devant les galimatias de cet homme politique, auxquels, lui non plus, ne comprenait strictement rien. On a donc décidé de ne rien diffuser des « pataquès » de Monsieur Nothomb qui a certainement été persuadé d'avoir été victime d'une intolérable censure alors qu'on lui a rendu un fameux service. Car si, comme je le préconisais, on avait diffusé l'intégralité de son interview, il aurait atteint son quota de passage au JT, mais son speech aurait fait des ravages dans le bêtisier de fin d'année.

Plus sérieusement, cette histoire pose un vrai problème. En TV, on se doit de passer des choses compréhensibles par nos téléspectateurs. Mais à force de couper les conneries de certains interviewés, on finit par les faire paraître plus intelligents qu'ils ne sont ! J'arrête ici ces quelques grosses ficelles du métier, car il y en a beaucoup d'autres...

LE JOURNAL DES TRAVAUX INUTILES

Durant presque quatre décennies de carrière à la RTBF, j'ai réalisé des milliers de séquences. Il est impossible de les évoquer toutes et la plupart sont tombées dans l'oubli. Les plus importantes ne sont pas forcément celles que moi j'ai retenues. Cependant, chez les téléspectateurs, certaines ont à ce point marqué les esprits qu'un tiers de siècle plus tard, on m'en parle encore très souvent comme si c'était hier. Pourtant, il ne s'agit que d'une série de petites séquences diffusées tous les dimanches en 1986 puis en 1990 dans le JT. Je veux parler ici du « Journal des Travaux Inutiles ». Une formulation qui est d'ailleurs devenue une expression idiomatique.

Cette saga médiatique a débuté tout à fait par hasard, après la lecture dans « Het belang van Limburg » (une gazette flamande) d'un article sur le « Smeerpijpe » (qu'on pourrait traduire par « la pipe à merde »). Ce double pipeline souterrain de 107 km qui relie Genk à Anvers est censé recueillir les eaux usées des nombreuses usines chimiques implantées le long du canal Albert. Le seul problème, c'est qu'il a coûté 7 milliards de francs belges et qu'il n'a jamais fonctionné. Quand on l'a mis en service, tout a pété. Je me suis rendu sur place et ai ramené un reportage délirant. La première phrase du commentaire était : « Pour les Bruxellois, un tuyau c'est un tube creux, à l'intérieur dedans ! Mais plus creux encore est le "Smeerpijpe", une invention qui n'a jamais pompé que des milliards de francs... » La suite, dans un style peu fréquent dans l'info de l'époque, est un grand pied de nez télévisuel.

Lors du tournage de cette séquence, je découvris aussi un gigantesque pont métallique rouillé qui enjambait le canal Albert. Avec quatre bandes de circulation, il était seulement emprunté par des piétons et des cyclistes. Renseignements pris, je découvris qu'il avait coûté 300 millions de francs, mais, comme le plan de secteur avait été modifié durant sa construction, il était interdit à la circulation automobile. Intrigué, après une brève enquête, je m'aperçus que ces deux réalisations ubuesques étaient loin d'être des exceptions. Très vite, je me rendis compte que la Belgique était truffée de toutes sortes de réalisations très coûteuses qui ne servaient à rien. Un bric-à-brac énorme fait de ponts, routes, autoroutes, échangeurs routiers, métros, hôpitaux, canaux, écluses, tours, habitations sociales, écoles, etc. Bref, un gigantesque gâchis financier.

Me métamorphosant en chasseur de gaspis, je débusquai à longueur de semaine d'incroyables gabegies de nos pouvoirs publics. Chaque « JTI » était l'objet d'une séquence humoristique accompagnée d'un commentaire persiflant. Mais, si la forme était délirante, l'info était toujours, si j'ose dire, en béton. En débusquant ces scandales, mon tempérament de sale gamin s'en donnait à cœur joie. Je m'amusais beaucoup et les téléspectateurs aussi. Même si, souvent, ils riaient jaune, car c'était la décennie des gouvernements « Martens-Gol » qui imposaient des restrictions budgétaires drastiques, y compris des sauts d'index, qui obligeaient les citoyens à se serrer la ceinture.

Pour éviter le côté répétitif de ces révélations, j'improvisais, chaque fois, une petite mise en scène en n'hésitant pas à me déguiser :

– En cowboy dans un pastiche du film *Il était une fois dans l'ouest* qui devint *Il était à Ruisbroek une fois*. Au lieu d'être un « western spaghetti », c'était un « western frites » ;

– En ours brun, je m'évadai du zoo d'Anvers et entrai dans le métro ;

– En pèlerin, brandissant une pioche comme un crucifix, j'allai de station en station dans le « métro-tram » de Charleroi ;

– À Hornu, je fus toréador dans une arène d'habitations sociales saccagées ;

– À Louvain, je fus « Saint Pierre » dans un hôpital qui porte ce nom ;

– En homme-grenouille, je plongeai dans le Ruppel ;

– En marquis, je visitai le château saccagé de Mirwar, etc.

LES BÂTISSEURS D'ANS PIRES

Ce long feuilleton dominical se termina en apothéose par une grande émission bilan intitulée « Les Bâtisseurs d'Ans Pires ». J'y pointai une multitude de gabegies dénoncées dans les Cahiers d'Observations de la Cour des Comptes, des « catalogues » qui recensent les multiples gaspillages des pouvoirs publics et qui sont envoyés, chaque année, aux parlementaires qui ne se donnent même pas la peine de les lire ! Le ministre libéral des Travaux publics Louis Olivier, qui, malgré l'obligation légale, ne répondait pas aux interrogations de la Cour des Comptes, me traita « d'amuseur public atteint de scandalite aiguë » ; « d'étudiant attardé » qui « fait du cirque, pas de l'info », et que « mes élucubrations fantaisistes ne valent certainement pas la fatigue d'une réponse ! » Mais quand le ministre daigna quand même accepter une interview face à mes questions à la « Kalachnikov », ses réponses furent tellement ahurissantes que c'était à se rouler par terre de rire. Ce programme, qui fut diffusé le 15 octobre 1986, fit exploser l'audimat en écrasant une émission de TF1 pourtant présentée au même moment au Heysel, à Bruxelles, par Bernard Tapie.

Alors que je regardais l'émission chez moi avec mon épouse, mon téléphone sonna durant le générique final. Au bout du fil, c'était mon rédac-chef, Pierre Delrock, qui ne l'avait pas vue avant sa diffusion. Estomaqué, il me dit : « Jean-Claude, je n'ai jamais vu une émission pareille ! Tu es certain, au moins, de tout ce que tu racontes ? » Ma réponse fusa : « Sûr et certain, Pierre, j'ai évidemment toutes les preuves de ce que je dis. » Mon « Boss » enchaîna : « En tous les cas, bravo, je te couvre ! » Cela me rassura, car je me doutais que, dans le monde politique, certains allaient très mal digérer le pavé que j'avais lancé dans la mare télévisuelle.

De fait, dès le lendemain matin, je fus convoqué d'urgence chez Robert Stéphane, le nouvel administrateur général de la RTBF depuis que « Wang » était parti à la retraite. Présents aussi dans son bureau, Pierre Delrock et le directeur de l'info, Pierre Devos. Alors que, d'habitude, Robert Stéphane et moi nous nous tutoyions, voilà que d'emblée, il me lança : « Vous avez réalisé une émission dont le ton et la forme sont incompatibles avec la mission d'information d'un service public ! De plus, vous avez ridiculisé un ministre ! » S'en suivit ce dialogue entre lui et moi :

– Moi : « Ce n'est pas moi qui l'ai ridiculisé, il s'est ridiculisé lui-même avec ses réponses surréalistes. »

– Robert Stéphane : « Admettez que vous n'avez rien fait pour arranger les choses. »

– Moi : « Si un homme politique est ridicule, je n'ai pas pour mission de le rendre intelligent. »

Et je rappelai à mon Big Boss que tant la réalisation que le ton persifleur des « Bâtisseurs d'Ans Pires » étaient du même tonneau que ceux de mes « JTI » dominicaux à propos desquels il m'avait lui-même félicité à plusieurs reprises dans l'ascenseur. Pourquoi diable aurais-je changé de style dans mon émission bilan ? Conclusion, pour moi, la seule question qui valait, c'était de savoir si oui ou non j'avais trahi la vérité. Je lui suggérai qu'ensemble on visionne à nouveau le programme et que, chaque fois qu'il le souhaitait, on stoppe l'enregistrement pour que je lui fournisse les preuves de ce que j'avais affirmé. Quelque peu déstabilisé, Robert Stéphane finit par accepter ma proposition.

Mon émission ayant été diffusée dans le magazine « C'est à voir » présenté par mon frère Josy, les Dubié-Defossé brothers décidèrent de se rendre ensemble chez leur « Big Boss ». Dans l'ascenseur, on décida de le tutoyer, comme on l'avait toujours fait par le passé. En entrant dans son bureau, mon frère lui lança : « Salut Robert ! » Curieusement, Stéphane nous accueillit avec le sourire alors que, la veille, mon enquête l'avait fait sortir de ses gonds... Comme convenu, nous avons revisionné « Les Bâtisseurs d'Ans Pires ». Cette fois, très relax, il ne me demanda que deux ou trois fois d'arrêter l'enregistrement pour que je lui montre les preuves de ce que j'avançais et, hormis une séquence qu'il estimait trop « itérative », il se montra satisfait. Quelques jours plus tard, je reçus une lettre de félicitations de mon administrateur général. Comprenne qui pourra ? Il m'est cependant revenu qu'au boulevard de l'Empereur, siège du PS, on avait bu du petit lait après la prestation télévisée du ministre libéral Louis Olivier tandis qu'au PRL, il s'était fait vigoureusement remonter les bretelles...

En fin d'année, plébiscité par le public pour ma série sur les « Travaux Inutiles », je fus gratifié de ma deuxième « Antenne de Cristal » et du « Zap d'Or », prix décerné par la banque du Crédit Communal.

MA TRAGÉDIE FAMILIALE

Après cette saga médiatique, j'étais professionnellement au nirvana. Hélas, c'était trop beau pour durer, car une terrible tragédie s'abattit sur ma petite famille. Depuis des mois, mon épouse avait beaucoup maigri et souffrait de douleurs abdominales de plus en plus insoutenables. Redoutant qu'elle développe un cancer, je me rendis plusieurs fois avec elle chez son gynécologue. Celui-ci se voulait, à chaque fois, rassurant et me disait de ne pas m'inquiéter, car une tumeur cancéreuse ne « fait pas mal » (sic) et ne « fait pas maigrir » (re-sic). Ce toubib était un ex-militant maoïste en qui Danièle avait une confiance aveugle. Après plusieurs mois, il fit tout de même un examen laparoscopique et diagnostiqua une salpingite, qu'il décida de soigner par antibiotique. Mais, rien n'y fit. Finalement, après six mois de douleurs insupportables, le gynéco se décida enfin à l'opérer. Vu ses idées politiques d'extrême gauche, on était surpris qu'il pratique la chirurgie à la clinique Edith Cavell, réputée être celle du gratin de la grande bourgeoisie.

L'intervention chirurgicale se passa entre le réveillon de Noël et celui de la nouvelle année 1987. J'accompagnai Danièle allongée sur un brancard jusqu'à l'entrée de la salle d'opération. Je l'embrassai. Elle semblait confiante, moi beaucoup moins. Elle disparut dans la zone interdite aux non-soignants. Anxieux, j'attendis dans le couloir. Chaque minute me sembla une éternité. Quand le chirurgien sortit du bloc opératoire, il était blême et m'annonça une terrifiante nouvelle. En ouvrant l'abdomen de ma pauvre Danièle, il avait découvert un cancer tellement avancé qu'il était inopérable. Je m'effondrai en larmes et enrageai contre le gynécologue dont l'incompétence et les erreurs de diagnostic étaient flagrantes. Cela faisait des mois qu'un « crabe » dévorait les entrailles de ma femme et ce crétin de toubib n'avait rien vu venir. Conscient de ses erreurs, le gynéco balbutia de vagues excuses bien insuffisantes pour calmer ma rage et ma douleur. Je passai la nuit du réveillon à l'hôpital à côté de ma bien-aimée. Impossible de dormir. Je pleurai en cachette, exaspéré par le vacarme des feux d'artifice et des cris de joie des fêtards de la Saint-Sylvestre. Ma compagne sortit lentement de sa narcose, je lui souris et lui susurrai à l'oreille que tout s'était bien passé. J'étais incapable de lui annoncer la cruelle vérité.

Alors que Danièle se reposait à l'hôpital, je partis à la recherche du meilleur oncologue capable de sauver ma femme. Hélas, j'appris qu'un cancer de l'ovaire, surtout découvert tardivement, est quasi incurable et que son espérance de vie était de maximum un an. Refusant qu'on la traite encore à Cavell, je fis transférer ma femme à l'institut Bordet où elle fut prise en charge par une cancérologue de réputation internationale avec qui je me suis lié d'amitié. Pour lui faire accepter de subir plusieurs mois de chimiothérapie, avant une nouvelle opération, je lui cachai qu'on ne l'avait même pas opérée et que ses chances de guérison étaient quasi nulles. Grâce à ce traitement durant lequel elle lutta avec courage, Danièle bénéficia d'une rémission d'un an dont quelques mois de relatif confort. Quand elle n'en pouvait plus, je la serrais dans mes bras et lui soufflais que l'amour guérit tout. Elle m'a cru jusqu'au bout.

Durant les vacances de Pâques 1987, afin de « requinquer » physiquement et moralement Danièle avant son opération, je louai un appartement à Ostende. Pas de chance, c'est à ce moment-là que se produisit le naufrage du « Herald of Free Enterprise ». À Zeebruges, en chavirant, un ferry avait fait près de 200 morts. Pour le JT, je couvris cette catastrophe en direct et, à bord d'un petit bateau, tournai autour de l'épave tout en filmant les secours. C'était l'horreur absolue. Comment ne pas penser à toutes ces victimes noyées qui gisaient dans la coque du navire ? Et Danièle, pendant ce temps-là, qui suivait ce drame à la TV. Ce n'était vraiment pas ce qu'il y avait de mieux pour lui remonter le moral.

Le matin de sa dernière chimio à Bordet, le 4 février 1988, elle reçut la visite d'une grande amie perdue de vue depuis longtemps. Ravie, ma pauvre Danièle lui dit qu'à sa sortie de l'hôpital, elle devrait absolument venir à la maison… Malheureusement, les médecins ne s'étaient pas trompés. L'après-midi, sans souffrir, grâce à la morphine, mon épouse s'éteignit comme une chandelle. Elle n'avait que 47 ans.

LA VIE, APRÈS

Durant toute sa maladie, je n'ai pas informé ma fille des sombres perspectives de guérison de sa maman. Ma petite Florence n'avait que 13 ans, et je voulais qu'elle vive insouciante en ignorant qu'elle allait bientôt la perdre. La conséquence fut un terrible coup de tonnerre dans son ciel bleu de préadolescente quand elle apprit que sa mère était décédée. Ai-je bien agi, tant vis-à-vis de Danièle que vis-à-vis de ma petite « Flo » ? Cela me tourmente toujours. Je peux seulement affirmer que j'ai fait ce choix car je pensais que c'était le moins mauvais. Après des funérailles émouvantes au crématorium d'Uccle, réconfortés par la chaleur extraordinaire de nos familles, amis et collègues, nous avons dû apprendre à vivre sans elle. Ce fut terrible de se retrouver seul à la maison avec ma gamine en sachant que Danièle ne serait plus jamais avec nous.

Il va de soi que durant toute la maladie de mon épouse, mes activités de journaliste sont passées au dernier plan. Je ne remercierai jamais assez ma hiérarchie et mes collègues de la RTBF d'avoir aménagé mes horaires de travail pour me permettre de conduire ma compagne à ses multiples chimios ou de lui rendre visite à l'hôpital. Après cette terrible épreuve, la vie reprit peu à peu ses droits. Pour m'en sortir, je me replongeai dans mon métier et ça m'aida beaucoup à refaire surface. Cependant, à l'approche des grandes vacances qu'on passait toujours en famille, j'étais terriblement angoissé. Heureusement, pour éviter que je me retrouve seul avec ma fille, mon cercle rapproché me proposa qu'on parte ensemble dans les Cévennes. Avec mon frère et sa femme, mais aussi mon ami Michel Graindorge et sa nouvelle compagne Hafida, on passa un mois d'août agréable, hormis évidemment l'absence de Danièle. L'amitié, le soleil et le bon vin, il n'y a rien de tel pour tenter de se « requinquer ».

MON FRANGIN QUITTE LA RTBF

C'est à cette époque que mon frère Josy quitta la RTBF. Très longtemps, le « grand public » ignora que lui et moi sommes frères. Ni notre nom, ni notre physique, ni notre manière de pratiquer le journalisme ne se ressemblent. J'aime mon frangin (vous l'avez déjà compris, je pense) et j'ai pour lui une grande admiration professionnelle. Josy s'est surtout illustré dans le grand reportage. Avec beaucoup de flair, il a ramené des scoops incroyables des quatre coins du monde : la chute de Saïgon tout à la fin de la guerre du Vietnam ; la dernière interview du président chilien Salvator Allende, une semaine avant le coup d'État du général Pinochet ; la révolution des œillets au Portugal ; la guerre Iran/Irak ; la dictature argentine ; le coup d'État des colonels grecs ; pour n'en citer que quelques-uns...

Non seulement il alimentait différents magazines de reportage, mais en plus il les présentait. Un jour, sans grande illusion, sur base de son CV, il postula pour devenir le responsable du service audiovisuel du « PNUD », le Programme des Nations Unies pour le Développement. À sa grande surprise, sa candidature fut retenue. Avant d'accepter ce poste prestigieux et très bien payé, mon frère demanda à Pierre Delrock, le directeur de l'info, s'il y avait une possibilité de promotion pour lui à la RTBF. Comme moi, Josy avait le grade de journaliste et n'avait jamais bénéficié d'une promotion, les augmentations barémiques liées à son ancienneté mises à part. Avec une grande franchise, son patron lui répondit par la négative. Et c'est ainsi que le service public a perdu son plus grand reporter...

« JTI » CLAP DEUXIÈME

À la rentrée 1988, je repris le boulot au journal télévisé et un an plus tard, « à la demande générale », je remis le couvert. Ma première série dominicale sur les « Travaux Inutiles » était loin d'avoir écumé tous les trésors cachés de « Gaspiland » et je me lançai donc dans un nouveau feuilleton du « JTI ». Ce « bis repetita » était plus délirant encore que le premier. Par bonheur, les situations aberrantes que je débusquais paraissaient inépuisables. Ce n'est pas par hasard que notre pays a inventé le surréalisme ! La nouveauté par rapport à 1986, c'était que les supposés responsables de ces gabegies étaient invités le lendemain soir à la radio pour venir s'expliquer et répondre en direct à mes questions. Beaucoup se débinèrent, d'autres dirent « c'est pas moi, c'est un autre », souvent ils ne se souvenaient plus...

Après cette deuxième série de JTI, je fis un résumé de cette nouvelle saga dominicale avec une émission d'une heure et demie, intitulée « Les aventuriers de l'argent perdu ». C'était, au sens premier du terme, un survol de notre patrimoine de réalisations inutiles puisque c'est en ULM, les pieds dans le vide, assis sur un drôle d'engin à moteur propulsé par une hélice que, suspendu à un « cerf-volant », je fis un tour aérien complet des quatre coins du pays. Le retour du Zorro des GTI (surnom dont on m'a gratifié à l'époque) a dû plaire puisque le public m'a gratifié de ma troisième « Antenne de Cristal ». J'ai également reçu la « Palme » d'Inter-Environnement Wallonie et à nouveau le « Zap d'Or » du Crédit Communal. Je n'arrêtai pas la série faute de munitions, mais parce qu'il était vraiment impossible de passer en revue à la TV tous les trésors de gaspis dont regorge notre beau royaume. Et puis, si comme l'a dit Maurice Thorez, « il faut pouvoir arrêter une grève ! », il faut aussi pouvoir le faire avec une série télévisée.

La saga des « Travaux Inutiles » a eu un retentissement bien au-delà de nos frontières. Des journaux du monde entier en ont parlé, en Allemagne, en Suisse, en Nouvelle-Zélande, à Israël, en Indonésie... VTM a rediffusé de nombreux numéros ; des TV étrangères, notamment allemandes (ZDF) et françaises (TF1 et France 2), ont diffusé des sujets sur cette « particularité » belge. Sans compter qu'ayant eu vent du succès du « Journal des Travaux Inutiles » en Belgique, la boîte de production « Coyote Conseil » de Christophe Dechavanne (une des grandes stars du « PAF ») a plagié sans vergogne mes émissions. Après avoir fait miroiter une possible co-production avec la RTBF et ayant reçu copies de mes séquences comme de mon bouquin, TF1 a lancé l'émission « Combien ça coûte » présentée par Jean-Pierre Pernault dont une rubrique est à 100 % le même concept que le JTI. D'ailleurs, avec une belle franchise, Pernault a avoué « faire souvent référence à Jean-Claude Defossé ! ». Mais la RTBF n'a pas souhaité faire de procès.

Quant à la presse belge, ses réactions furent plutôt positives. L'hebdomadaire « l'Instant » (aujourd'hui disparu) organisa un sondage comparatif un peu absurde auprès de ses lecteurs qu'il présenta comme la « vox populi ». Résultat : 5,5 % des votants estimaient qu'il fallait me mettre dans « La fosse aux lions », mais

94,5 % estimaient que je méritais d'être au « Panthéon ». Tandis qu'inversement pour 74,3 % des lecteurs, Jean-Luc Dehaene, le Premier ministre de l'époque, méritait « La fosse aux lions », et pour 25,7 %, le « Panthéon ».

LE PETIT GUIDE DES GTI

À l'intention des « vrais » amateurs de JTI, j'ai écrit un bouquin de 345 pages où figurent en bonus une pléiade de cas que je n'ai pas montrés à la TV. Illustré de photos des plus beaux spécimens de notre inépuisable patrimoine d'absurdités, l'ouvrage scanne de A à Z (de Abele à Zonhoven) les moindres coins du pays. Ce *Petit Guide des Grands Travaux Inutiles* est une sorte de pastiche du Guide Michelin. Mais au lieu d'attribuer des « étoiles » aux réalisations aberrantes des pouvoirs publics méritant une visite, mon ouvrage les gratifie de « pioches » en fonction de leur intérêt « touristico-hilarant ». Si mon guide n'a pas remporté de prix littéraire, il a quand même été un beau succès de librairie puisqu'il a été numéro un des ventes en Belgique francophone durant six mois. Cependant, j'ai découvert à mes dépens qu'un auteur est pratiquement dans l'incapacité de vérifier le nombre exact de ses ouvrages vendus par son éditeur. Ainsi, « officiellement », mon guide a été vendu à près de 18 000 exemplaires, mais quelque temps plus tard, via un ami imprimeur, j'ai appris qu'en catimini 6 000 bouquins supplémentaires avaient encore été imprimés, sans qu'on me le dise bien sûr. Je me suis fait rouler dans la farine, mais comment le prouver ?

À la sortie de mon bouquin, j'ai participé à des séances de dédicaces à Liège puis à Charleroi. Dans la Cité Ardente, je me suis retrouvé dans un magasin derrière une table avec une grosse pile de mes livres. Des dizaines de personnes faisaient la file pour que je signe mon ouvrage et écrive quelques mots. Plus loin, un type que je ne connaissais pas était aussi assis avec une grosse pile de bouquins devant lui, mais personne pour lui demander une dédicace. Tout à coup, il s'est levé, a saisi un exemplaire de mon *Petit Guide des Grands Travaux Inutiles*, l'a feuilleté, puis, en me tutoyant, il m'a demandé : « C'est toi qui as écrit ça ? » Ma réponse fut évidemment affirmative et là-dessus, il m'a dit : « Merde alors ! Tu veux bien tout à l'heure qu'on aille à Charleroi ensemble dans ma voiture, on doit absolument discuter. »

Entre-temps, je demandai à mon éditeur qui était ce personnage et j'appris qu'il s'agissait d'un célèbre écrivain français qui a vendu des millions de livres : Paul-Loup Sulitzer. Je me souviens avoir répondu : « Peut-être, mais je ne le connais ni des lèvres ni des dents. » Je me retrouvai avec Paul-Loup sur l'autoroute de Wallonie dans une grosse BMW intérieur cuir, conduite par son garde du corps qui roulait comme un fou à 190 km/heure. Immédiatement, mon nouvel « ami » me proposa d'écrire un bouquin comme le mien en France qu'il se chargerait d'éditer. Son argument : « En Belgique il y a 4 millions de francophones, en France, 62 millions d'habitants. Si tu fais ça avec moi, tu es riche ! » Il insista beaucoup et laissa sa carte de visite. Par la suite, je l'ai vu pérorer sur des TV françaises. À la radio, j'entendais Alain Souchon qui chantait : « On nous inflige des désirs qui nous affligent, on nous Claudia Schiffer, on nous Paul-Loup Sulitzer… » Je ne l'ai jamais rappelé.

Les éditions Standaard étaient, elles aussi, intéressées par mon livre. Après le passage sur VTM de certains de mes JTI, elles ont eu vent de mon succès en librairie et m'ont proposé d'en publier une traduction néerlandaise. Ravi, je donnai mon accord à la condition que la traduction soit fidèle à la version originale. Est-ce parce que mon bouquin épinglait des situations « linguistiquement sensibles », notamment dans les Fourons (Voeren in het Vlaams) et à Zeebruges, qu'ils ont brusquement rompu tout contact ? Cela n'a pas empêché Douglas de Coninck, un « journaliste » flamand, de publier un livre intitulé *Blijvende Blunders / De grote nutteloze werken*, qui n'est pas une traduction de mon pensum, mais un plagiat, pratiquement un copié-collé de mon livre. Le comble, c'est que ce type, que je n'ai jamais rencontré, a osé me rendre un vibrant hommage lors de la présentation de « son œuvre » à la presse.

FOLIES BERBÈRES

À cette époque, j'allais souvent manger aux « Folies Berbères », un restaurant marocain dont j'appréciais les tagines et l'ambiance très « mille et une nuits ». Chaque soir, on avait droit à un spectacle pseudo-oriental. La sono poussée à fond, une femme pulpeuse qui avait un « diamant » dans le nombril faisait une danse du ventre endiablée, après quoi les convives lui glissaient un billet dans le soutien-gorge. Plus kitsch que ça, tu meurs ! Intrigué, je demandai à cette danseuse censée stimuler tous les fantasmes orientaux des clients d'où elle était originaire. À ma grande surprise, je découvris que cette femme aux yeux marron n'avait rien d'arabe. C'était une mère de famille flamande d'Alost qui arrondissait ainsi ses fins de mois. Si le magazine « strip-tease » existait déjà, il aurait pu en faire un portrait désopilant.

Un soir, alors que je dînais en charmante compagnie, le serveur déposa sur notre table une bouteille de « Rabbi Jacob », un vin casher marocain. Deux messieurs assis au bar me firent signe qu'ils en étaient les donateurs. Surpris, je leur demandai ce qui me valait ce geste de générosité. Ils me dirent être attachés à l'ambassade du Maroc et m'informèrent que le roi Hassan II était fan de mon « Journal des Travaux Inutiles » qu'il ne ratait jamais sur TV5. Ils ajoutèrent qu'ils se feraient fort de me faire inviter à la cour du souverain chérifien. Cela m'a bien fait rigoler, mais j'ai décliné leur proposition. Cependant, je n'ai plus jamais mis les pieds dans ce resto quand j'ai découvert, caché par la lumière tamisée, que les murs étaient couverts de cancrelats. Soyez rassurés, depuis lors, cet établissement a disparu…

STRÉPY-THIEU

Parmi toutes les perles que j'ai enfilées en matière de « GTI », l'ascenseur à bateaux de Strépy-Thieu figure tout en haut du podium des plus belles gabegies. Si, au milieu du XIXe siècle, construire le canal de Suez a pris moins de 10 ans, la réalisation de cet ouvrage d'art pharaonique belge a duré plus de 25 ans ! Coût estimé des travaux au départ : 5,5 milliards de francs. Après moult incidents, malfaçons et retards de toutes sortes, le ministre wallon des Travaux publics, Michel Daerden, l'inaugura enfin en grande pompe. Il affirma alors qu'il avait finalement coûté 24 milliards de francs belges. Lors de sa conférence de presse, je le contredis en brandissant une étude universitaire qui estimait le coût total de la réalisation de l'ouvrage à 112 milliards de francs. « Papa » (c'est le surnom du ministre) me répondit : « Bon ! On ne va pas tout de même pas pinailler sur des chiffres, ce qui compte c'est que dès cette année, "X" tonnes de frets par semaine passeront par l'ascenseur ! »

Je sortis alors ma calculette et lui fis remarquer que cela faisait moins d'une péniche de maximum 1300 tonnes par jour... Là-dessus, avec son sourire inimitable et son accent liégeois à couper au couteau, le ministre me dit : « T'es quand même un fameux emmerdeur, toi ! » J'ai pris cela pour un compliment ! De toute façon, en pleine « Daerden-mania », il fallait plus que des questions d'un « emmerdeur » pour déstabiliser la « super star » de la politique wallonne...

LES PIEDS DANS LE PLAT

Après la saga JTI qui a fait exploser l'audimat, je proposai à ma hiérarchie différents nouveaux projets d'émissions. Sans succès. J'eus alors la nette impression qu'on préférerait calmer un peu le trublion. Finalement, on accepta de mettre à l'antenne une émission de débat, mais que je devrais animer avec un comparse. Et pas n'importe lequel puisque c'était Bernard Watelet, un « vieux briscard » de la TV qui avait un grade de rédacteur en chef. Je n'acceptai qu'à une seule condition : même si, moi, je n'étais qu'un simple journaliste, il était entendu qu'il n'y aurait pas de chef entre nous. Nous serions sur un pied d'égalité. On ferait donc le même boulot, sauf que lui serait nettement mieux payé...

C'est ainsi qu'entre 1993 et 1997, je changeai totalement de registre en coprésentant avec Bernard l'émission-débat « Les Pieds dans le Plat ». Sur notre plateau, on invitait un public d'une quarantaine de personnes, le plus souvent des femmes ou hommes politiques, mais pas seulement, qui échangeaient leurs arguments sur différents sujets chauds. Ces débats étaient toujours « boostés » par deux séquences très contradictoires. D'une part, la séquence « Miel », très positive à propos du sujet abordé, et d'autre part, la séquence « Fiel », qui, au contraire, était très critique. Les points de vue étaient ainsi illustrés de manière très tranchée...

Le réalisateur chargé de mettre en images les débats était Bernard Halut, le créateur de « Ici Bla-Bla », ce programme très déjanté dont les « anciens jeunes » d'aujourd'hui se souviennent toujours avec tendresse. « Haluche », comme je l'appelle (un peu anar, un zeste pacifiste et très écologiste), et moi, on s'entendait comme deux larrons en foire. Loin de freiner mes excès, il les encourageait parfois, au grand dam de mon compère Watelet. La « grande saucisse », comme je le surnomme aussi, reste le meilleur ami que j'ai eu à la RTBF. Un type génial !

Comme générique de l'émission, on choisit des moules dont les coquilles claquaient comme des castagnettes en dansant dans une assiette de frites. Le tout au son d'une musique grotesque. Mon rédac-chef le trouvait vulgaire. Moi je l'adorais... Coutumier du fait, la boîte de production de Christophe Dechavanne nous piqua à nouveau le titre de notre émission. TF1 programma un « Pieds dans le Plat » à la sauce française présenté par Pierre Bellemare. Mais cette fois, la RTBF, qui avait déposé le nom de notre programme, réagit et le plagiaire dut le retirer de l'antenne. Il faut savoir que le monde de l'audiovisuel est peuplé de pas mal de requins…

Parmi les dizaines de « Pieds dans le Plat », certains m'ont évidemment plus marqué que d'autres, notamment, en 1993, quand la RTBF lança son « Plan horizon ». Pour faire des économies, il prévoyait que tout membre du personnel âgé de plus de 60 ans doive prendre une retraite anticipée. Cela concernait pas mal de figures connues de l'époque comme Luc Beyer, René Thierry ou Roger Laboureur et bien d'autres collaborateurs inconnus du grand public. Beaucoup grincèrent des dents. L'émission en direct se passa en présence du Big Boss de l'institution, Robert Stéphane, des directeurs, du président du conseil d'administration, du ministre de tutelle de la RTBF, de syndicalistes et d'une brochette de travailleurs virés (journalistes, réalisateurs, cameraman, monteurs et administratifs), tous sacrifiés sur l'autel des restrictions budgétaires… Dans le monde de l'audiovisuel public, c'était assurément un exemple unique de transparence puisqu'on débattait devant les téléspectateurs de problèmes internes à l'institution à propos de « leur » radio/télévision.

Juste après le générique de l'émission, je posai ma première question à mon grand patron : « Monsieur Stéphane, quel âge avez-vous ? » Réponse : « J'ai 62 ans ! » Sous-question : « Le capitaine va-t-il aussi quitter le navire RTBF, comme y sont forcés tous les membres de l'équipage qui ont votre âge ? » Réplique du Boss : « Je ferai comme tout le monde », ce qui est une réponse de Normand, car plus tard, on apprendra que s'il a bien quitté son poste, il a été « recyclé » avec son salaire et autres avantages en tant que « représentant de la Communauté française auprès des TV francophones… ». Un poste créé pour lui sur mesure… Normal ! Comme le dit un proverbe wallon : « C'est todi les p'tits qu'on sprotch ! » (C'est toujours les petits qu'on écrabouille !)

Les échanges particulièrement chauds entre les protagonistes durant l'émission n'empêchèrent pas la mise à la retraite forcée d'une très grosse charrette d'agents de la RTBF. Mon ami réalisateur Salvator Nay, toujours passionné par son métier à 62 ans, refusa d'être prématurément pensionné et a d'ailleurs intenté une action en justice contre son employeur pour licenciement abusif. Malheureusement, il fut débouté et complètement déprimé. Je le convainquis alors d'écrire un livre sur les dangers de l'amiante, car, ayant réalisé de nombreuses émissions très documentées sur ce scandale sanitaire avec la journaliste Marie-Anne Mangeot, il connaissait ce problème sur le bout des doigts. Il est évident que ces enquêtes à la TV ont grandement contribué à faire prendre conscience du danger de l'asbeste (l'autre nom de l'amiante) pour enfin interdire son utilisation. Un produit « pseudo-miracle » a tué et tue toujours des centaines de milliers de personnes partout dans le monde. Le bouquin *Mortel Amiante* de Salvator Nay est une mine de renseignements, notamment concernant la manière dont « Eternit », qui connaissait depuis très longtemps la dangerosité de l'amiante, l'a niée et a continué à l'utiliser au mépris de la santé des gens pour faire de juteux profits.

Pour en revenir à l'émission, elle eut cependant une conséquence inattendue : le ministre de tutelle, Bernard Anselme, manifestement ivre lors du débat, fut à ce point lamentable que son parti le « démissionna » de son poste de président de la Communauté française responsable de l'audiovisuel en le recasant aussitôt comme ministre de la… Santé publique au gouvernement fédéral. Je me dois de souligner combien il est exceptionnel que, sur une chaîne TV, les journalistes puissent ainsi publiquement mettre en cause leur propre hiérarchie. Plus tard, ce débat a été présenté à l'« INPUT », un festival rassemblant des productions originales des télévisions publiques du monde entier. Leurs participants furent littéralement sciés que les deux animateurs de ce « PdP » n'aient pas été virés après une telle émission.

Nous récidivâmes quelques années plus tard avec un autre débat qui mit sur la sellette le nouvel administrateur général de la RTBF, Jean-Louis Stalport. L'émission traitait de l'importance de la culture à la RTBF et des prises de position de Stalport sur le concept même de culture. Notre « Big Boss » fut rudement critiqué par la plupart des invités sur le plateau. D'emblée, l'écrivain Pierre Mertens, invité à donner son avis sur sa note, lui dit sans ménagement : « Monsieur Stalport, je pense qu'on a été très injuste concernant votre note sur la culture. Elle n'est pas mauvaise, elle est TRÈS mauvaise ! » Et ensuite, le Big Boss subit un véritable tir de barrage de la plupart des invités.

Que la hiérarchie de la RTBF accepte ce genre de remise en question publiquement sur ses antennes était évidemment tout à son honneur. Cela souligne, une fois encore, la grande liberté rédactionnelle dont les journalistes pouvaient jouir. À condition bien sûr d'avoir le culot de s'en servir et sans doute aussi de s'interdire toute promotion. J'ai toujours pensé qu'en Belgique la plus grande menace qui pèse sur la liberté de presse, ce n'est pas la censure, mais l'autocensure. C'est pourquoi il est bon de rappeler, comme le fait chaque semaine « Le Canard Enchaîné », que « la liberté de la presse ne s'use que quand on ne s'en sert pas ! ».

L'ABBÉ PIERRE

Autre « Pieds dans le Plat » marquant : un débat sur la pauvreté filmé en direct depuis la salle de la Madeleine à Bruxelles. Plusieurs centaines de personnes très défavorisées issues du « quart-monde » étaient présentes, dont beaucoup amenées de provinces en autocars. Pour ce débat, on espérait la présence de l'Abbé Pierre. Hélas, trop âgé et en mauvaise santé, il ne put se déplacer. Je me rendis donc dans son antre en Normandie pour l'interviewer. L'homme le plus aimé des Français me reçut dans sa très austère petite chambre de quelques mètres carrés. C'était pour le moins spartiate : un lit, une table, une chaise, une bibliothèque avec quelques livres. Très rarement impressionné de me retrouver face à des personnages importants, je me suis senti tout petit devant ce vieillard mythique, fondateur des « Disciples d'Emmaüs ».

Après l'enregistrement de son interview, j'ai demandé à mon équipe de tournage de me laisser seul un moment avec lui. Nous avons échangé ensemble un long moment. Évidemment, je lui dis être athée et il tenta de me convertir. Sans succès. Ce qui ne m'empêcha pas d'avoir un grand respect et une admiration sans bornes pour ce personnage qui incarnait aussi quelque part la mauvaise conscience des nantis face à l'immense cohorte de tous les démunis.

Projetés durant l'émission, des extraits de son interview balisaient le débat entre des responsables politiques et les autres invités. Très vite, les échanges devinrent chauds. Beaucoup de ces malheureux étaient venus en espérant pouvoir parler de leur détresse. Mais compte tenu du temps limité de l'émission, il était évidemment impossible de donner la parole à tout le monde. Au moment où j'annonçai que je devais rendre l'antenne, on frisa l'émeute. Pour éviter qu'elle soit agressée, on dut évacuer la ministre des Affaires sociales par une porte dérobée…

L'ARRÊT BOSMAN

Jean-Marc Bosman était un jeune joueur du « Football Club Liégeois ». Son problème, c'était qu'il portait le numéro 10, c'est-à-dire le même que le neveu de l'entraîneur, Robert Waseige. Conséquence : celui-ci favorisait outrageusement le membre de sa famille et l'attaquant Bosman passait la plupart des matchs sur le banc comme réserviste, sans jouer. Dépité, il demanda à être transféré dans un autre club. À l'époque, tout joueur était la propriété de son club, sa marchandise, et il ne pouvait pas le quitter sans son accord et le paiement d'une somme de transfert. Or, le montant que le FC Liégeois exigeait pour lâcher Bosman était bien trop élevé et aucun autre club ne voulait l'engager.

En tant que footballeur professionnel, il se sentait lésé. Il consulta un excellent avocat qui, après une très longue procédure judiciaire, alla jusqu'à la Cour de Justice européenne pour faire reconnaître que les joueurs de football professionnels ont les mêmes droits que n'importe quel autre travailleur. Décidant de consacrer un « Pieds dans le Plat » à cette problématique, nous invitâmes tous les « gros bras » du foot belge à participer à notre émission (Michel d'Hooghe, Alain Courtois, Michel Verschueren et tutti quanti). Tous refusèrent de venir, idem pour nos collègues journalistes sportifs de la RTBF qui n'avaient jamais parlé de l'affaire Bosman et encore moins interviewé le joueur. Ils nous affirmèrent que Bosman ne gagnerait jamais son procès et que même si c'était le cas, il faudrait des années avant que les règles de transferts soient modifiées. En présence de Jean-Marc Bosman, que je présentai comme le « Spartacus » du foot, et de son avocat, Maître Luc Misson, nous réalisâmes malgré tout ce programme.

Et patatras, quelques semaines plus tard, la Cour prononça « l'arrêt Bosman » : elle donna raison au joueur qui était désormais libre. Cette décision de justice fut d'application immédiate. Elle révolutionna non seulement le foot, mais aussi tout le monde du sport. J'avoue que c'est avec une certaine jubilation que je suis allé frapper à la porte de la rédaction sportive de la RTBF pour annoncer la nouvelle à mes collègues.

Forcément, avec cette affaire Bosman me revint ma brillante carrière footballistique. Gamins, mon frère et moi aimions évidemment shooter dans un ballon. Cela n'échappa pas à notre père qui nous inscrivit au « White Star », équipe de 1re division à l'époque. Notre « vieux » était ravi, car moyennant un droit d'inscription modeste, on lui dit qu'on allait recevoir un équipement avec des godasses de foot. En arrivant au premier entraînement, les « frérots Dubié » se voyaient déjà affublés du t-shirt du club (rouge avec une étoile blanche), portant des chaussures à crampons et jouant sur une belle pelouse. Pas du tout ! Un gros type portant un training dégueulasse amena une trentaine de gamins tous habillés avec leurs vêtements de ville sur un terrain boueux comme un champ de patates. Il divisa le groupe en deux. La moitié des mômes durent retrousser leurs manches pour pouvoir distinguer les deux équipes. Sans aucune instruction, notre « coach » jeta un ballon au milieu du groupe et on courut tous après comme un essaim de mouches. Au bout de quelque temps, il repéra les plus doués qu'il sortit du lot. Je suppose qu'ils ont eu droit à un équipement. L'« entraînement » terminé, on rentra à la maison tout crottés et avec nos godasses foutues. Mon paternel était furax. On y est encore retourné deux fois, sans plus de succès. Et dire que si, à la place des frères Dubié, il y avait eu les frères Hazard, ils auraient été chouchoutés et puis vendus très cher à un grand club. Tout le monde n'est pas né pour atteindre l'éden des footballeurs…

MELLERY

La décharge de Mellery est un scandale environnemental qui s'est passé dans un petit patelin du Brabant. Pour en débattre dans « Les Pieds dans le Plat » furent invités tous les habitants du village parmi lesquels la baronne Sybille de Selys Longchamp dont le château se trouvait juste en dessous du dépôt d'immondices concerné. Avant de commencer l'enregistrement, on installa tout ce beau monde en studio. Assis à côté de moi, il y avait le ministre de l'Environnement wallon de l'époque, Daniel Ducarme. Tout à coup, il se tourna vers moi et me souffla à l'oreille : « Vous avez vu, la pétasse à Béber et sa fille sont là ! » Interloqué, je lui demandai des explications et il m'apprit ce que, dit-il, tout le monde savait à Mellery, à savoir que durant des années, le Prince Albert (notre ancien Roi) venait régulièrement à moto, le visage dissimulé sous son casque, pour rendre visite à sa maîtresse Sybille de Selys et à Delphine, leur fille. Un peu comme la Mazarine de Mitterrand, certains dans le « landernau » étaient au courant, mais la presse n'en parlait pas. Je n'ai confié cette info qu'à quelques amis et malgré le fait que je sois républicain dans l'âme, je n'en ai jamais fait état dans mon boulot, estimant que cela relevait de la vie privée et n'avait finalement que très peu d'intérêt pour le grand public.

Deux ans plus tard, en 1999, Michel Konen, le rédac-chef du JT, déboula tout essoufflé dans le local des « Pieds dans le Plat » et m'annonça qu'un jeune journaliste flamand, Mario Danneels (non, ce n'est pas le fils du cardinal !), venait de publier un livre qui révélait le scoop du siècle : le roi Albert avait une fille cachée dénommée Delphine et la presse en faisait ses choux gras. Konen me fit le reproche de ne rien avoir dit alors que je « savais » et il voulut que je lui passe les images de la fille dont je disposais pour les diffuser au JT. Malgré son insistance, je refusai catégoriquement qu'on montre cette gamine à la TV. Évidemment, lorsque plus tard, la fille adultérine du Roi a revendiqué elle-même être l'enfant naturelle d'Albert et que c'est devenu une affaire d'État, ce black-out n'était plus de mise.

Depuis, beaucoup d'eau (bénite) a coulé sous les ponts et Delphine de Belgique, en tant que princesse royale, a assisté au défilé militaire du 21 juillet 2021... Faut-il rappeler que depuis 1993, Delphine, en tant qu'enfant adultérin, est sur le même pied que les trois autres progénitures « légitimes » du roi Albert II ? Raison pour laquelle je dis, en plaisantant, qu'après sa mort, parmi ses quatre descendants, la plus artiste des héritiers aura aussi droit à une des quatre tours du château de Ciergnon.

LE FINANCEMENT DES CULTES

Présenter une émission en duo n'est pas toujours sans poser des problèmes. Si à l'antenne ce n'est jamais apparu, Bernard Watelet et moi avions souvent des divergences quant aux choix des sujets et des invités. Raison pour laquelle, afin d'éviter les conflits, on décida de choisir à tour de rôle le sujet de notre magazine.

Malgré cela, quand je décidai de consacrer un « Pieds dans le Plat » aux financements des cultes, cela finit par tourner au bras de fer. Entre lui, catho intégral, et moi, athée pur jus, nos points de vue étaient à ce point divergents qu'on a chacun réalisé une séquence « Fiel » et « Miel » différente. L'émission a tout de même pu révéler que si la Constitution belge prévoit bien la rémunération de tous « ministres du culte » (prêtres, pasteurs, imams, rabbins, mais aussi la laïcité), son esprit et sa lettre sont scandaleusement détournés au profit de l'Église catholique. Malgré la perte vertigineuse du nombre de ses fidèles, les « cathos » se taillent la part du lion du financement des cultes. L'église compense le manque de vocation de prêtres en rémunérant des diacres comme des prêtres et même des sacristains comme s'ils étaient ministres du culte...

Un quart de siècle plus tard, les églises sont encore beaucoup plus vides qu'alors et ce ne sont certainement pas les révélations concernant les centaines de milliers d'abus sexuels commis par des ecclésiastiques en Belgique et partout dans le monde qui vont contribuer à les remplir. Il me paraît donc urgent de réformer ce système de financement pour l'adapter à l'évolution de la société.

INVITÉS NON DISPONIBLES

Planifier des débats comme ceux des « Pieds dans le Plat » n'était pas toujours une sinécure. Quand le sujet était très délicat, ceux qu'on invitait risquaient d'être mis en cause. Souvent, certains se désistaient en prétextant ne pas être libres ou à l'étranger. C'est pourquoi, en début d'émission, j'énumérais souvent, en regrettant leur absence, la liste de ceux dont on aurait souhaité la présence. J'ai même une fois ironisé en suggérant que « Les Pieds dans le Plat » soit sponsorisé par la « Sabena » vu le nombre d'invités qui partaient en voyage quand on enregistrait notre programme. Le comble fut atteint lors d'une grève des enseignants. On invita des syndicalistes, la ministre concernée et une brochette de députés à venir débattre sur notre plateau. Ces derniers, prétextant siéger dans une commission parlementaire, répondirent qu'ils ne pouvaient pas interrompre leurs travaux et étaient dans l'impossibilité d'être présents dans cette émission qui était diffusée en direct. Pas de chance pour eux, un collègue journaliste, resté au parlement, nous prévint que la commission en question venait d'interrompre ses travaux et que tous ses membres étaient installés devant une TV pour regarder les « Pieds dans le Plat »... C'est pourquoi, après avoir énuméré le nom de tous ceux qui se disaient indisponibles, je les ai salués en leur souhaitant de passer une bonne soirée devant leur petit écran... Ce qui n'a pas manqué de provoquer une grosse rigolade sur notre plateau...

AUTRES PETITS SOUVENIRS DES « PDP »

Au cours d'un « PdP » consacré aux cumuls et au népotisme en politique, il y avait parmi les invités Louis Michel, à l'époque président du MR. Quand je demandai à « Dikke Louis » (c'est son surnom amical) ce qu'il pensait des copinages et des dynasties en politique, il me répondit : « On exagère beaucoup ce soi-disant phénomène. C'est surtout une invention de journalistes. Ce qui compte, c'est la compétence et surtout l'expérience. » Là-dessus, le cameraman qui filmait le « Père Michel » cadra un jeune homme, mince et à la chevelure abondante, assis juste derrière lui. Je demandai alors au président du MR : « C'est donc uniquement pour sa compétence et son expérience que votre fils, Charles, est déjà, à 23 ans, vice-président du Conseil Provincial du Brabant ? »... Depuis lors, il faut bien reconnaître que ce Charles Michel a fait une belle carrière. Avec le recul, cette séquence ne manque pas de sel...

Lors d'un autre « PdP » sur le thème de la politisation des nominations dans les services publics, un des invités était « l'homme aux 50 mandats », le député permanent PS,

Richard Carlier. Je lui brandis le questionnaire que tout candidat à un emploi à la province du Hainaut devait remplir. Celui-ci prévoyait de mentionner une série de renseignements : parti politique, mutuelle, syndicat, école des enfants, etc. Quand je lui demandai si cette pratique était normale. Il me répondit : « Tout à fait, d'ailleurs tout le monde fait ça ! », ce qui provoqua une hilarité générale sur le plateau. Je reparle plus loin de ce personnage qui a tenu tout le parti socialiste du Hainaut sous sa coupe pendant des décennies.

DOMINIQUE

Lorsqu'on consacra un « Pieds dans le Plat » à une encyclique papale de Jean-Paul II, on invita sur notre plateau une brochette de « cathos » et « d'anti-cathos ». Parmi ces derniers, il y avait une femme médecin féministe que j'avais interviewée quelques années auparavant lors de la discussion de la loi libéralisant l'interruption de grossesse. À l'époque, l'avortement était encore passible de peines de prison et pourtant, face caméra, elle affirma pratiquer des IVG et que si la loi n'était pas votée, elle continuerait ! Dans ma carrière, j'ai rarement interviewé quelqu'un qui a autant de couilles. Ce petit bout de femme qui n'avait vraiment pas froid aux yeux ni sa langue dans sa poche avait une telle énergie qu'elle me séduisit.

Dominique Roynet était une médecin généraliste dans un quartier chaud de Schaerbeek. Dans sa salle d'attente, des prostituées côtoyaient des femmes voilées. Sa patientèle était une véritable « Tour de Babel » de gens venus des quatre coins du monde. Dans le quartier, le « petit docteur » était une véritable institution, car, en plusieurs décennies, elle a soigné tout le monde. De plus, elle a créé deux centres de planning familial où, évidemment, on pratique des IVG. Après une longue période d'observation, on finit par vivre ensemble. C'était la première fois depuis la mort de Danièle que cela m'arrivait.

Quand on s'est connu, son fils Thomas Maillet avait dix ans. Aujourd'hui, à plus de 35 ans, il est devenu un véritable virtuose de la guitare. Dominique m'a fait découvrir la campagne wallonne et aimer la région du lac Trasimène en Ombrie. De Moscou à Pékin, en passant par Abou Simbel, Pétra ou Londres, nous avons pas mal voyagé ensemble. On s'est séparé plus que bons amis en 2010. On se voit encore régulièrement, car c'est quelqu'un pour qui j'ai une grande admiration et une grande tendresse. Comme disent les Juifs, c'est une « mench », quelqu'un de vraiment bien. Et apparemment, il n'y a pas que moi qui le pense puisqu'au moment où j'écris ces lignes, j'apprends qu'en récompense pour son action infatigable pour le droit des femmes à se faire avorter, le gouvernement régional lui a décerné le titre d'« Officier du Mérite Wallon 2022 ».

CONTRE-PIED

En 1997, Bernard Watelet décida de prendre une pension anticipée et c'est en solo que je lançai une nouvelle émission intitulée « Contre-Pied ». À l'époque, après l'affaire Dutroux, la presse dénonçait, à raison, les multiples dysfonctionnements de notre société. La justice et la police, notamment, étaient l'objet de nombreuses critiques. Le concept de « Contre-Pied », c'était de s'interroger si dans l'information, tant écrite qu'audiovisuelle, il n'y avait pas aussi certains dérapages ou dysfonctionnements. Bref, c'était une autocritique de mon propre métier, une forme d'éducation aux médias bien avant que ce concept ne devienne une priorité politique.

Pour montrer que, moi-même, je ne me considérais pas à l'abri de toute critique, je précisai d'emblée qu'après une première série d'émissions, mes confrères journalistes pourraient, à leur tour, me mettre aussi sur la sellette. Hélas, alors que jusque-là, j'avais plutôt bonne presse parmi mes confrères, ma nouvelle émission me rangea pour certains dans la catégorie des donneurs de leçon. D'autres me reprochèrent d'agir comme un procureur. Naïvement, je n'imaginais pas qu'à l'instar des avocats, des médecins ou des architectes, certains de mes collègues soient à ce point corporatistes. Au point qu'ils ne supportent aucune remise en question publique de leur travail alors qu'ils ne se gênent pas, comme c'est d'ailleurs leur rôle, de le faire concernant tous les autres pans de la société.

Après six numéros très animés, en fin de saison, je mis à l'antenne un « Contre-Pied » consacré au journalisme sportif. Parmi les invités au débat, outre des journalistes sportifs de la RTBF, un sociologue français très virulent les traitait de petits laquais à la solde d'un système. Il affirmait qu'ils n'étaient pas de vrais journalistes, mais des commentateurs sportifs qui exaltent un pseudo « esprit sportif » en passant sous silence ce qui se trame dans les vestiaires et dans les coulisses. Pourtant, chez ces journalistes spécialisés, c'est un secret de polichinelle que des compétitions et des matchs sont gangrenés par le fric, le dopage, les tricheries et les magouilles de toutes sortes, sans compter la violence qui sévit dans les stades de foot, non seulement sur les gradins, mais aussi sur le terrain. Le problème, c'est que quand il y a des révélations sur ces faces sombres des compétitions, elles sont presque toujours le fait de journalistes étrangers au monde du sport. Après cette émission très agitée, à ma grande surprise, mon rédac-chef, Michel Konen, m'annonça, je le cite : « Le magazine "Contre-Pied", c'est terminé. Il est supprimé, c'est de l'autoflagellation ! » Cette émission basée sur un examen critique de la presse n'aura donc vécu qu'une saison.

À la suite de ces débats « musclés », il y eut un certain froid entre mes collègues sportifs et moi-même. Par exemple, Frank Baudoncq, dont j'apprécie pourtant le talent, ne m'adressa plus la parole. Jusqu'au jour où, plusieurs mois plus tard, alors qu'il avait quitté la RTBF en se retirant en Bourgogne, je reçus une longue lettre de sa part. En substance, il s'y disait dégoûté par les multiples dérives du sport dont il n'ignorait pas l'existence, mais sur lesquelles il reconnaissait avoir trop longtemps fermé les yeux. Avec le recul, il me donna raison d'avoir dénoncé cette situation. En lisant sa missive, j'en eus les larmes aux yeux. Elle mit un baume sur mon amertume liée à la mise au rebut de « Contre-Pied ». Je lui téléphonai longuement, admiratif de sa capacité à pouvoir ainsi admettre ses erreurs. Qualité rare, peut-être plus encore chez nous, les journalistes... Quand je songe au scandale du dopage en cyclisme (avec ce grand champion Lance Armstrong, quintuple vainqueur du Tour de France) ou, plus récemment, au scandale du *footballgate*, je me dis que les choses n'ont pas vraiment changé.

Évidemment, je suis parfaitement conscient que, pour un journaliste sportif, surtout de télévision, il peut être périlleux de révéler certaines pratiques inavouables. D'abord parce qu'on ne peut le faire que sur la base d'un dossier sérieux, sous peine de se voir attaquer pour diffamation. Cela risque aussi de gâcher le spectacle et de « casser le jouet » des supporters. Et puis, plus encore dans le foot, mes confrères sportifs sont totalement dépendants des droits des retransmissions TV des matchs. Perdre ces images équivaut pour eux à un quasi-interdit professionnel. Ainsi, en 2008, lorsque le Standard gagna le championnat de Belgique – ce qui ne s'était plus produit depuis 25 ans –, le journal télévisé de la RTBF consacra une vingtaine de minutes dithyrambique à l'événement. Mais, dans ce même JT, un journaliste « imprudent » a eu l'outrecuidance de réaliser une courte séquence qui faisait le portrait de Luciano D'Onofrio, le Big boss des « Rouches ». Elle rappelait son passé trouble, notamment sa condamnation en France à deux ans de prison dont six mois fermes pour tricheries, blanchiments d'argent, faux et abus de confiance, au temps où il dirigeait l'Olympique de Marseille. « Représailles » immédiates du parrain de Sclessin : interdiction pour « ses » joueurs de donner la moindre interview à la RTBF, et cela durera un an et demi. Malgré cela, le service public s'est bien gardé de boycotter les matchs du Standard, les supporters ne l'auraient certainement pas… supporté !

Après la suppression de « Contre-pied », j'ai eu une explication houleuse avec Christian Druitte, le nouveau patron de ma « boîte ». Mon Big Boss était visiblement gêné de la décision prise. Ne voulant pas revenir en arrière, car elle avait été annoncée dans la presse, il me demanda de prendre le temps pour réfléchir à un nouveau concept d'émission.

Je « boudai » durant plusieurs mois jusqu'au moment où débuta le procès « Agusta » qui devait juger des hauts responsables socialistes qui avaient perçu des pots-de-vin lors de l'achat d'hélicoptères militaires. Comme il était interdit de filmer durant les audiences, mon rédac-chef (dont je ne digérais toujours pas la décision de supprimer ma précédente émission) me demanda si j'accepterais de couvrir le procès comme je l'avais fait en 1988, où j'ai dessiné pour le JT des croquis de presse lors du procès du drame du Heysel qui jugeait les hooligans anglais responsables de la mort de 39 personnes. Vu que les supporters incriminés étaient britanniques, la BBC m'avait d'ailleurs acheté mes dessins pour illustrer ses émissions d'informations. De même, en 1988, au procès des « CCC », grâce à ma carte de presse, j'ai pu m'installer bien à mon aise avec mon bloc de papier et mes crayons à quelques mètres des accusés. Après avoir fait languir mon rédac-chef (la vengeance est un plat qui se mange froid !), je daignai accepter d'illustrer le procès « Agusta ». À cette occasion, comme disent les sportifs, « je retrouvai toutes mes sensations » en dessinant, durant plusieurs semaines : magistrats, avocats, inculpés et témoins qui défilaient à la barre de ce procès-fleuve. Une vraie course contre la montre avant le JT du soir, mais un défi excitant qui m'a passionné…

LE PAPAYOU CLUB

En picorant dans ma mémoire, je tombe sur une perle qui me rappelle que la Belgique est bien le pays du surréalisme et pas seulement pour ses « Travaux Inutiles »... En 1979, je couvris pour le JT un événement qui, à n'en pas douter, est unique dans l'histoire des démocraties : la toute dernière séance du « Conseil de l'Agglomération Bruxelloise ». En effet, les membres de cette assemblée ont siégé, sans interruption et sans jamais être réélus durant 18 ans ! Forcément, en presque deux décennies, bon nombre de conseillers ayant « passé l'arme à gauche » ou ayant démissionné, toutes les suppléances se sont épuisées. C'est donc devant des bancs clairsemés qu'en débutant la toute dernière séance, le président demanda à ses collègues d'observer une minute de silence en mémoire de deux des leurs qui venaient de les quitter. Par un hasard jubilatoire, le bâtiment de l'« Agglo » où se déroulait cette dernière réunion jouxtait le « Papayou Club », une boîte de nuit fréquentée par des homosexuels. Le choix du décor sonore devant illustrer la fin de cette juteuse rente de situation s'imposait : le « tube » du très populaire chanteur Carlos dont les paroles immortelles sont : « Papayou, papayou, papayou, Lélé, ma mère me disait, faut pas le montrer, ça ferait des jaloux dans le quartier »...

PHILIPPE À MEXICO

En 1986, contre toute attente, notre équipe nationale atteignit les demi-finales de la coupe du monde de football à Mexico. Le « Palais » annonça que le prince Philippe (notre futur Roi), de 26 ans à l'époque, allait se rendre sur place pour encourager nos Diables rouges. La presse fut conviée à assister à son départ et, exceptionnellement, on fut autorisé à poser des questions au « p'tit prince », mais uniquement sur le foot. Maintenus derrière des barrières Nadar, une vingtaine de journalistes l'attendaient sur le tarmac de l'aéroport de Zaventem. En les voyant, quand Philippe de Belgique arriva, il sembla tétanisé. Alors qu'il passait à ma hauteur, je lui lançai : « Monseigneur, vous n'avez pas oublié votre matériel de supporter ? » Visiblement déstabilisé par une question aussi difficile, il me répondit : « Quoi ? Quoi ? » Je lui dis : « Je ne sais pas moi, une trompette, une crécelle ou un tambour ? » Réponse du prince : « Non ! Non ! Mais j'ai mes mains, j'ai mes mains... » Là-dessus, poussé par ses conseillers, il monta, en boitant (venait-il d'être opéré du genou ?), la passerelle d'embarquement.

Lors du montage de cette séquence, en guise de décor sonore, je mis la chanson du Grand Jojo : « Olé, olé, olé, olé, les p'tits Belges, les p'tits Belges vont à Mexico... », et j'ajoutai, comme commentaire : « Heureusement qu'il ne joue pas ! » Sachant que c'est moi qui avais couvert cet « événement », mon rédac-chef, méfiant, visionna mon mini-reportage et me dit : « Ce commentaire, à la fin de ton sujet, est-ce vraiment nécessaire ? » Par principe et au nom de ma liberté rédactionnelle, je répondis que oui. Puis, magnanime, je le coupai, sachant pertinemment bien qu'il était bien trop impertinent. C'est la parfaite illustration de ma tactique que j'ai baptisée « la coupe du chef ». Quand un sujet est très persiflant, il faut toujours y inclure quelque chose de tellement énorme que le « chef » se braque dessus et exige fermement de le supprimer. Il a alors le sentiment d'avoir exercé son rôle hiérarchique et le reste de la séquence lui paraît fade... C'est un peu comme en cuisine quand on met plein d'épices dans un plat pour qu'on ne goûte pas qu'il est immangeable...

SOUVENIR, SOUVENIR ENCORE

Un jour de 1993, j'étais de service au JT et on m'envoya en reportage au fin fond des Ardennes. À mon retour à Reyers, fin d'après-midi, je fus surpris de découvrir certains de mes collègues endimanchés en col et cravate. J'appris qu'en mon absence, le Prince Philippe, qui visitait la RTBF, était passé à la rédaction du Journal TV et que mon rédac-chef, faisant office de guide, lui avait dit : « Monseigneur, puis-je vous présenter Élisabeth Burdot, une collègue journaliste-reporter qui vient de rentrer de Somalie ? » Là-dessus, Philippe de Belgique lui dit : « Ah ! Bonjour, Madame, vous avez passé de bonnes vacances ? » C'était au moment où, sous l'égide de l'ONU, trois Casques bleus belges, intervenant en Somalie, avaient été tués en sautant sur une mine et d'autres paras belges avaient été photographiés faisant semblant de cuire à la broche un Africain sur un feu de bois. Autant dire que la Somalie était loin d'être un lieu de villégiature !

Je vous parle maintenant d'un temps que les moins de vingt ans ne peuvent pas connaître, eux qui ignorent qu'en 1979, durant plusieurs mois, la Belgique a été frappée par une terrible canicule. Oui, déjà ! On se crut alors obligé de diffuser à longueur de JT une tonne de reportages pour montrer ce que les gens constataient bien tout seul : il faisait très chaud ! Une fois de plus, l'éditeur du jour me demanda de réaliser un sujet sur la chaleur. Je protestai, en lui faisant remarquer qu'il y avait des choses bien plus importantes dans l'actualité, notamment des conflits sociaux. Il n'en démordit pas et je finis par me résigner.

Je me rendis alors dans un quartier huppé de Rhode-Saint-Genèse où je sonnai à la porte d'une somptueuse villa quatre façades entourée d'un grand jardin. De l'extérieur, on entendait des bruits de piscine. Un monsieur hyper bronzé en peignoir de bain m'ouvrit et, ravi de voir la TV débouler chez lui, nous fit entrer. Je l'interviewai, assis dans un transat, un cocktail à la main. Il nous tint un discours du style : « Ce que je vais dire est peut-être très égoïste pour les agriculteurs et ceux qui sont obligés de travailler par cette chaleur, mais pour moi, ce soleil peut continuer encore pendant des mois… » Là-dessus, il plongea dans sa piscine et mon cameraman zooma sur le grand rond qu'il fit dans l'eau ! On enchaîna avec un zoom arrière depuis du ciment liquide qui tournait dans une bétonneuse. En effet, à 100 mètres de la demeure de notre hôte, en plein soleil, des ouvriers crevant de chaud construisaient une autre de ces magnifiques demeures. Faut-il préciser que l'opinion de ces travailleurs concernant la canicule était quelque peu différente ?

Avant l'antenne, l'éditeur visionna ma séquence et, furieux, me dit : « C'est toujours la même chose avec toi. Même si je t'envoyais faire un reportage sur la culture des groseilles, ça deviendrait la lutte des classes dans les groseilles ! » Ma réponse fusa : « C'est exact, mais toi tu filmerais des groseilles vertes et moi des groseilles rouges ! » Mais au moins après ça, il ne m'a plus demandé de réaliser de reportage sur la chaleur...

LES CHINOIS À BOURG-LÉOPOLD

En 1977, alors que le film *Les Chinois à Paris* de l'humoriste Jean Yanne avait fait rigoler toute la France, une délégation de l'armée chinoise fut invitée à visiter le camp militaire belge de Bourg-Léopold. C'était l'époque de la rupture entre les deux géants du communisme, l'URSS et la Chine, au point qu'ils se sont même affrontés militairement, le long du fleuve « Amour »...

En vertu du principe « les ennemis de mes ennemis sont mes amis » et alors que le principal adversaire potentiel de l'OTAN était l'Union soviétique, on faisait « ami-ami » avec Pékin et l'armée belge n'avait rien à cacher à ses invités de l'empire du Milieu. Tandis que dans toute la base, une nuée de bidasses chinois photographiaient tout notre matériel, y compris nos cantines militaires et même nos casseroles, un général, sosie de Deng Xiaoping, assistait à de pseudo-manœuvres de militaires de notre armée. Une casquette à étoile rouge enfoncée sur la tête, affalé dans un fauteuil, ce haut gradé, qui avait participé à « la longue marche » avec Mao Zedong, avait sous ses ordres 17 millions de soldats ! Il n'était visiblement pas du tout intéressé par l'exhibition de nos soldats puisqu'il s'est assoupi.

Avec mon cameraman, je me glissai entre les officiers belges qui l'entouraient et lui tapotai l'épaule. Il se réveilla en sursaut et, m'adressant à son interprète, je lui dis : « Pouvez-vous demander au général X [j'ai oublié son nom] s'il estime que l'armée belge a fait des progrès depuis la guerre de Corée ? » Pour rappel, sous la bannière de l'ONU, des volontaires belges y avaient combattu les Chinois de 1950 à 1953. La réponse du commandant en chef de cette armée populaire fusa : « Oui, félicitations, je trouve que vous avez fait beaucoup de progrès ! »

Avec le recul, ce reportage ne manque pas de sel, car cela m'étonnerait aujourd'hui que nos « amis » chinois nous rendraient la pareille en nous permettant de filmer les moindres détails de leur arsenal militaire...

L'AVION RENIFLEUR

En 1983, la gauche est au pouvoir, en France, depuis deux ans et le « Canard Enchaîné » révèle que Raymond Barre, l'ancien Premier ministre de droite, avant de partir, a caché un énorme cadavre dans un placard. Le comte belge Alain de Villegas de Saint-Pierre Jette, habitant un château de la banlieue de Bruxelles, en cheville avec un réparateur TV, a escroqué l'entreprise pétrolière publique française « Elf Aquitaine » pour une somme astronomique. Ces deux larrons ont réussi à faire croire aux dirigeants et aux « spécialistes » de l'Hexagone qu'ils avaient inventé un « avion renifleur » capable, en survolant une région, d'y détecter la présence de nappes pétrolières. Cette trouvaille, bidon évidemment, était du pain béni pour un journaliste belge persifleur comme moi.

Au journal télévisé, je traitai ce sujet ironiquement en comparant le professeur Tournesol, génial inventeur, à l'aigrefin de Villegas. Le tout illustré par des images des albums de Tintin. À ma grande surprise, le Conseil d'Administration de la RTBF, unanime, me gratifia d'une lettre de félicitations pour la manière dont j'avais rendu compte de cette arnaque. Jusque-là, j'ignorais qu'il était composé de Tintinologues...

VACHES ÉLECTRIQUES

J'étais à la rédaction du JT quand un inconnu m'appela au téléphone. À son accent wallon particulièrement prononcé, je me dis que c'était quelqu'un du terroir. Et en effet, il me dit être éleveur de bétail et me supplia de venir le voir. Hors de lui, le bonhomme m'expliqua qu'une ligne à haute tension provenant de la centrale nucléaire de Tihange passait au-dessus de son exploitation et de sa maison. Il m'affirma que tous ses appareils électriques étaient détraqués, qu'il ne pouvait même plus regarder la TV et que ses vaches malades ne donnaient quasi plus de lait.

Persuadé que c'était à cause des câbles électriques qui survolaient sa propriété, il avait alerté Electrabel. Mais les « spécialistes » qu'on lui avait envoyés décrétèrent que si ses appareils ne fonctionnaient pas, c'était parce qu'ils étaient obsolètes et que les problèmes de ses vaches étaient dus au fait qu'il les soignait mal. D'ailleurs, pour eux, il n'y avait pas « d'électricité dans l'air », comme le prétendait Monsieur Pirapré (c'était le nom de l'éleveur).

Au téléphone, ce paysan me jura ses grands dieux qu'il pouvait me prouver par A + B le contraire. Je me laissai convaincre et débarquai chez lui avec une équipe TV. Il nous amena entre deux pylônes, sous la ligne à haute tension, et là, il planta dans le sol deux piquets distants l'un de l'autre de deux mètres. Ensuite, muni de gants isolants et de pinces, il rapprocha des fils de fer attachés aux deux piquets et sous nos yeux ébahis, un arc électrique se mit à grésiller et à faire des étincelles... Là-dessus, il nous dit : « Et après ça, on ose me dire qu'il n'y a pas d'ondes électriques ici ? Ils me prennent pour un âne ou quoi ? »

Mais ce n'était pas tout ! L'éleveur donna à chaque membre de notre équipe deux tubes au néon qu'il nous demanda de brandir sous les câbles électriques qui passaient 30 mètres au-dessus de nos têtes. Et là, stupéfaction ! Ils s'allumèrent ! Devant cette scène surréaliste, je plaisantai en disant au paysan : « De quoi vous plaignez-vous, M. Pirapré ? Vous pouvez vous éclairer gratuitement ! »

Quelques années plus tard, je recontactai ce fermier. Il m'apprit qu'il avait déménagé son exploitation de plusieurs kilomètres et que, depuis, il n'avait plus aucun problème, que sa TV marchait parfaitement comme tous ses autres appareils électriques et que, de surcroît, ses vaches étaient en pleine forme et lui donnaient du lait en abondance...

LA NEW BRABANÇONNE

Dans les années 1980, prétextant vouloir actualiser la *Brabançonne*, un député CVP (social-chrétien flamand) proposa de remplacer les paroles « notre invincible unité... » par la formule « et sa merveilleuse diversité... ». Pour le JT, voulant vérifier si, au moins, les Belges connaissaient leur hymne national, je me rendis alors près de la place Madou, au pied de la statue en bronze de la Brabançonne et je demandai aux passants s'ils pouvaient me la chanter. La plupart en étaient incapables. Certains me chantèrent *L'internationale*, des gendarmes me répondirent : « On ne chante jamais en service ! », etc.

Alors, tant qu'à modifier les paroles écrites par Jenneval, je me dis, pourquoi ne pas aussi moderniser la musique ? Singeant Serge Gainsbourg qui interprétait alors la *Marseillaise* en reggae, dans ma séquence, je fis un montage de nos militaires, lors du défilé de la fête nationale devant la tribune royale, marchant au son d'une *Brabançonne* jouée en mode reggae. La troupe faisait trois pas en avant et deux pas en arrière... Peu après, une centaine de gens indignés ont écrit à la RTBF pour protester qu'on se moque ainsi de leur hymne national.

À noter que, bien plus tard, sur les marches de la cathédrale Saints-Michel-et-Gudule, un de mes confrères a demandé au Premier ministre de l'époque, Yves Leterme, de chanter la *Brabançonne*. Il s'est trompé en interprétant la *Marseillaise*...

Dans le même registre, un 21 juillet, toujours pour le JT, je demandai aux militaires qui patientaient sur leurs tanks avant de participer au traditionnel défilé pourquoi cette date avait-elle été choisie pour être notre fête nationale. J'ai eu droit à un « tutti frutti » de réponses hilarantes qui partaient dans tous les sens : c'est la commémoration « de la fin de la guerre 14/18 ! » ; « de la guerre 40/45 ! » ; « du départ des Hollandais ! », j'en passe et des meilleures. Depuis la tourelle de son char, un colonel me dit d'un ton péremptoire : « C'est le jour de la mort de Léopold 1er, bien sûr. »

Seul un prêtre en soutane me donna la bonne réponse, à savoir : « La prestation de serment du roi Léopold 1er, à Bruxelles le 21 juillet 1831. » Vous ne trouvez pas qu'on se cultive en lisant mes mémoires ?

UN MUSÉE AUX FRAIS DE LA PRINCESSE

La plupart des Bruxellois l'ignorent, mais sous la station Louise, il y a une immense « cathédrale » souterraine de béton censée devenir une ligne de métro qui a été à tout jamais abandonnée. Évidemment, quand j'appris que ce « GTI » (Grand Travail Inutile) pourrait peut-être servir à quelque chose, je tendis l'oreille et découvris que l'Altesse Sérénissime, la Princesse Stéphanie de Windisch-Graetz, descendante de l'empereur François-Joseph d'Autriche et de Sissi d'une part, et de notre roi Léopold II d'autre part, qui a eu connaissance de ces catacombes, avait l'idée de les transformer en un « musée de la modernité » (sic).

Sur simple présentation de sa carte de visite à rallonge, la très excentrique princesse réussit à embarquer quelques gogos dans son projet. Elle constitua un comité organisateur composé de personnes « importantes » et un architecte traça même des plans. Quant à moi, j'eus l'infime honneur d'interviewer cette Altesse Sérénissime dans ce lieu pour troglodytes. Elle y arriva maquillée comme un carré d'as, coiffée d'un énorme chapeau de fourrure flamboyante, portant des cuissardes à très hauts talons et emmitouflée dans une longue pelisse. Pendant que je l'interrogeais sur son projet, son excellence avait souhaité qu'un ténor roumain de ses amis chante *O sole mio* en s'accompagnant d'une guitare. Peu sensible aux problèmes subalternes des questions financières, quand je demandai à la descendante de Sissi le coût de son projet, elle me répondit : « Oh, seulement à quelques centaines de millions d'euros »... Quant à savoir qui allait le financer, elle l'ignorait ! Ce qui était en tout cas certain, c'est que ça ne se ferait pas « aux frais de la princesse », car, totalement désargentée, elle émargeait alors au CPAS...

MAIRE OU TRUAND ?

Sur les milliers d'interviews que j'ai faites, quelques-unes, quand j'y pense, me font toujours rigoler...

En Corse, par exemple, j'étais en reportage et devais interviewer le maire de Porto-Vecchio, Jean-Paul de Rocca Serra, 85 berges, surnommé le « renard argenté » à cause de ses cheveux blancs. Il m'accueillit dans son bureau. Alors que je l'interrogeais, il était entouré de deux « sbires » à lunettes noires qui l'écoutaient, bras croisés. Après quelques questions banales, je lui lançai : « Monsieur le maire, les mauvaises langues disent qu'en Corse, on a la fâcheuse tendance de régler les problèmes à coups d'armes à feu. Qu'en est-il ? » Tout sourire, le patriarche me répondit : « Tout ça, ce sont des bobards malveillants que les journalistes du continent colportent. »

Ce qu'il ignorait, c'était que pendant qu'il me parlait, le revers de son veston s'était écarté, laissant apparaître une gaine de cuir contenant un revolver et que mon cameraman avait eu le bon réflexe de zoomer dessus... Après son interview, apprenant qu'on venait de Bruxelles, ce personnage digne du « Parrain » de Coppola, descendant d'une dynastie de politiciens de l'« Île de beauté », nous dit : « Je connais bien votre belle ville de Bruxelles, j'y vais de temps en temps avec mon jet privé et ne manque jamais d'aller manger au restaurant "Comme chez soi". Vous y allez aussi ? » Ma réponse ne se fit pas attendre : « Non monsieur, je n'en ai pas les moyens, même en y allant en tram ! »

À VOTRE BONNE SANTÉ

Chaque année, au JT, on se croit obligé de faire un reportage sur le Beaujolais Nouveau, un marronnier incontournable. Comme si, dans le monde, il n'y avait pas d'autres vins qui méritaient un tel coup de « com ». On me demanda de couvrir ce pseudo-événement.

J'achetai des bouteilles de Beaujolais dans quatre grandes surfaces (Delhaize, Colruyt, Carrefour et Aldi) et j'organisai, dans la rédaction, une séance de dégustation à l'aveugle. J'invitai quelques journalistes à goûter quatre verres de vin différents dont ils ne connaissaient pas la provenance et à leur attribuer une note d'appréciation. Ils étaient bien sûr filmés. Les « scores » variaient d'excellent à très mauvais !

À l'antenne, mes collègues découvrirent, stupéfaits, qu'ils avaient tous bu quatre fois la même vinasse provenant du même fournisseur ! Pour ne pas être trop cruel, dans mon commentaire, j'ai tout de même rappelé qu'ils n'étaient pas œnologues, mais journalistes.

Après cela, on ne m'a plus jamais demandé d'interviewer des cavistes revendeurs pour lesquels le Beaujolais Nouveau de cette année est encore meilleur que l'année dernière : il a un goût de fraise, de banane, de myrtille, de framboise et tutti quanti...

FLO ET MATHILDE

Entre-temps, ma petite Florence avait bien grandi et terminait ses humanités au Lycée Émile Jacqmain. Elle réussit ensuite brillamment des études de logopède à Marie Haps, et ensuite un master en Études de la Famille et de la Sexualité, à Louvain-la-Neuve. Et voilà que, lors du mariage de Philippe et Mathilde en décembre 1999, on découvrit une coïncidence amusante. La future reine avait suivi exactement le même parcours d'étude que ma fille et à la même période. Or, Flo ne se souvenait absolument pas d'elle alors qu'elles avaient forcément dû se croiser. Cette coïncidence m'a fait faire un affreux cauchemar. Endimanché, je montais les marches de la cathédrale Saints-Michel-et-Gudule avec ma fille au bras. Ce n'était pas Mathilde que notre futur roi allait épouser, mais ma fille ! Soudain, je trébuchai et on s'étala tous les deux par terre... et je me réveillai. Ouf, tout ça n'était qu'un mauvais rêve !

DROIT DE SUITE

Indécrottable emmerdeur, dans le même esprit que « Contre-Pied », je réalisai une série de séquences dominicales au JT, intitulée « Droit de suite ». Son objet était de déterrer des infos ayant fait les gros titres de toute la presse sans que celle-ci en ait assuré correctement le suivi. Il arrivait par exemple que certaines personnes soient clouées au pilori par les médias sans que ces derniers ne relatent leur acquittement survenu des années plus tard, ou alors du bout des lèvres, sous forme de brève ou en tout petit caractère.

Par exemple, quand la princesse de Réty, veuve du Roi Léopold III, intenta un procès à l'écrivain Pierre Mertens, en prétendant qu'il l'avait diffamée dans son roman *Une Paix Royale*, l'affaire défraya la chronique, puis tomba dans les limbes de l'info. Si bien qu'après le jugement, la majorité des lecteurs pensaient que c'était la plaignante qui avait eu gain de cause alors que c'est le romancier lauréat du Prix Médicis qui a gagné ce procès...

Pour « Droit de suite », j'enquêtai ainsi sur un sujet qui me tenait particulièrement à cœur, car il avait des résonnances familiales : les « apparitions de Banneux ». Pour le Vatican, la vierge est apparue en Belgique à deux endroits différents, chaque fois en Wallonie (ce doit être un triste record) et en 1933. D'abord à Beauraing, où cinq enfants auraient vu la « madone » sur un pont de chemin de fer. Puis quinze jours plus tard à Banneux où Mariette Béco, une gamine de douze ans, aînée d'une famille très pauvre de douze enfants, affirma avoir vu la « sainte vierge ». Elle se serait présentée à Mariette comme « la vierge des pauvres » et aurait fait jaillir une source miraculeuse en demandant qu'on lui construise une chapelle.

Orchestrée par l'abbé Cassart, la « nouvelle » se répandit et très vite de nombreux pèlerins affluèrent devant la maison parentale. Le prêtre plaça la petite Mariette à genoux sur un prie-Dieu, un chapelet à la main. Devant elle, il installa un grand panier d'osier pour recueillir les offrandes qui coulaient à flots. Chaque soir, le prêtre s'éclipsait avec le butin sans rien donner à la famille.

À l'époque, la « source miraculeuse » n'était qu'une petite pompe qu'il fallait actionner longuement pour obtenir un fond de verre d'eau brunâtre aspirée dans la fange.

Cette installation existait encore en 1954 quand mes parents étaient venus clôturer les affaires de mon père à Verviers et que mon frère et moi nous nous rendions à vélo à Banneux, un hameau situé au sommet d'une colline. Nous l'avons constaté de visu.

Pour « Droit de suite », je retournai sur les lieux et, miracle, « La source miraculeuse » s'était métamorphosée en une dizaine de robinets d'où l'eau coulait à flots, sauf l'hiver quand il gelait, car alors, c'était grâce à une pompe électrique placée sur une citerne qu'on obtenait de l'eau miraculeuse stagnante. Je m'inspirai de l'apôtre Thomas, celui qui devrait être le « Saint-Patron » des journalistes puisqu'on raconte que sceptique, il avait dû toucher du doigt les stigmates de Jésus pour croire en sa résurrection : je prélevai dans des flacons stériles des échantillons « d'eau miraculeuse » d'été et d'hiver, que je fis analyser par l'Institut d'Hygiène et d'Épidémiologie. Conclusions : l'eau d'été était potable puisque c'était de l'eau de ville ; en revanche, boire celle d'hiver sans attraper la dysenterie relevait du miracle tant elle contenait de bactéries.

Mais revenons à « la Béco », comme certains l'appellent ironiquement dans la région. Quelques semaines à peine après ces « apparitions », l'hebdomadaire « Soirées », édité par les Éditions REX dirigées par Léon Degrelle, publia des dizaines de photos avec des commentaires dithyrambiques sur le « miracle ». On y trouva même déjà les plans d'une future basilique. Dans le magazine, il y avait déjà des publicités d'agences de voyages qui proposaient d'amener les pèlerins sur place. L'abbé Cassart emmena Mariette à Lourdes dans l'espoir d'en faire une béguine, mais la gamine étant bien trop espiègle, on l'inscrivit à l'école d'infirmière de Verviers où, coïncidence, ma future mère fit ses études.

Ma maman se souvenait très bien de Mariette. Pas du tout bigote, elle était surtout intéressée par les garçons. Elle s'est mariée avec un Hollandais dont elle a divorcé. Jouant sans vergogne sur son image, Mariette tint durant de nombreuses années un restaurant à Banneux où chaque année 600 000 pèlerins venaient prier la « vierge des pauvres ». Ce qui n'était qu'un trou perdu en pleine campagne était devenu le lieu d'un business particulièrement lucratif qui faisait irrésistiblement penser aux « marchands du temple » chassés par le Christ. « Béco, Béco par-ci ! Béco, Béco par-là ! », la famille de la « voyante » tenait des magasins de souvenirs et de bondieuseries où on vendait des bouteilles « d'eau miraculeuse ». Les Béco ont même créé une société d'autocars pour transporter les fidèles. Le pape Jean-Paul II en personne vint à Banneux et rencontra très discrètement seul à seul Mariette Béco. Lui demanda-t-il de lui faire le portrait-robot de la madone ? Mystère ! Durant tout le séjour du souverain pontife, la « voyante » n'apparut dans aucune des cérémonies officielles. Quand je demandais aux frères et sœurs de la voyante ce qu'ils savaient à propos des apparitions, leur réponse était toujours la même : « Achetez la brochure, tout y est expliqué ! Il n'y a rien à dire de plus… »

Le seul de la famille qui se livra à moi fut Jean-Marie Béco, le cadet des douze enfants. En présence de Bénédicte Jouret, mon assistante de l'époque, il nous raconta qu'ayant découvert qu'il était homosexuel, sa famille l'avait fait interner. Et ce n'est que grâce à la pugnacité de celui qui a été son compagnon toute sa vie qu'on l'a libéré. Jean-Marie Béco et son copain Gilbert (ça ne s'invente pas !) tenaient un restaurant en face du « sanctuaire ». Témoin privilégié, il ne dissimulait pas son incrédulité quant aux apparitions alors qu'il était conscient qu'en disant cela, il risquait de tuer la « poule aux œufs d'or » (sic). Il ajouta que depuis toujours, Mariette refusait d'en parler, mais dit qu'après sa mort, elle laisserait une lettre à ses frères et sœurs. Jean-Marie me promit que, s'il recevait cette missive, il me la lirait. Hélas, le plus jeune des Béco fut retrouvé pendu bien avant la mort de sa célèbre sœur…

En 2000, sur les indications de Jean-Marie, je me rendis chez Mariette, qui vivait désormais retraitée dans un petit bungalow. Je sonnai chez elle dans l'espoir de l'interviewer. Elle refusa de me faire entrer, mais depuis sa fenêtre, cachée derrière un rideau, elle échangea quelques mots avec moi. Je lui parlai de Renée Defossé, ma mère, qui était avec elle à l'école d'infirmière. Elle me dit se souvenir d'elle et de lui remettre son bonjour. Cependant, elle refusa absolument de répondre à mes questions sur les apparitions.

En 2011, Mariette Béco mourut à 90 ans en emportant son mystère dans sa tombe. J'ignore si elle a laissé une lettre à sa famille.

Après l'émission, je m'attendais à une vive réaction des autorités religieuses. Mais très intelligemment, celles-ci firent le gros dos et gardèrent le silence en sachant très bien que, dans peu de temps, les derniers témoins gênants auraient disparu. Par contre, je reçus plusieurs centaines de lettres de fidèles indignés par cette scandaleuse émission qui avait insulté la Sainte Vierge...

Bien entendu, quand aujourd'hui sur Internet, on fait une recherche concernant les apparitions de Banneux, il n'y a que des commentaires dithyrambiques sans aucune remise en question de cette vaste fumisterie et mon émission n'y figure pas. Pourquoi donc, monsieur l'abbé ? Quand on sait que dans le monde, on trouve même des reliques contenant du « lait maternel de la Sainte Vierge » et du « saint prépuce de Jésus Christ », cela n'a rien d'étonnant...

LES ABUS SEXUELS DANS L'ÉGLISE

Toujours à la même époque pour « Droit de suite », bien avant que les scandales de la pédophilie n'éclaboussent l'Église catholique et atteignent l'ampleur qu'on a connue par la suite, je menai une enquête sur ce phénomène inquiétant. En Belgique, les responsables catholiques créèrent une structure d'accueil et de prise en charge pour les victimes d'abus sexuel par des ecclésiastiques. Cependant, son accès était conditionné au fait de ne pas avoir déposé plainte en Justice... Comme éteignoir pour éviter les tribunaux, on ne fait pas mieux. Considérant que pour lutter efficacement contre un fléau, il faut d'abord le quantifier, je m'adressai aux autorités religieuses pour qu'elles me signalent les cas dont elles avaient connaissance. De mon côté, à la documentation de la RTBF, j'épluchai la presse en remontant plus d'une dizaine d'années pour traquer les infos qui avaient révélé ce genre de délits. Forcément, ce n'était que la toute petite partie émergée de l'iceberg.

Lors d'une rencontre avec un représentant de l'évêché, au cours d'une véritable partie de poker, je lui arrachai au forceps quelques noms et lui dis qu'il ne lisait sans doute pas les journaux puisque ma liste d'abuseurs sexuels était beaucoup plus longue que la sienne. Ensuite, je demandai à pouvoir interviewer le Cardinal Danneels. Après avoir refusé sous divers prétextes, on m'accorda finalement un entretien, mais « grand maximum de dix minutes, car le cardinal est très occupé ». Je l'interrogeai quand même durant 40 minutes... Mais sans surprise, le prélat tourna autour du pot, minimisa l'ampleur du phénomène et dit qu'on priait avec les victimes. Par la suite, on a découvert que c'était une véritable épidémie d'abus sexuels qui concernaient des hommes d'Église du monde entier.

Peu après, au printemps 2005, le pape Jean-Paul II décéda. Je repensai alors au célèbre poème de Jacques Prévert : « Le pape est mort. Un nouveau pape est appelé à régner. Araignée ? Quel drôle de nom pour un pape. Pourquoi pas libellule ou papillon ? » En effet, et pourquoi pas alors Daneels ? D'autant plus que les « bookmakers » religieux plaçaient le primat de Belgique parmi les favoris à la succession de Saint-Pierre. Je salivais déjà, m'imaginant détenir une longue interview exclusive du futur prélat sur les scandales sexuels qui touchent son institution. Hélas, je n'ai pas eu de fumée blanche pour mon scoop, il n'est pas allé à Rome. Je me suis consolé en songeant à un scoop raté de mon frère Josy. Lors d'un reportage en Pologne, estimant avoir déjà tourné trop de matière, il avait annulé un rendez-vous pris pour une interview avec le cardinal de Cracovie. Un certain Karol Wojtyla devenu pape, sous le nom de Jean-Paul II. Il ne nous en faut pas plus pour penser que les frères Dubié sont maudits par l'Église...

L'AFFAIRE DUTROUX

Toutes les petites anecdotes, parfois anodines ou légères, que j'ai relatées ne me font pas oublier que de nombreux événements dramatiques ont aussi jalonné ma longue carrière à la RTB(F) : attentats, génocides, catastrophes, guerres, etc.

Ce n'est pas parce que je ne les ai pas couverts personnellement au moment où ils se sont produits qu'ils ne m'ont pas marqué humainement, comme tout le monde. Je pense évidemment à ce qu'on a appelé « l'affaire Dutroux ». Comment oublier l'été 1996 ? L'enlèvement des fillettes, l'enquête qui piétine, les parents mobilisés, les caches à Jumet, la mort atroce des deux petites filles, l'arrestation de Marc Dutroux, la mobilisation nationale avec la « marche blanche », la médiatisation du procès, la révision des systèmes de police, etc.

La Belgique tout entière n'en est pas sortie indemne, ni grandie.

LA PETITE LOUBNA BENAÏSSA

Un autre souvenir glaçant de cette période noire me hante toujours. En mars 1997, j'assistai à Forest National à un concert raï du chanteur algérien Khaled. Dans la salle surchauffée, composée d'une majorité de jeunes d'origine maghrébine, la foule exulta après l'avoir entendu interpréter son célèbre tube *Aïcha*. Tout à coup, les musiciens arrêtèrent de jouer, un speaker s'empara d'un micro et annonça que le cadavre de la petite Loubna Benaïssa, petite fille de 9 ans qui avait disparu près de cinq ans plus tôt, avait été découvert chez un pompiste, à quelques centaines de mètres de chez elle...

Un silence assourdissant a littéralement tétanisé l'assistance et c'est peu de dire que la fin de cette soirée qui devait être festive a été plombée par cette nouvelle tragique.

LA MORT DE MA MAMAN

En 2001, ce n'est pas un souvenir de télé qui m'a marqué, mais c'est le décès de ma merveilleuse maman, qui s'est éteinte à 81 ans. Comme on dit, « elle n'a jamais refait sa vie ». Veuve à 47 ans, elle ne s'est jamais consolée de la perte de mon père, l'homme qu'elle a connu alors qu'elle n'avait que 17 printemps. La fin de vie de cette femme généreuse fut très triste et fort pénible.

À cause de son tabagisme, c'est littéralement en étouffant qu'elle est décédée aux soins palliatifs. Comme elle le souhaitait, j'ai évidemment demandé aux soignants d'abréger ses souffrances. Dans un dernier moment de lucidité, elle m'a agrippé la main pour me dire : « Je ne veux pas mourir étouffée comme les marins du Koursk ! » La pauvre avait été terrorisée en voyant à la TV le sort de l'équipage de ce sous-marin russe en perdition que Poutine a préféré laisser mourir plutôt que d'accepter les aides étrangères qu'on lui proposait.

Sa perte me fit me remémorer mille et un souvenirs de mon enfance. Notamment quand, la veille de la Saint-Nicolas, mon frère et moi mettions dans la cheminée une carotte pour l'âne du grand Saint. On ignorait évidemment que c'était notre très jeune maman qui passait discrètement des nuits entières à préparer des cadeaux fabuleux pour ses deux fistons. C'est grâce à ses doigts de fée qu'elle nous a confectionné nos fameux uniformes de « MP », mais aussi d'extraordinaires costumes d'Indien et de cowboy. Toujours disponible pour aider tout le monde, elle s'est admirablement occupée de mon père durant toute sa maladie jusqu'à son dernier souffle. Trop occupé par mon boulot, je culpabilise de ne pas l'avoir suffisamment vue de son vivant. Après sa mort, j'ai découvert qu'elle découpait et collectionnait toutes les coupures de presse qui parlaient de ses deux fils.

On ne voit jamais assez ceux qu'on aime.

L'ATTENTAT DU WTC

2001, c'est aussi l'année de l'attentat terroriste islamique contre les tours du World Trade Center. Quand les deux buildings se sont effondrés, un épais nuage de fumée et de poussière a envahi la presqu'île de Manhattan. À la télévision, on a vu débouler le maire de New York, Rudy Giuliani, qui portait un masque. Arrivé devant les caméras de TV, il l'enleva et se montra d'emblée très rassurant en affirmant qu'il n'y avait pas de danger, car le nuage n'était pas toxique. Ensuite, il s'éclipsa en remettant son masque...

Ma consœur, Élisabeth Burdot, étant en partance pour réaliser un reportage sur place, je lui donnai un petit Tupperware et lui demanda de me ramener un peu de poussière du WTC. Au retour de « Zaza », je fis analyser son contenu et découvris qu'il était truffé d'une multitude de substances très toxiques (métaux lourds, amiante, dioxine, etc.). Je le signalai à mon rédac-chef tout en lui prédisant que l'attentat allait faire énormément de victimes supplémentaires durant les prochaines années et qu'on devrait le signaler au JT. Il me rit au nez : « Avec quoi tu viens encore, Defossé ? »

J'ai conservé ce précieux Tupperware et hélas, j'ai eu raison. Aujourd'hui encore, le drame de New York fait toujours des victimes, notamment parmi les pompiers et secouristes qui ont respiré, à pleins poumons, ces poisons mortels qui produisent leurs effets longtemps plus tard. Quant à Giuliani, il va bien, merci pour lui. Il a même été l'avocat de Donald Trump...

L'HEBDO

Après « Droit de Suite », je collaborai au magazine de reportage « L'Hebdo », diffusé le vendredi juste après le JT. Je réalisai, entre autres, « Les casseroles de Chirac », une enquête qui s'appuyait notamment sur les révélations du « Canard Enchaîné ». Le « Grand Jacques » était en campagne électorale pour son second mandat de président. À Mantes-la-Jolie, un quartier difficile de la grande périphérie de Paris, les petits Beurs lui crachaient dessus en criant : « Chirac voleur ! Chirac menteur ! » Comme on dit au foot, je le « serrai à la culotte » dans l'espoir de pouvoir l'interviewer. En vain, tout son staff de campagne faisait barrage ! Ce qui me frappa lors de ce tournage, c'est à quel point certains journalistes français se laissaient « cornaquer » par les services d'ordre.

Coup de chance cependant. On filmait le palais de l'Élysée malgré des gendarmes qui nous pourchassaient et on aperçut Bernadette, l'épouse du Président, sacoche au bras et visage dissimulé sous de grosses lunettes noires, qui se débinait à pied vers la rue de Rivoli. Nous la rattrapâmes et, tout en la filmant, très poliment, je lui dis : « Excusez-moi, Madame, puis-je vous poser une question ? » Indignée, elle monta sur ses grands chevaux et me dit : « Mais qui êtes-vous pour oser m'interpeller comme ça en rue ? » Je lui répondis : « C'est la télévision belge, Madame... » Réponse de Bernadette : « Mais ce n'est pas dans les usages, oseriez-vous interpeller comme cela la princesse Mathilde ou la Reine Paola ? » Comme je lui demandai si elle accepterait une interview, elle nous dit de contacter son collaborateur, Monsieur Niqué. Ensuite, nous tournant les talons, elle partit faire son shopping. Sur cette image, je mis la royale musique de Lully, musicien favori de Louis XIV... La « mémé à Chirac » nous a bien « niqués », car malgré tous nos efforts, avec ou sans son « Chichi », nous n'avons pas pu interroger « son Altesse Républicaine Bernadette Chodron de Courcel »... Cette séquence hilarante est passée et repassée sur de nombreuses chaînes TV francophones, pour mon plus grand plaisir...

En 1969, dans son fief politique de Corrèze, Jacques Chirac avait acheté le « Château de Bity », une bâtisse médiévale qu'il fit classer monument historique pour la restaurer aux frais du contribuable. Je me rendis sur place pour le filmer et interroger les villageois. En arrivant, ce fut la surprise ! Alors qu'il ne retournait quasi plus jamais dans son manoir privé, toutes les routes qui y menaient étaient barrées et trois compagnies de gendarmes se relayaient jour et nuit pour empêcher qu'on s'approche de la bâtisse. Ce n'est que depuis le sommet d'une colline, à deux kilomètres de là, que l'on put, au téléobjectif, prendre une image du château. Mais ce que la garde prétorienne du chef de l'État français ignorait, c'était qu'il en fallait plus pour empêcher des intrépides journalistes belges de remplir leur mission.

Discrètement, en rampant à travers champs, cachés dans les bosquets, là où on ne nous attendait pas, à l'arrière du château, mon cameraman et moi prîmes de magnifiques images. Quand les pandores nous repérèrent avec leurs jumelles, les « petits Belges filèrent à l'anglaise » et étaient déjà sur la route du retour...

LES HELL'S ANGELS

Lors d'un reportage pour « L'Hebdo », je retournai quatre décennies en arrière au bon temps où je faisais de la moto. Je me rendis au « Free Wheels », dans le Puy-de-Dôme, où se déroulait une « concentration » de dizaines de milliers de motards organisée par les « Hell's Angels ».

Bizarrement, alors que ce gang international, adepte des Harley Davidson, est traqué chez nous par les forces de l'ordre, en France, on leur cède un immense territoire. Durant tout un week-end, tandis que la gendarmerie française reste à l'extérieur de leur périmètre, les « bikers » acceptent docilement de se mettre sous la coupe des « Hell's ». Pourtant, loin d'être des anges, cette « secte » née aux États-Unis, qui a des ramifications partout dans le monde, pratique la prostitution, le trafic de drogues et commet même des assassinats (notamment lors d'affrontements avec des bandes rivales comme les « Bandidos » et les « Outlaws »). De plus, leur réputation sulfureuse rejaillit sur l'immense majorité des motards qui, bien que tatoués et habillés de cuir, sont souvent super sympas et doux comme des agneaux.

Lors de ce tournage, j'ai eu l'occasion de prendre le guidon de plusieurs de ces Harley et, comme je le disais plus haut, « j'ai retrouvé toutes mes sensations ». Du coup, ma copine Dominique, qui avait compris que j'avais été contaminé à nouveau par le virus de la moto, m'avait offert, pour mon anniversaire, un casque, une veste et des gants de motocycliste. Il ne me restait plus qu'à acheter une Yamaha 535 Virago, un petit « chopper » du genre petite Harley que j'ai gardé jusqu'à mes 75 ans.

Fort heureusement, tous mes reportages ne se sont pas soldés par une dépense aussi coûteuse...

BIRMANIE, L'HORREUR TOTAL

Pour le tournage d'un autre reportage, intitulé « Birmanie, l'horreur Total », je me rendis au pays des mille pagodes en compagnie d'un certain U Aung Ko, un opposant à la dictature militaire de son pays qui vivait à Paris. Il a joué son propre rôle de guide touristique dans le film *Rangoon* de John Boorman avec l'actrice Patricia Arquette, dont l'action se déroule pendant la révolte estudiantine qui a fait des milliers de victimes, fin des années 1990, dans la capitale birmane. Un film évidemment interdit au Myanmar (le nouveau nom que la junte militaire a donné à ce pays).

Cependant, comme des cassettes du film circulaient sous les manteaux, mon ami U Aung Ko fut accueilli comme une véritable star dans les camps de réfugiés le long de la rivière Kwaï côté thaïlandais. C'est évidemment en sifflotant la célèbre marche militaire du film *Le Pont de la Rivière Kwaï* que je traversai un autre cours d'eau en pirogue pour aller clandestinement en Birmanie.

Grâce à mon guide, je pus interviewer des militaires birmans déserteurs ainsi que des travailleurs forcés, utilisés par la multinationale pétrolière Total pour la construction d'un gazoduc auquel s'opposait Aung San Suu Kyi, la célèbre résistante, qui plus tard obtiendra le prix Nobel de la paix. Durant mon séjour en Thaïlande et en Birmanie, je fus très impressionné par les gigantesques Bouddhas qu'on trouve partout devant les pagodes et où U Aung Ko allait prier.

Moi qui croyais naïvement que, contrairement aux trois religions du livre qui ont toutes du sang sur les mains, le Bouddhisme était non violent, je déchantai quand j'appris plus tard que les Birmans bouddhistes massacraient les Rohingyas, une ethnie musulmane minoritaire du Myanmar, discriminée depuis des décennies dans l'indifférence quasi générale.

ACTUEL

Si la saga des JTI me colle toujours aux basques comme le sparadrap du capitaine Haddock, j'estime pourtant avoir réalisé pas mal d'autres émissions dont j'ai autant de raisons d'être fier, également quand après « L'Hebdo », je travaillai pour le nouveau programme « Actuel ». J'y ai réalisé, notamment, deux enquêtes sur l'extrême droite en Belgique.

D'abord, « La face cachée du Vlaams Blok », que j'ai décidé de tourner quand j'ai découvert qu'avant les élections régionales de 2004, les sondages prédisaient que ce parti d'extrême droite risquait d'avoir la majorité absolue des votes flamands à Bruxelles. Et, que, comble des combles, 40 % des voix attribuées à ce parti ultra-flamingant proviendraient d'électeurs francophones. Machiavélique, cette formation politique fascisante distribuait, uniquement dans la capitale, des tracts bilingues mettant « seulement » l'accent sur l'insécurité et l'immigration sans dire un mot sur son programme séparatiste très anti-francophone. Leur tête de liste, Johan Demol, un ex-commissaire de police de Schaerbeek, viré de son poste pour avoir menti sur son passé trouble à l'extrême droite, se présentait comme un martyr du « système » et risquait de faire « un tabac ».

C'est la raison pour laquelle je révélai le passé néonazi ou ultra-flamingant de la brochette d'élus du « Blok » qui siégeaient déjà au parlement. Images à l'appui, notamment grâce aux archives de la VRT, je révélai le vrai visage de ce parti et surtout ce qu'il cachait aux francophones de Bruxelles pour capter les suffrages.

Je m'invitai aussi sans prévenir au siège du « VB » où mon cameraman filma un ex-sénateur négationniste, pour qui les chambres à gaz et l'holocauste des juifs n'ont pas existé. Je montrai quelques-uns de ces excités, ex-militants du VMO (*Vlaamse Militanten Orde*), qui défilaient en tenue paramilitaire en tenant des rats morts par la queue et en scandant « Franse ratten, rol uw matten! » (Rats francophones, roulez vos tapis, ce qui signifie : foutez le camp !).

J'ai la faiblesse de croire que mon travail a contribué à ouvrir les yeux de certains. En tout cas, au soir des élections, le parti séparatiste n'a pas gagné son pari qui était de paralyser les institutions bruxelloises. Alors qu'il a fait une grosse percée au nord du pays, à Bruxelles il a légèrement régressé. J'ai croisé dans ma rue un couple de personnes âgées qui m'ont remercié en me disant : « Heureusement qu'on a regardé votre émission sur le VB, Monsieur Defossé, sinon on votait pour ces salopards. » C'est avec ce genre de réaction que je me dis que mon travail de journaliste a quand même eu du sens.

À propos de l'extrême droite flamande, j'ai une petite anecdote amusante. Quand en 2005, j'appris le décès du Führer du VMO, Bert Eriksson (avec deux « S » comme dans « SS », ainsi que j'avais l'habitude de toujours dire dans mes commentaires), je me dis que son enterrement était l'occasion de filmer en caméra cachée ses sympathisants assumés ou cachés. Problème : depuis mes émissions sur le « Vlaams Blok », ma tronche était connue au nord du pays. Je me déguisai donc avec une grosse moustache, des lunettes dans lesquelles était dissimulée une minicaméra, un chapeau tyrolien et un loden. Je testai mon déguisement à la rédac du JT, et c'était OK puisque personne ne me reconnut. Je me rendis au funérarium d'Anvers où plusieurs centaines de types beuglaient des chants nazis ou flamingants en brandissant des drapeaux. Je faisais semblant de chanter quand l'un d'eux m'adressa la parole en néerlandais, langue que je ne comprends quasi pas. Je lui répondis en baragouinant : « Ya ! Ya ! Ik ben een camarade van de Front National français. » Estimant avoir pris assez d'images de cette cérémonie « humaniste », je rejoignis l'équipe de la RTBF, planquée à la sortie du cimetière près d'un combi de gendarmerie avec pour mission de filmer tous ceux qui sortaient. Très content de moi, arrivé à Reyers, je visionnai mes images volées. Catastrophe ! Il n'y avait rien sur la cassette. J'ignore pour quelle raison le dispositif a foiré. C'est peu dire que j'étais furax !

LE FRONT NATIONAL

Ma deuxième enquête visant l'extrême droite s'intitulait « L'arrière-cuisine du Front National ». Elle démontra qu'au-delà des idées nauséabondes que ce parti colportait, il était au service exclusif des intérêts personnels de son président, le docteur Daniel Féret, et de sa compagne. Copiant habilement le sigle du FN français repeint en noir-jaune-rouge, le Führer du « FN belge » a créé une petite entreprise « qui ne connaît pas la crise » (merci Alain Bashung) en bénéficiant de l'aura médiatique de son grand frère de l'Hexagone. Heureusement, les luttes intestines au sein de ce ramassis de racistes admirateurs de Léon Degrelle ont aussi contribué à sa disparition. Après la diffusion de mes révélations dans le reportage, furax, Daniel Féret a affirmé lors d'une interview à Télé-moustique : « Jean-Claude Defossé, j'aurai sa peau ! » La RTBF a pris cette menace très au sérieux et a déposé plainte contre le numéro un du FN et il s'est fait remonter les bretelles.

Après la diffusion de « L'arrière-cuisine du Front National », la ville de Bruxelles a eu la bonne idée d'organiser une journée pédagogique sur l'extrême droite pour tous ses instituteurs. C'est ainsi qu'après la projection de mon émission sur grand écran dans la grande salle du CERIA à Anderlecht, j'ai eu droit à une « standing ovation » de mes anciens collègues enseignants qui m'a vraiment fait chaud au cœur. Après une longue séance de questions/réponses avec ces profs, j'ai eu le sentiment réconfortant d'avoir fait œuvre utile, car dans mon métier, on ne voit pas souvent les gens à qui on s'adresse...

En plus, pour me récompenser pour mes deux émissions sur l'extrême droite, j'ai été gratifié du « Triangle rouge antifasciste 2003 » et du « Prix Condorcet – Raymond Aron ». Un prix créé par la Communauté française m'a été remis en même temps que celui décerné à Simone Veil, dont on ignorait alors qu'elle entrerait un jour au Panthéon. Ce serait vraiment très hypocrite de prétendre que ces reconnaissances professionnelles ne font pas plaisir...

RÉCOMPENSES

La plus amusante distinction, je l'ai gagnée par pure provocation en concourant par deux fois au « Festival international d'architecture et d'urbanisme de Bordeaux » avec mes enquêtes sur les « Travaux Inutiles ». Du jury présidé par Francis Bouygues (le plus grand « bétonneur » du monde !) et Jacques Chaban-Delmas, le député-maire de la ville, je n'ai obtenu aucune voix. En revanche, j'ai remporté haut la main le prix du public avec plus de 95 % des suffrages...

J'ai pu savourer cette victoire la tête dans les étoiles, car en guise de récompense, j'ai reçu une caisse de douze bouteilles de « Lynch Badge », un grand cru à ce point renommé que le spationaute bordelais Patrick Baudry en a emporté une bouteille dans l'espace. Comme disait mon père quand il appréciait un grand vin, quand je l'ai bu « c'était comme si le petit Jésus me faisait pipi dans la bouche. » Trois ans plus tard, je gagnai à nouveau le prix du public et douze bouteilles de « Château Troussard », cette fois. Un nectar aussi !

Autre distinction qui fait fort plaisir : être élu par l'association des Marolles les amis du vieux marché « Ambassadeur des Pieds dans le Plat ».

En revanche, j'ai été gratifié d'une « distinction » dont je me serais bien passé et que je ne suis pas près de porter. Un jour, je croisai un cameraman qui me dit : « Félicitations, Jean-Claude, tu es Officier de l'Ordre de la Couronne ? » Je lui répondis : « Qu'est-ce que tu racontes, toi ? » Réponse : « Je l'ai lu dans le Moniteur belge. » Ce genre de littérature n'étant pas mon livre de chevet et n'ayant pas été prévenu, je m'informai. Pour certains fonctionnaires, il s'agit d'une nomination automatique après X années de services. Et je découvris que ce grade d'« Officier de l'Ordre de la Couronne » avait été créé au XIXe siècle par Léopold II, le « Roi négrier », en récompense des services rendus par les colons qui exploitaient les « indigènes » du Congo... Depuis qu'à Bruxelles, le « tunnel Léopold II » se nomme « Tunnel Annie Cordy », je tiens à signaler quand même que si un titre « d'Officier de l'Ordre de Tata Yoyo » est créé, je l'accepterais avec plaisir et l'arborerais fièrement.

L'HOMME AUX 50 MANDATS

Parmi les nombreuses enquêtes qui m'ont marqué, celles que j'ai réalisées sur Richard Carlier tiennent une place à part. « L'homme aux 50 mandats », comme on surnommait ce personnage omnipotent, vu la liste incroyable de ses mandats juteux, était une véritable caricature du potentat local. Il était le patron de la puissante fédération socialiste de Charleroi.

Parmi ses nombreuses magouilles, la plus surréaliste est certainement sa tentative avortée de vendre, à son profit, le « Rayon de Soleil », un gigantesque hôpital gériatrique situé à Montigny-le-Tilleul. Comme j'avais appris que le « camarade Richard » s'était fait construire une somptueuse villa avec piscine et tennis à L'Escala en Espagne, je m'étais rendu sur place pour la filmer.

Le problème était que le mur d'enceinte de sa belle propriété était trop haut pour qu'on puisse en faire des prises de vue. Qu'à cela ne tienne, je pris Joséphine Turli, ma « camerawoman », sur mes épaules et ainsi, suffisamment haut perchée, elle put filmer le paradis caché du « Président ». J'étais dans la même posture que Bourvil dans le film *La grande vadrouille* quand il a Louis de Funès sur ses épaules lorsque mon téléphone portable sonna. Je décrochai et entendis une voix qui me criait : « Allôôô ! C'est Richard Carlier, ici. C'est vous, Monsieur Defossé, qui êtes en train de filmer ma villa ? » Je lui répondis : « Oui et elle est magnifique ! » En voyant une équipe TV, le concierge de sa belle demeure s'était empressé de prévenir son patron. Vingt-cinq ans après, quand j'y pense, j'en rigole encore.

Pour rappel, même s'il n'a fait que quelques semaines de prison, le « Président » a finalement été condamné en justice pour ses innombrables escroqueries et magouilles. Cela ne l'a pas empêché de plastronner sans complexe dans le cortège du 1er mai jusqu'à sa mort.

PRISE D'OTAGE À LA RTBF

En 1980, à la rédaction du JT, on nous signala qu'un bus scolaire avait été pris en otage à Vielsalm et que les ravisseurs avaient l'intention de venir à la RTBF. J'attendis dehors avec une équipe TV et vis arriver un autocar avec plein d'enfants qui vint se garer dans le parking qui jouxtait la cité Reyers. Tandis que ses deux complices tenaient le chauffeur et les gosses en respect, un très jeune homme, à l'allure de rocker, en exhibant un fusil à canon scié, se dirigea vers les journalistes pour leur faire part de ses revendications. En l'occurrence, pouvoir parler à l'antenne de la RTBF pour y dénoncer les injustices sociales ! Tout de suite, ce fut le branle-bas de combat. Le ministre de l'Intérieur et l'escadron spécial de la gendarmerie arrivèrent sur place pour négocier avec les preneurs d'otages. Estimant sans doute que les choses n'allaient pas assez vite à son goût, le « chef de bande » tira un coup de semonce en direction des journalistes. La balle passa à raz de ma tête et fit éclater le phare de la voiture à côté de moi ! Du coup, refroidie, la meute des journalistes s'abrita derrière un muret. Finalement, après deux heures de palabres, les autorités cédèrent aux demandes des kidnappeurs.

Lorsque les preneurs d'otage entrèrent dans les locaux de la RTBF, j'étais planqué avec mon cameraman à plat ventre au bout d'un couloir pour filmer leur arrivée au studio radio. Quand ils déboulèrent de l'ascenseur, des gendarmes déguisés en laveurs de vitres leur sautèrent dessus, mais avant qu'ils les désarment, un des ravisseurs tira à nouveau et cette fois encore, la balle me passa au-dessus de la tête et alla se loger dans le mur du local de l'émission « Point de Mire » de Gérard Valet en y faisant un trou. Par après, par dérision, on a dessiné autour de ce trou de balle un cercle et une croix pour en faire une cible en souvenir de ce fait d'armes. Sur trois kidnappeurs, le seul à avoir été jugé pour ce rapt est Michel Strée, parce que lui seul était majeur, et c'est l'avocat Michel Graindorge qui l'a défendu. Plaidant avec l'éloquence qu'on lui connaît, en mettant en avant la sincérité, la générosité et les intentions nobles de ce gamin attardé, il réussit à émouvoir le jury qui l'a acquitté ! Par la suite, j'ai tout de même fait remarquer à mon copain Michel qu'il a bien failli devoir trouver des arguments plus convaincants encore pour expliquer pourquoi son ami Jean-Claude se trouvait au cimetière après avoir (comme aurait dit Michel Audiard) reçu une balle dans le buffet...

Le métier de journaliste n'est pas toujours sans danger. Je pense surtout à ces centaines de confrères, partout dans le monde, emprisonnés ou même assassinés pour avoir exercé librement leur métier. Reporters sans frontières publie chaque année le bilan de ceux qui, de la Turquie à la Chine, en passant par le Mexique, la Birmanie, Cuba, l'Ukraine et bien d'autres, paient, de leur liberté et même de leur vie, leur droit d'informer.

Aucune comparaison évidemment avec le sort des journalistes en Belgique, mais ce n'est pas une raison pour accepter tout et n'importe quoi. Il m'est arrivé d'être confronté à des situations difficiles. Par exemple, quand j'ai couvert des manifestations qui ont dégénéré, comme celle de 1982 lorsque, dans les rues de Bruxelles, dix mille sidérurgistes wallons sont venus protester contre la fermeture de leur outil de travail. La fin de la manif a viré à l'émeute : charge de cavalerie des gendarmes, jets de pierres des manifestants, gaz lacrymogène, hôtel incendié place Rogier, etc. Cette quasi-insurrection a fait des dizaines de blessés tant du côté des manifestants que de la police.

Au passage, je tire mon chapeau aux cameramen et opérateurs son qui, dans ce genre de pugilats urbains, font courageusement leur boulot alors que la violence alentour est à son paroxysme.

PROMENADES BUCOLIQUES FOURONNAISES

J'ai aussi vécu de très près les « promenades dominicales bucoliques » flamingantes dans les Fourons. Régulièrement, le VMO (*Vlaams Militanten Orde*), le « Taal Actie Comité » et autres sympathiques organisations flamandes organisaient des manifestations dans ce qu'ils considéraient comme faisant partie de l'« heilige vlaams grond » (le sol sacré de Flandre !). Entre « L'action Fouronnaise » wallonne de José Happart et les hordes flamingantes, c'était chaque fois la castagne. En pleine campagne, des centaines de gendarmes, dont certains à cheval, tentaient de s'interposer entre les protagonistes. Avec les gaz lacrymogènes, les boulons qui volaient et les charges de cavalerie, on se serait presque cru à Waterloo en 1815. Il s'en est fallu de peu qu'il y ait des morts.

Pour une fois, j'étais de service à Reyers quand on fut averti que Michel Rouserez, un ami cameraman de la RTBF, avait été molesté et frappé par des militants du VMO. Immédiatement, avec une autre équipe TV, je fonçai sur place pour faire une émission en direct pour le JT. Problème : à l'époque, les moyens techniques ne permettaient de faire ce genre de retransmission en direct que du sommet d'une colline. Concrètement, on se retrouvait dans un bois très isolé au-dessus des Fourons. C'était l'hiver, il faisait noir comme dans un four et dans la forêt, ça pullulait encore de plein de « siphonnés » casqués et armés de bâtons. Je jugeai dangereux de faire un direct sans protection dans ces conditions. Je demandai à un major de gendarmerie (flamand) de nous faire escorter par quelques-uns de ses pandores. Réponse de l'officier : « Ce n'est pas mon boulot ! » Je lui répondis que je le tiendrais personnellement pour responsable s'il arrivait quelque chose à l'un de mes collaborateurs et on décida malgré tout de tenter le coup. On gagna le sommet de la colline, on monta avec tout le matériel nécessaire qu'on installa, mais on n'était vraiment pas rassuré. Quand tout à coup, on entendit de gros bruits de moteurs et on vit débouler cinq « Half Track » de la maréchaussée qui nous entourèrent façon cowboys se protégeant des Indiens avec leurs diligences. J'ai pu faire mon direct bien à l'aise et interviewer notre pauvre cameraman qui avait été méchamment tabassé.

T'AS RIEN À FAIRE ICI !

Je vécus une autre situation difficile lorsque, pour illustrer mon bouquin *Le Petit Guide des Grands Travaux Inutiles*, je pris des photos dans un quartier « chaud » d'Anderlecht. J'étais tout seul sur un terrain vague quand brusquement, je me retrouvai entouré par une quinzaine de jeunes. Tout de suite, ils m'agressèrent en me disant : « Qu'est-ce que tu fais ici, t'as rien à y faire, donnes ton appareil photo ! » J'ai eu beau leur expliquer que ce n'était pas eux que je photographiais, mais l'ex-usine de viande de Paul Vanden Boeynants, un des sujets de mon livre, rien n'y faisait. De plus en plus agressifs, ils me bousculèrent et tentèrent de m'arracher mon appareil, un Nikon avec téléobjectif de grande valeur. Voyant que je risquais de me faire lyncher, j'ouvris la boîte de mon appareil photo, j'en sortis le film que je jetai au loin. Comme une nuée de mouches, tous mes agresseurs coururent pour le ramasser. J'en profitai pour foncer dans ma voiture et démarrer en trombe.

Bien plus tard, à Molenbeek cette fois, pour présenter le magazine « Questions à la Une », je me rendis dans une mosquée.

L'émission contenait deux reportages : le premier portait sur des malversations à l'« Exécutif des Musulmans de Belgique » ; le second, sur certaines agences de voyages qui escroquaient les croyants qui vont chaque année en pèlerinage à La Mecque. L'imam nous était d'ailleurs très reconnaissant d'avoir réalisé ces enquêtes. En sortant de la mosquée, on découvrit que des vitres de la Renault Espace de la RTBF avaient été brisées et du matériel dérobé d'une valeur de plusieurs milliers d'euros. Autour du véhicule, une vingtaine de jeunes nous attendaient en ricanant. Arrivé à leur hauteur avec mon équipe, je lançai : « Mais bordel, qu'est-ce qu'ils ont foutu ici ? » Réplique immédiate d'un des adolescents : « Qui ça ILS ? » Je répondis : « Je ne sais pas, mais peut-être que toi tu le sais ? »

Tout de suite très agressifs, ils se mirent à nous bousculer et à nous provoquer. Curieusement, ils nous traitèrent de « Flamands ! », nous hurlèrent qu'on n'avait rien à faire ici, qu'on n'était pas chez nous, etc. Je tentai de leur expliquer qu'on sortait de la mosquée où on était venu prévenir leurs parents des risques qu'ils couraient dans certaines agences de voyages véreuses. Rien n'y faisait, la tension montait de plus en plus. Je me rendis compte que vu le nombre de ces délinquants, on risquait de se faire lyncher. Avec l'équipe, on embarqua calmement dans notre voiture. Au moment où je me retournai, je reçus un gros crachat dans la nuque. On démarra et un pavé lancé dans la fenêtre arrière de notre voiture la fit éclater en mille morceaux...

Dès que nous eûmes tourné le coin de la rue, je téléphonai au bourgmestre Philippe Moureaux dont j'avais le numéro de GSM. Je l'informai de ce qu'on venait de vivre en lui disant qu'il y avait des zones de non-droit dans sa commune. Sa réponse fut consternante : « Tu exagères, tu aurais dû me prévenir que tu venais filmer à Molenbeek. Je t'aurais fait accompagner par des policiers. Tu dois comprendre, c'est le ramadan et "ils" sont à cran ! » Hallucinant ! J'ignore si une plainte a été déposée après cet « incident », mais je sais que le journal télévisé n'en a pas parlé. De peur d'attiser « l'islamophobie » ? Avec le recul, je pense qu'on a eu tort de passer sous silence ce genre d'acte de pure violence.

QUESTIONS À LA UNE

À un moment donné, l'audience du magazine « Actuel » présenté par Fabienne Vande Meerssche avait tellement chuté que la direction décida d'arrêter sa diffusion. C'était au point que l'existence même d'un magazine hebdomadaire d'info à la RTBF était en péril. C'est alors que survint un « miracle » : « Questions à la Une ». Un concept d'émission en deux parties, imaginé par Marc Bouvier, pour laquelle il fallait désigner un nouveau présentateur. Pour le choisir, la RTBF réalisa un casting avec une brochette de journalistes (dont moi-même) qui fut présenté à un panel de téléspectateurs de Bruxelles, Namur, Liège et Charleroi. Surprise, je fus le candidat préféré ! Mais cela posait un problème : allait-on confier une toute nouvelle émission à un type qui avait 64 ans et demi et qui était à six mois de sa pension ? De tergiversations en palabres, la hiérarchie n'arrivait pas à se décider quand finalement, au tout dernier moment, on me confia cette périlleuse mission. Et voilà que bingo ! Le tout nouveau maga démarra sur les chapeaux de roues et surtout maintint le cap en réalisant des pics d'audience importants.

Mes présentations étaient filmées « sur le terrain », dans des lieux en résonance avec les sujets du magazine. Elles étaient très dynamiques, un peu à la manière du bon vieux temps du JTI : dans une caserne de pompiers, je déboulais en glissant le long de la traditionnelle barre des hommes du feu ; sur un chantier de construction de l'aéroport de Charleroi, j'étais dans la nacelle d'une énorme grue ; en kimono sur un tatami de judo face à une ceinture noire 5e Dan ; dans un sous-marin ; sur un bateau de pêche ; en haut de la tour de la RTBF ; avec des vaches dans un pré... Tout y passait ! Je me déguisai même en diable sur les escaliers de la Bourse à Bruxelles. Mais le plus inoubliable de mes souvenirs, c'est, pour lancer une enquête sur les attentats contre les tours du WTC, mon survol de New York en hélicoptère au ras des gratte-ciel et à quelques mètres de la statue de la Liberté, avec un ex-pilote de l'US Air Force complètement fêlé.

Pour le grand public, c'est celui dont on voit la bobine sur le petit écran qui porte le chapeau de tous les reportages même s'il n'est qu'un passe-plat. Cela étant, je n'ai évidemment pas la prétention de croire que mes présentations étaient les seules responsables du succès de « Questions à la Une ». Sans les excellentes enquêtes, conçues et réalisées par des journalistes issus de toutes les rédactions TV de la RTBF, le magazine n'aurait pas eu autant de succès. J'ai une théorie sur l'info télévisée, c'est comme au restaurant : pour qu'on ait envie d'y retourner, il faut que la salle (le studio) soit agréable, que le personnel (le présentateur ou la présentatrice) soient sympas, mais aussi que les plats qu'on y sert soient alléchants et savoureux (les reportages). Les trois sont nécessaires, sinon ça ne marche pas.

À l'approche de la date fatidique de mes 65 ans, toujours passionné par mon métier, je me demandai ce que j'allais faire quand viendrait ma pension. C'est alors que pour mon plus grand bonheur, craignant sans doute que si le « vieux » s'en allait, ça risquait de faire baisser l'audience, la RTBF me proposa de continuer à travailler au-delà de l'âge légal de la retraite, ce qui était très exceptionnel. Je fus évidemment ravi d'autant plus que l'ambiance de l'équipe était excellente.

IN THE POCKET

Je ne faisais pas que présenter « Questions à la Une », je réalisai aussi quelques séquences pour le magazine, notamment une enquête dont l'idée m'est venue tout à fait par hasard. C'était l'été, comme je le faisais chaque année pour permettre à mes collègues du JT de partir en vacances, j'y travaillai durant deux semaines.

Un dimanche, un sujet anodin m'amena à devoir contacter l'attaché de presse de Fortis Banque. Lors de son interview, l'idée me vint de lui demander ce qui se passait si ceux qui possédaient un livret d'épargne ne venaient jamais réclamer leur argent ? Surpris par ma question, très maladroitement, le chargé de communication me répondit : « Eh bien, pour la banque, c'est *in the pocket* ! » Stupéfait par cette réponse, je démarrai au quart de tour et décidai d'enquêter sur tous les « comptes dormants » des institutions financières.

Cela peut paraître incroyable, car on semblait ne jamais s'être posé la question de savoir ce qui se passait lorsqu'on déposait de l'argent sur un compte courant ou d'épargne, puis qu'on ne donnait plus de signe de vie parce qu'on était mort ou frappé par la maladie d'Alzheimer ou parce qu'aucun héritier ne venait le réclamer.

Réponse : les banques mettaient, sans remords, « le flouze » dans leur poche. Le comble, c'est que ce « fric » dormant était considéré non pas comme un actif, mais comme un passif... Me basant sur l'article 713 du Code civil qui stipulait que « les biens qui n'ont pas de maître appartiennent à l'État », je préconisai dans mon émission que l'argent non réclamé qui dormait dans les banques revienne à la collectivité. Je fus donc ravi, quelque temps plus tard, d'apprendre qu'une nouvelle loi obligeait désormais les institutions bancaires, après un certain temps, à déposer ces montants non réclamés à la Caisse des dépôts et consignations. En clair, si cet argent n'a pas d'ayant droit légal, il tombe dans le Trésor Public, c'est-à-dire la collectivité, plutôt que de rester dans la « fouille » des banques... Au moment où j'écris ces lignes, entre 2016 et 2022, cela représente plus de 310 millions d'euros qui ont été récupérés par l'État.

C'est une des rares fois, dans ma carrière de journaliste, que j'ai constaté que la révélation d'un scandale a contribué à faire bouger les choses et que contrairement aux Rolling Stones, j'ai eu « Satisfaction ».

Cependant, en enquêtant pour cette émission, je découvris un plus grand scandale encore. Via Claude Lelièvre, le Délégué général aux Droits de l'enfant, j'appris que l'État versait chaque mois sur un compte d'épargne spécial de Fortis une petite somme d'argent dont les « enfants du juge » pouvaient disposer à leur majorité. Or, ignorant l'existence de ce petit coup de pouce pour entrer dans la vie, beaucoup ne le réclamaient pas. Et, comble de l'ignominie, Fortis se gardait bien de rechercher ces jeunes bousculés par la vie. C'est donc sciemment que la plus grande banque belge gardait sur ses comptes de l'argent qui aurait dû revenir à ces jeunes. Ignoble ! Après cette découverte, je me suis remémoré la parole de Bertolt Brecht : « Qu'est-ce que c'est que le cambriolage d'une banque, quand on le compare à sa fondation ? »

En revanche, alors que plusieurs fois, durant plus de trois décennies, j'ai tapé sur le même clou en dénonçant l'impunité dont jouissent les médecins qui réclament des honoraires abusifs à leurs patients (quand ce ne sont pas des dessous de table), aucun ne fut sanctionné. Conclusion : quand on pointe ce genre de scandale, c'est le règne du « cause toujours, mon lapin ! ». Même si cela vaut mieux que le « ta gueule et tais-toi ! » auquel sont soumis les journalistes des régimes totalitaires, c'est tout de même très très frustrant.

LA LUTTE FÉMININE

Une enquête diffusée en 2006 dans « Questions à la Une » m'a valu pas mal de problèmes et je l'ai toujours en travers de la gorge. Il s'agit d'un reportage intitulé « Les lutteuses de Rochefort » qui révélait qu'un certain Michel Vieujean, ex-préfet d'Athénée, et son épouse, surnommée « la reine des lutteuses », menaient des activités pour le moins douteuses. Profitant de son aura d'ancien professeur et chef d'établissement scolaire, ce pédagogue très particulier racolait des filles, dont des mineures, pour les faire participer à des pseudo-compétitions sportives dites de « lutte féminine ».

À l'insu de la direction, mais dans les locaux de l'école (son gymnase), des filles quasi nues, en « topless », participaient à de soi-disant matchs de lutte devant un public masculin, venu parfois de l'étranger et payant très cher le droit de se rincer l'œil. Jugez plutôt : cent euros ! De plus, moyennant rétribution, ces « amateurs » pouvaient pratiquer des « mixtes ». Comprenez : se retrouver seul à seule avec une « lutteuse » seins nus de leur choix dans un local séparé...

Toujours moyennant rémunération, à son domicile privé, l'ancien enseignant organisait aussi des rencontres avec des hommes friands de lutte mixte. Michel Vieujean allait jusqu'à amener certaines filles au Portugal et en Hongrie à des « compétitions internationales » devant des connaisseurs venus des quatre coins d'Europe pour admirer la « technique » de ces filles dénudées... Cerise sur le gâteau, ces séances très particulières étaient filmées sur des cassettes vidéo, puis vendues sur Internet.

Une première plainte fut déposée en justice par une des victimes et le couple des Vieujean fut perquisitionné. D'autres plaintes suivirent. Dans mon reportage, je recueillis des témoignages de gamines victimes de ces pratiques et je montrai des extraits particulièrement instructifs des enregistrements vidéo réalisés par Michel Vieujean. Dans la longue interview qu'ils m'accordèrent, sa femme et lui ne nièrent pas les faits, mais les minimisèrent. Ils se présentèrent même comme des bienfaiteurs favorisant la pratique d'un « sport » chez des jeunes filles ayant besoin de se défouler.

Les investigations sur ces faits de mœurs gravissimes furent rondement menées par les gendarmes de Dinant. L'enquête bouclée, l'avocat des Vieujean utilisa toutes les ficelles juridiques possibles pour retarder l'ouverture d'un procès. Il fallut attendre plus de huit ans avant que ces sinistres individus (considérés comme des notables dans la région) soient enfin jugés.

En avril 2014, l'ex-préfet fut reconnu coupable d'incitations à la prostitution et à la débauche de mineures de moins de 16 ans.

Le tribunal correctionnel releva la « gravité et la multiplicité » des faits délictueux, « la longueur de la période infractionnelle », « le caractère particulièrement désagréable des faits commis, de nature à porter atteinte à l'image et aux valeurs du sport », « les motivations lubriques et concupiscentes de l'auteur, doublées d'un but de lucre manifeste », le « mépris pour le respect de l'image et pour l'intégrité physique et psychologique d'autrui, en ce compris des mineurs d'âge », les « dommages causés » aux victimes et « le caractère particulièrement traumatisant de tels agissements pour les victimes ».

Au final, le tribunal le condamna à 18 mois de prison avec sursis et à une confiscation de 59 000 €, soit le fruit de son juteux business. Apparemment satisfaits du jugement, les Vieujean ne firent pas appel. Il faut dire qu'au regard des faits établis, ces peines étaient particulièrement légères. La justification invoquée par la justice dinantaise fut que le jugement avait été prononcé alors que le « délai raisonnable était dépassé », un grand classique dans la justice belge...

Mais le comble dans cette affaire, c'est que bien avant que Thémis trouve le temps de juger le couple, elle condamna la RTBF pour avoir révélé les pratiques des époux Vieujean. En première instance à Namur, le tribunal reprocha, entre autres, d'avoir traité les Vieujean de « pédophiles » alors que ce terme n'est jamais utilisé dans l'émission. Il était question d'un « banal fait divers » qui ne méritait pas le traitement « sensationnaliste » réalisé par la RTBF... Un jugement qui fait froid dans le dos et d'autant plus incompréhensible que le président du tribunal était une femme (qui deviendra plus tard présidente de l'Association syndicale des magistrats). Aujourd'hui, en pleine période post #metoo et « balance ton porc », je me dis qu'une telle motivation soulèverait un tollé d'indignation publique pour sa scandaleuse banalisation des violences faites aux femmes, *a fortiori* mineures et dans une situation de vulnérabilité.

La cour d'appel de Liège ne mit plus vraiment en cause le traitement journalistique de l'enquête, sauf le « ton » utilisé... et la Cour de cassation rejeta le pourvoi introduit par la RTBF. Bien décidée à ne pas plier devant une jurisprudence aussi détestable au regard du droit et du devoir d'informer sur une question d'intérêt public, la RTBF a porté l'affaire devant la Cour européenne des Droits de l'Homme, à Strasbourg. Le 13 décembre 2022, alors que je terminais la rédaction de ce livre (près de 17 ans après la diffusion de mon émission !), la Cour européenne me donna raison, à l'unanimité de ses juges. En tant que journaliste, je n'ai commis aucune faute dans la manière dont j'ai révélé les turpitudes de cet ex-préfet d'athénée. De plus, la Cour a condamné l'État belge à verser 54 000 euros à la RTBF. Autant dire que si cette émission était à refaire, je la referais à l'identique et je suis fier d'avoir contribué par mes révélations à faire cesser les activités de ce sinistre personnage.

ALLÔ PRINCE LAURENT ?

Avant de quitter le chapitre « Questions à la Une », je m'en voudrais de passer sous silence une anecdote qui m'a fait beaucoup rire. J'étais chez moi et vers 21 h, le téléphone sonna. Je décrochai et une voix me dit : « Bonsoir, excusez-moi de vous déranger, je suis le prince Laurent... » J'éclatai de rire et répondis : « Allez, Michel, arrête tes conneries ! » Il faut savoir que mon ami Michel Graindorge et moi, nous nous faisions constamment de bêtes blagues au téléphone. Silence, puis la voix reprit : « Mais, Monsieur Defossé, je suis Laurent de Belgique ! » Je répondis aussitôt : « Et moi le père Noël ! » Et c'est à ce moment-là que, comme l'on dit, mon « franc tomba » ! Je me souvins que l'équipe tournait une enquête sur le trublion de la famille royale. Comme la voix ressemblait fortement à celle du prince, j'essayai de retomber sur mes pattes : « Excusez-moi, Monseigneur [c'est comme cela qu'on est censé l'appeler], je croyais à une plaisanterie. Que se passe-t-il ? »

Après m'avoir couvert de fleurs et dit combien il adorait mes émissions, il m'avoua être en vacances en Hollande en famille et qu'il m'appelait à l'insu de Claire (son épouse) pour me demander si c'était vraiment nécessaire qu'on fasse une émission sur lui. À noter qu'il avait refusé toute interview au journaliste qui réalisait son portrait. Je lui expliquai que l'émission était déjà programmée, mais puisqu'il semblait m'apprécier, je lui proposai de l'interviewer moi-même, ce qui lui permettrait de donner son point de vue dans le reportage. J'insistai beaucoup, sans succès. L'émission a été diffusée sans lui.

JE ME CASSE !

En 2009, ma carrière fut brusquement stoppée par un coup de tonnerre dans un ciel bleu. Lors d'une réunion de rédaction, à la stupeur générale, Marc Bouvier, le « patron » du magazine, s'en prit violemment à ma manière de présenter l'émission. Il dit que c'était ringard et qu'il était temps de changer. Ma surprise fut d'autant plus grande que l'émission était toujours créditée d'excellents sondages et qu'elle remportait régulièrement « Le Moustique d'Or » attribué par les téléspectateurs au meilleur magazine d'info. De plus, Bouvier me remerciait souvent et chaleureusement en me disant que je contribuais au succès de notre émission... Abasourdi, je pris la mouche et lui lançai que si je ne convenais plus, les cimetières étant pleins d'indispensables, « Je me casse ! ».

Coïncidence, cet incident se passa peu avant les élections régionales or Écolo me proposa d'être candidat député à la région bruxelloise, à la dernière place de la liste verte. La place de « combat ». Par bravade, pour faire un bras d'honneur à celui qui m'avait publiquement humilié, mais aussi car j'angoissais de me retrouver subitement à ne rien faire, je me laissai tenter par cette nouvelle expérience. On convint de ne rien ébruiter, ce qui m'arrangeait, car j'hésitais encore à franchir le pas. Mais, à la suite d'une fuite dont j'ignore l'origine, un quotidien vendit la mèche en titrant : « Defossé plus vert que jamais ? » Le soir même, l'administrateur général de la RTBF me téléphona pour me demander de renoncer à ce projet. On parla longuement et, en substance, Jean-Paul Philippot me dit que le monde politique n'était pas fait pour moi, que j'allais m'y ennuyer et il s'engagea à me maintenir à la présentation de « Questions à la Une ». En bref, à 68 ans je pourrais poursuivre ma carrière à la RTBF. Mais je me dis qu'après les révélations dans la presse, je me sentais grillé en tant que journaliste. J'ai toujours veillé à maintenir une barrière étanche entre mes opinions personnelles et mon travail. Or, j'estimais avoir perdu ma crédibilité auprès des téléspectateurs qui risquaient désormais de m'associer à un parti politique.

UN JOURNALISTE AU PARLEMENT

Finalement, comme beaucoup d'autres, je commis l'erreur de vouloir faire de la politique « active ». Aux élections, avec près de 7000 voix de préférence, je devins député bruxellois haut la main. Je n'en tirai pourtant aucune vanité, sachant parfaitement que la notoriété du petit écran donnait toutes les chances d'être élu « dans un fauteuil ». C'est la raison pour laquelle tous les partis politiques sont friands d'en placer sur leurs listes. Très vite, je me rendis compte que mon « Big Boss » de la RTBF avait raison. Il y avait une erreur de casting : la politique partisane n'était vraiment pas mon truc. Pourtant, en m'engageant chez Écolo, je ne vendis pas mon âme puisque, dans le secret des urnes, je votais « vert » depuis 1981, année de l'élection des premiers députés écologistes arrivés à vélo au parlement. Mais, du fait de mon atavique esprit critique et de mes difficultés à jouer collectif, je me sentis vite très mal à l'aise.

Je n'ai aucune excuse, j'aurais dû savoir qu'on est tenu de respecter la sacro-sainte « discipline de groupe ». Une règle qui est aussi d'application dans un parti quand il participe au pouvoir au sein d'une coalition. Si constitutionnellement, les élus du peuple ont pour mission de contrôler les gouvernements, dans la pratique, il est convenu de s'interdire de poser la moindre question gênante en séance publique non seulement à « nos » ministres, mais aussi à ceux des autres partis de la majorité, en l'occurrence le PS et le CDH. On craint que cela crée une mauvaise ambiance dans l'attelage gouvernemental ou que ça fasse le jeu de l'opposition...

Je me suis également rendu compte qu'avant de pouvoir poser une question parlementaire en séance plénière, elle doit d'abord franchir une série de « filtres » : d'abord, l'aval du secrétaire du groupe parlementaire, ensuite, celui du député « chef de groupe » qui, s'il l'accepte, la dépose à la réunion des représentants de tous les autres partis. Chaque formation politique n'ayant droit qu'à un certain quota de questions en fonction de l'importance de son groupe, certaines interpellations passent à la trappe... Comme ex-journaliste, j'ai toujours en tête la célèbre maxime de Beaumarchais : « Sans la liberté de blâmer, il n'est point d'éloge flatteur. » Évidemment, j'adhérais aux grandes orientations de mon parti et je soutenais les compromis âprement négociés lors de la formation du gouvernement. Cependant, je découvris que, même concernant des matières qui ne sont pas cadenassées par l'accord de majorité, un député a beaucoup de mal à pouvoir s'exprimer librement.

LA SACRO-SAINTE DISCIPLINE DE GROUPE

Voter pour une proposition de loi à laquelle, en conscience, on adhère totalement est vécu comme une trahison si le texte émane de l'opposition. Ainsi, j'estime que seule une stricte séparation entre les Églises et l'État garantit à chacun le droit et la liberté de croire ou de ne pas croire. Quand le MR, dont je suis pourtant souvent politiquement très éloigné, déposa une proposition de loi visant à interdire tout signe convictionnel dans la fonction publique (voile, crucifix, kippa, etc.), je fis part à mon « chef de groupe » de mon intention de voter la proposition des bleus. Trente secondes plus tard, Sarah Turine, ma présidente de parti, me téléphona. Elle monta sur ses grands chevaux et m'expliqua que je ne pouvais pas voter une proposition libérale. Elle me dit que je n'avais qu'à m'absenter de l'hémicycle au moment du vote ! Je lui répondis que le minimum quand on adhère à une idée, c'est de la défendre...

Je sais que d'autres élus Écolo étaient d'accord avec moi, mais je fus le seul écologiste à voter finalement la proposition bleue. De mon expérience, j'affirme que quand Écolo organise des débats sur cette question, ils sont constamment manipulés par la direction du parti. Le pire, c'est que bon nombre d'élus verts partageaient mes convictions, mais n'osaient pas les manifester publiquement. Certains m'ont même avoué que c'était par crainte de ne plus figurer en ordre utile sur les prochaines listes électorales.

Autre exemple : lors du débat sur le fameux « Pacte de Stabilité Budgétaire Européen » qui imposait aux États membres, quelle que soit leur conjoncture économique, des limites strictes à leurs déficits publics, je m'opposai à ce traité qui consacrait ce que certains appellent la « règle d'or » et que j'ai rebaptisé « la règle de plomb ». Je votai donc contre, ne voulant pas être complice de 20 ans d'austérité et de serrage de ceinture pour les citoyens. Mais le comble de la duplicité dans cette affaire, c'est que les verts ont voté pour dans les entités régionales où ils participaient au pouvoir, mais contre au parlement fédéral où ils siégeaient dans l'opposition ! Pourtant, non seulement les syndicats ou de dangereux gauchistes, mais aussi beaucoup d'économistes de renoms, dont le prix Nobel d'économie Joseph Stiglitz, et l'ancien sénateur libéral et professeur à la London School of Economics Paul Degrauw étaient contre cette mesure.

Le problème des Écolos lors de cette législature, c'est qu'au lieu de défendre leurs valeurs, ils passaient trop souvent sous les fourches caudines des autres partis de la majorité par crainte d'être éjectés des exécutifs. À force de préférer être appréciés par leurs partenaires gouvernementaux plutôt que par leur base électorale, les verts se sont pris une solide dégelée électorale en 2014 et ont été virés de la majorité suivante.

Au parlement, les bancs étaient souvent très clairsemés, sauf au moment des votes qui se déroulaient à heure fixe. Par miracle, l'hémicycle se remplissait alors subitement, car le règlement prévoyait que trop d'absences lors des votations entraînaient automatiquement des retraits sur la rémunération des élus.

Je dois avouer que je me suis souvent ennuyé à siéger au parlement, d'autant plus que les Écolos se font un devoir d'être toujours présents en séance. C'est une règle que j'approuve et que j'ai plutôt bien respectée. Au point que dans l'hémicycle, il arrivait que les verts soient plus nombreux à eux seuls que tous les autres parlementaires. Les écologistes ont du mérite, car les discours et interventions sont souvent sans intérêt. Des « pseudo-orateurs » s'écoutant parler pérorent sur des sujets inintéressants ou à propos desquels j'avoue humblement n'avoir aucune compétence. Certains députés de la majorité posaient en séance des dizaines de questions « faire-valoir » à « leur ministre », et les remerciaient, ensuite, chaleureusement, pour la qualité de leurs réponses. Comme en fin de session, on comptabilisait le nombre d'interventions des élus, ces députés apparaissaient ensuite dans la presse comme les plus travailleurs...

LA LIBERTÉ DE LA PRESSE EN TURQUIE

En revanche, j'ai été passionné de siéger durant trois ans aux « États Généraux des Médias d'Information » organisés par la Communauté française. Ce qui n'est pas très étonnant puisque les problèmes débattus concernaient la presse, les médias et mon ancien métier de journaliste. Hélas, les interminables palabres n'ont accouché que d'une souris. Et si, des mois durant, on y a beaucoup parlé doctement de liberté d'expression et des moyens nécessaires pour que vive une presse indépendante et de qualité, j'ai dû déchanter quand il aurait fallu passer des belles théories à la pratique. Comme parlementaire et ancien journaliste, je fus contacté par la « Fédération Européenne des Journalistes » qui lança une grande campagne pour dénoncer le sort scandaleux réservé à la presse en Turquie. Ce régime « islamiste modéré », comme certains journaux le nommaient à l'époque, emprisonna près de 80 journalistes, sans compter les centaines d'autres qui furent traînés devant la « justice ».

Plus que tout autre, je me sentis le devoir d'intervenir pour soutenir mes ex-confrères persécutés au-delà du Bosphore. Comme la Communauté française organisait justement un grand « pow pow » sur les médias, je décidai de déposer, en Commission des Affaires Étrangères, une proposition de résolution condamnant la manière dont le régime d'Ankara traitait ses journalistes. J'imaginai, naïvement, que mon initiative passerait comme une lettre à la poste et serait votée rapidement à l'unanimité. En fait, j'étais au début d'une longue saga qui allait durer jusqu'à la dernière semaine de mon mandat de député en 2014.

Après avoir ergoté sur le texte de ma proposition de résolution, chez Écolo, on m'annonça qu'avant de la soumettre au vote, je devais d'abord la présenter, pour accord, aux autres partis de la coalition.

J'attendis plusieurs semaines avant d'obtenir une réponse et, à ma grande stupeur, le secrétaire politique du PS m'annonça que les socialistes ne voteraient pas ma résolution. Quand je lui demandai la raison de ce refus, il me répondit sèchement : « C'est une décision du parti ! » J'insistai, mais j'obtins toujours la même réponse : « Décision du parti ! »

À ce sbire au comportement stalinien, je répondis connaître la raison de cette dérobade. Les élections communales, c'était pour bientôt et sans les voix de l'importante communauté turque de Saint-Josse et de Schaerbeek, très majoritairement pro-Erdogan, le PS risquait de perdre ce scrutin ! Or, ces communes comptaient déjà plusieurs élus socialistes d'origine turque, dont le député-bourgmestre Emir Kir. En 2020, ce dernier fut exclu du PS pour avoir reçu une délégation de maires turcs, dont deux « loups gris », lire : un parti d'extrême droite.

D'autre part, au CDH qui n'a pas non plus voté ma résolution, il y avait Mahinur Özdemir, la première députée qui a siégé voilée au parlement. Très proche de Joëlle Milquet, elle s'est mariée à Istanbul avec un attaché parlementaire d'un député de l'« AKP », le parti du président Erdogan, en sa présence. Madame Özdemir, qui a déclaré sur des TV turques que les Belges sont islamophobes (sic), sera finalement aussi exclue de son parti pour avoir refusé de reconnaître le génocide des Arméniens. À noter que grâce à sa double nationalité belgo-turque, elle s'est « recyclée » en ayant été nommée par Erdogan ambassadrice de Turquie à Alger. Pour rappel, avant cela, pour devenir députée bruxelloise, elle a « juré fidélité au Roi et à la constitution belge »...

Quelques semaines plus tard, le PS revint avec une contre-proposition de résolution complètement dénaturée qui ne condamnait plus, cette fois, uniquement la Turquie, pourtant le recordman pour le nombre de journalistes incarcérés, mais toutes les restrictions à la liberté de presse partout dans le monde... (Pourquoi pas aussi sur Mars tant qu'on y est ?) Pour mémoire, la Turquie est membre du Conseil de l'Europe et de l'Otan, elle est candidate à l'adhésion à la Communauté Européenne, et, ô ironie, nos assemblées francophones sont liées au régime turc par un accord de coopération qui prévoit notamment un échange de journalistes... Hypocrisie, vous avez dit hypocrisie ?

Ayant appris qu'à la prison de Silivri, près d'Istanbul, débutait le procès collectif d'une septantaine de journalistes tous emprisonnés, je votai cette résolution faute de mieux. Mais dans la foulée, je proposai qu'une délégation officielle d'élus de chaque parti se rende sur place soutenir tous mes anciens collègues journalistes. Le PS et le CDH votèrent contre ma proposition, le MR s'abstint et seul Écolo y fut favorable.

Écœuré, j'annonçai que dans ces conditions, je me rendrais seul à ce procès quand, à ma grande surprise et pour ma plus grande joie, le député CDH André du Bus et la députée FDF Fatoumata Sidibé m'annoncèrent qu'ils m'accompagneraient. C'est comme cela qu'avec Mehmet Koksal, un journaliste d'origine turque parlant parfaitement la langue du pays, nous assistâmes sur place à une ignoble caricature de procès qui nous a profondément choqués. N'étant pas autorisé à prendre des photos au tribunal, je dessinai des dessins de presse comme au bon vieux temps où j'étais journaliste. L'un d'eux fut publié dans la « Libre Belgique » à notre retour.

À Istanbul, nous visitâmes aussi plusieurs rédactions de journaux dont certains journalistes également inculpés étaient en attente de passer en jugement. Sur le mur de la salle de rédaction d'un quotidien étaient affichées les photos de dizaines de leurs collègues assassinés lors d'attentats politiques. Rappel émouvant du calvaire permanent que vit cette profession dont le moins que l'on puisse dire, c'est que leur sort ne s'est pas amélioré depuis lors.

Coïncidence, nous étions à Istanbul le 24 avril 2014, date du 99e anniversaire du début du génocide arménien qui a fait un million et demi de morts, hommes, femmes et enfants. Un massacre de masse que le gouvernement d'Ankara nie toujours malgré les preuves indiscutables fournies par de très nombreux historiens indépendants. Pour soutenir les quelques dizaines d'Arméniens qui avaient osé venir commémorer cette tragédie, notre petite délégation belge était présente. On était devant un bâtiment que j'ai appelé la « Caserne Dossin » des Arméniens, car, à l'instar de l'endroit où des juifs de Belgique furent rassemblés avant d'être envoyés à Auschwitz, c'est là qu'en 1917, la rafle des Arméniens a débuté...

La présence de trois parlementaires venus de la Capitale de l'Europe a trouvé un large écho dans la presse locale. Par contre, à notre retour, nous fûmes très attristés du manque d'intérêt de notre presse écrite, radio et TV, pour ces journalistes qui croupissent dans les prisons d'un pays où 600 000 Belges passent, chaque année, leurs vacances.

MISSIONS PARLEMENTAIRES

Je participai encore à d'autres missions parlementaires. D'abord, au Nagorno-Karabakh, une petite enclave arménienne qui, fin des années 1990, après une guerre sanglante, avait fait sécession de l'Azerbaïdjan musulman. Depuis lors, un cessez-le-feu précaire avait mis fin aux hostilités. Mais, entre ce petit pays pauvre dont l'indépendance n'était pas du tout reconnue au niveau international, et son puissant voisin riche de ses champs pétroliers, la guerre pouvait à nouveau éclater à tout moment. Hélas, mes craintes étaient fondées puisque, puissamment aidés par la Turquie qui, à cette occasion, a expérimenté des « drones tueurs », les Azéris ont reconquis une grande partie de ce pays en faisant des milliers de morts. Lors du voyage retour de cette poudrière, je transitai par Erevan, la capitale de l'Arménie, où je n'ai pas manqué de visiter le très émouvant mémorial du génocide qu'a vécu ce peuple martyr – et qui, hélas, quand on voit ce qui se passe au Karabakh, n'a pas fini de souffrir. Poignant !

Ensuite, je me rendis en Tunisie peu de temps après le « printemps arabe » alors que les différentes composantes politiques du pays négociaient laborieusement une nouvelle constitution démocratique. Depuis lors, les islamistes du pari « Ennahdha » qui avaient gagné les élections ont montré leur incurie pour gérer ce beau pays.

Je participai aussi à une mission au Congo, notamment à Kisangani, localité qui s'appelait, avant l'indépendance, « Stanleyville », surnommée à l'époque « la perle de l'Afrique ».

Hélas, des réalisations de la période coloniale, il ne restait pratiquement plus rien. Pas même un magnifique Athénée qui avait été complètement « désossé ». Idem pour le chemin de fer, pourtant essentiel à l'économie, qui reliait la partie en amont du fleuve Congo avant les « Stanley Flowers » (des récifs empêchant toute navigation) à l'aval du cours d'eau qui coule jusqu'à Kinshasa.

Si je me désole de cette situation, ce n'est évidemment pas pour nier la scandaleuse exploitation dont ont été victimes les populations de ce pays durant la période coloniale, mais ma tristesse vient du fait que j'espère mieux pour les Congolais que les incapables et corrompus qui les dirigent.

Autre mission, invité par le gouvernement taiwanais, j'ai pu me rendre compte sur place que ce pays de 25 millions d'habitants, grand comme le nôtre, est une vraie démocratie. Il a réussi à tourner définitivement la page de la dictature que le nationaliste Tchang Kaï-Chek a instaurée à Formose après sa défaite face à Mao Zedong. Devant les velléités d'annexions de plus en plus marquées de la Chine communiste, qui compte un milliard trois cents millions d'habitants, les craintes de la population sont évidemment plus que justifiées. Surtout quand on voit comment Pékin traite Hong Kong.

Étant donné que le président Joe Biden a récemment réitéré le soutien des États-Unis à Taïpei, la mer de Chine est à n'en pas douter un des points les plus chauds du globe et après ce qui s'est passé en Ukraine, on peut craindre le pire...

UN JOURNALISTE PAS TRÈS FUT-FUT

Fin août 2012, il faisait très chaud et j'étais en vacances dans ma petite maison de campagne du Brabant wallon. Je me rendis dans un petit troquet près de chez moi pour boire une bière bien fraîche. Je la savourais quand un type accoudé au comptoir m'apostropha et me dit : « Alors ! On veut devenir bourgmestre ? » Je lui répondis : « Qu'est-ce que vous racontez là, Monsieur ? » Sarcastique, il me lança alors d'un ton péremptoire : « Eh, pas à moi hein ! Ne mentez pas, c'est écrit dans le journal ! » Là-dessus, il me brandit l'édition locale de la « Dernière Heure » avec un titre en gras : « Jean-Claude Defossé bourgmestre de Chaumont-Gistoux ? » avec un article du genre : « Il nous revient que l'homme des Travaux Inutiles s'est domicilié à Chaumont-Gistoux dans l'intention de se présenter au scrutin communal. Contactés, les Écolos du coin ne démentent pas, mais ne font aucun commentaire. » J'ai eu beau répéter à ce « Sherlock Holmes » de bistrot que c'était faux et d'autant plus absurde que j'étais alors député régional bruxellois... Il continua à le croire mordicus puisque c'était écrit dans le journal. Je ne connais pas le « scribouillard » pas très futé de la « DH » qui a écrit cette connerie, mais il n'est pas près d'avoir le prix « Pulitzer » du journalisme d'investigation. Évidemment, s'il avait pris la peine de me téléphoner pour connaître mes intentions, il n'aurait pas pu inscrire un scoop aussi fulgurant à son palmarès...

TARIQ RAMADAN À BRUXELLES

J'appris que Tariq Ramadam venait à Bruxelles pour participer à un débat. Cet islamologue est souvent présenté par une presse bien-pensante comme le parfait exemple du musulman modéré dont on rêve dans le monde occidental. Pourtant, dans son livre *Frère Tariq*, l'excellente essayiste Caroline Fourest l'a dépeint, exemples à l'appui, comme un personnage médiatique et séduisant, mais qui tient un double langage. Pour elle, c'est un sous-marin de l'Islam radical. Pour rappel, Tariq Ramadan est le petit-fils de Hassan el-Banna, fondateur des « Frères musulmans », un mouvement religieux qui projette d'islamiser le monde entier. De surcroît, son propre frère Hani Ramadan tient à Genève l'officine de cette organisation islamiste interdite dans bon nombre de pays musulmans. La conférence se déroulait à Koekelberg dans une salle archicomble remplie d'hommes barbus et de femmes voilées. Le thème de la soirée : « La séparation de l'Église et de l'État ». Très en retard, Ramadan traversa la salle, salué par un tonnerre d'applaudissements. Tout le monde se leva pour Tariq ! Il prit la parole, pour une fois brièvement, pour dire qu'il était d'accord avec le principe de la séparation de l'Église et de l'État. Pour lui, cela signifie que chacun n'a pas à se mêler des affaires des autres.

Quand vint le moment des questions de la salle, m'adressant à lui, je lui dis : « Monsieur le prédicateur, pour la constitution belge, tous ses citoyens sont égaux devant la loi. Ce qui inclut bien sûr les hommes comme les femmes. Tout au contraire, la sourate 4, verset 34 du Coran précise que, je cite : "Les hommes ont autorité sur les femmes, en raison des faveurs qu'Allah accorde à ceux-là sur celle-ci." Et plus loin : "[...] Celles dont vous craignez la désobéissance, frappez-les !" Alors ma question : que doit respecter un bon musulman, notre Constitution ou le Coran ? » Ma question provoqua un brouhaha hostile dans la salle. Pourtant, elle n'était pas saugrenue puisqu'un sondage « IFOP » avait révélé que 67 % des jeunes Français musulmans estimaient que la Charia était au-dessus des lois de la République. L'islamologue, comme à son habitude, noya le poisson et se contenta de dire que je ne connaissais pas le Coran et que j'en avais une lecture trop littérale. Vu l'animosité d'une partie du public, je préférai m'éclipser avant la fin du débat.

Pour rappel, lors d'une émission TV où Nicolas Sarkozy a demandé à Ramadan ce qu'il pensait de la lapidation des femmes adultères prônée dans la Charia, celui-ci a répondu que sur ce sujet il souhaitait un moratoire... Depuis lors, il est piquant de rappeler qu'accusé de viol par plusieurs femmes, le prédicateur islamiste « modéré » a déjà fait 10 mois de prison préventive et est en attente d'être jugé.

MA TOUTE DERNIÈRE SÉANCE

Ayant de la suite dans les idées, après ma tentative avortée de faire voter par la Communauté française ma résolution condamnant le régime d'Erdogan qui persécutait ses journalistes, je poursuivis mon parcours du combattant. Lors de la toute dernière semaine de mon mandat, après des mois de tergiversations et de palabres, je réussis enfin à soumettre ma proposition pour examen à la commission ad hoc du parlement de la Région Bruxelloise, cette fois.

Comme par hasard, la discussion de ma résolution se trouva reléguée en toute fin de séance. À ma grande stupeur, au moment où mon texte allait enfin être examiné, tous les parlementaires PS et CDH se levèrent comme un seul homme et quittèrent la salle. Conséquence : le quorum n'étant plus atteint, il n'y avait plus assez de membres présents pour délibérer valablement. Ma résolution passa définitivement aux oubliettes. C'est évidemment sans importance puisque tout le monde peut constater que, depuis lors, la situation des journalistes en Turquie s'est considérablement améliorée...

Franchement, je n'imaginais pas de quelles ignominies étaient capables certains hommes politiques. Las, je fus soulagé de quitter ce monde de basses combines, de compromissions et de calculs politiques de caniveau. Si j'avais encore besoin de m'en convaincre, je sais définitivement que je ne suis vraiment pas fait pour la politique...

BILAN POLITIQUE

Dans les premières années de mon existence, j'étais inadapté à l'école et il m'a fallu arriver au crépuscule de ma vie pour m'apercevoir que je le suis encore plus à la politique...

Cependant, avant de conclure ce chapitre noir de mon parcours personnel de parlementaire, je tiens à dire que si j'ai eu quelques divergences avec Écolo, j'adhère à 100 % à leurs options pour tout ce qui concerne l'environnement et la défense de la planète. Je tiens aussi à rendre hommage aux nombreux hommes et femmes politiques qui tentent malgré tout, avec éthique et passion, de tenir le cap de leurs engagements dans la jungle politique. Et fort heureusement, on en trouve dans quasi tous les partis démocratiques.

Je ne veux pas me poser en donneur de leçon, car j'ai aussi ma part de responsabilité dans le dégoût que ressentent beaucoup de citoyens devant le spectacle que certains nous imposent. Je pense ne pas avoir été à la hauteur de ce que les citoyens sont en droit d'attendre d'un représentant du peuple. J'aurais sans doute été plus efficace si j'avais siégé dans l'opposition, comme c'était alors le cas pour les verts au niveau fédéral. Du fait de mon tempérament et de mon expérience de journaliste, j'aurais été moins bridé et j'aurais pu donner libre cours à mon esprit « fouille-merde » en réclamant des comptes à ceux qui nous gouvernent. Mais, je sais, je dois garder à l'esprit le fameux proverbe : « La critique est aisée et l'art est difficile... »

Quand j'étais journaliste, je me suis heurté souvent aux refus de certains ministres de répondre à des questions gênantes. Par exemple, quand je réalisai une émission sur la fraude fiscale, il me semblait indispensable d'interviewer le ministre des Finances de l'époque, Didier Reynders. J'ai sollicité plus d'une dizaine de fois son attaché de presse dans l'espoir de pouvoir l'interroger. Sans succès, il n'était jamais libre... Je me disais naïvement que comme parlementaire, il aurait été obligé de répondre à mes questions. Même si je ne me fais aucune illusion sur son talent pour « botter en touche ».

Malgré tous les défauts de notre démocratie, je préfère évidemment y vivre que sous une dictature de droite ou de gauche. Chez nous, on peut au moins voter pour qui on veut lors des élections ou critiquer nos dirigeants sans peur de se retrouver en taule. Le citoyen qui râle a donc un peu les représentants qu'il mérite puisque c'est lui qui les a choisis.

Et comment ne pas citer Winston Churchill, sans qui nous serions peut-être aujourd'hui tous en train de marcher au pas de l'oie : « La démocratie est le plus mauvais système, après tous les autres ! »

Ce qui précède n'est donc pas un pamphlet contre le système démocratique. Au contraire, il faut prendre mes critiques comme un cri d'alarme visant à renforcer la démocratie et à éviter que de plus en plus de gens rejettent la politique et se tournent vers des populistes, voire des fascistes.

RETOUR À LA TV

En 2014, quand je quittai la politique, je me demandais comment, à 74 ans, j'allais bien pouvoir occuper mon temps. Je déteste me lever le matin devant un agenda vide. Je m'ennuie avec moi-même. J'ai besoin d'avoir des contacts humains, de bouger, d'agir. Peut-être, comme diraient les mauvaises langues, de m'agiter.

Et voilà que, par hasard, je tombai sur Georges Huercano, un ancien collègue de la RTBF pour qui j'ai de l'estime et qui a quitté le service public pour le grand concurrent privé, RTL. Il m'invita à déjeuner et j'acceptai. Au resto, il me dit : « Tu ne devines pas pourquoi je t'ai proposé qu'on mange ensemble ? » Et il enchaîna en m'annonçant que sa chaîne TV souhaiterait m'engager pour que je réalise des enquêtes dans mon style habituel. Je tombai des nues et lui rappelai mon âge, que je n'avais plus fait de télévision depuis cinq ans et que, venant de quitter la politique, j'étais catalogué Écolo. Or, à la RTBF, après un mandat politique, on doit passer dans un « sas de décontamination » durant un an avant d'être à nouveau admis à l'antenne. Il me répondit qu'à RTL, de ça, on s'en fout ! J'hésitai et demandai à réfléchir.

J'ai quitté la chaîne publique sans avoir à rougir de ma carrière. Si je ratais mon come-back, certains allaient jubiler, notamment dans mon ancienne boîte ou au parlement. Le défi était donc de taille. Je revis Huercano avec cette fois Stéphane Rosenblatt, le directeur de la TV privée. Ils me promirent une liberté totale, ajoutant même qu'ils n'aimeraient pas que je claque la porte en disant publiquement qu'ils n'ont pas respecté leur promesse. J'exigeai et obtins que ma future émission ne soit jamais diffusée le même jour que « Questions à la Une », l'émission de mes anciens collègues et amis de la RTBF, soit le mercredi en *prime time*. On me promit des jours de tournage et des moyens techniques suffisants. Après avoir encore beaucoup pesé le pour et le contre, je finis par franchir le Rubicon. « Alea jacta est ! », je relevai le défi.

À RTL, je fus plutôt bien accueilli, mais, connaissant le monde de la TV, je sais que les « risettes » n'y sont pas toujours sincères. Pour ma première émission « Dossiers Tabous », je traitai de l'immigration. Matière délicate s'il en est ! Titre de l'émission : « L'intégration est-elle une réussite ou un échec ? » Paradoxe, je découvris que j'avais moi-même du mal à m'intégrer à RTL. J'étais en terre inconnue et la manière de fonctionner était assez différente de celle que j'avais pratiquée durant près de 40 ans dans un service public de télévision.

Je ne remets pas en question les qualités professionnelles de mes collaborateurs, mais les moyens dont je disposais n'étaient pas à la hauteur de mes espérances. Mon réalisateur était très talentueux, mais notre collaboration était à éclipses. Il bossait sur plusieurs autres émissions en même temps. Le nombre de jours de tournage me paraissait trop limité, idem pour les jours de montage… Pas facile pour un vieux briscard comme moi de s'adapter à une autre culture d'entreprise. Malgré cela, à l'antenne, l'émission cartonna. Regardée par 640 000 téléspectateurs, son audience dépassa largement celle du premier « The Voice » diffusé au même moment à la RTBF. Ouf ! Le retour de « Zorro » était réussi ! Je ne m'étais pas planté.

Beaucoup me disent avoir apprécié ce programme, d'autres me traitent d'islamophobe. Accusation que je récuse. J'assume sereinement ce « Dossiers Tabous » dont le contenu s'inspire notamment de deux études sur l'immigration turque et marocaine réalisées par la fondation Roi Baudouin.

Ma deuxième émission consacrée à la fraude sociale et fiscale remporta également un très beau succès d'audience.

COUPS DURS

Pour mon troisième « Dossiers Tabous » à RTL, je préparai une enquête sur le troisième âge. Compte tenu du mien, son titre provocateur aurait été : « Un vieux parle des vieux. » Les premiers tournages s'avérèrent décevants et puis, patatras, je fis une très grave chute chez moi dans l'escalier en remontant de la cave. On était le 13 novembre 2015 au matin. Le 13, chiffre qui porte bonheur ou malheur, c'est selon, mais c'est aussi le jour des horribles attentats terroristes islamistes de Paris. Commotion cérébrale, double fracture du crâne, de la clavicule, de l'omoplate, je me retrouvai avec trois broches métalliques plantées dans l'avant-bras, mais je m'en tirais bien. J'ai failli allonger la longue liste des morts ou des paraplégiques victimes des accidents domestiques. J'appris à cette occasion qu'ils font deux fois plus de morts que les accidents de la route. Il me fallut des mois pour me remettre complètement de ce stupide coup du sort qui m'a contraint de raccrocher définitivement les gants médiatiques à l'âge respectable de 75 ans.

Nouvelle rafale de coups durs : en quelques mois seulement, je perdis plusieurs de mes meilleurs amis. Comme le chante le merveilleux Georges Brassens, ils étaient de ceux pour qui « au moindre coup de Trafalgar, c'est l'amitié qui prenait le quart ». Hélas, à mon âge, la perte de mes « copains d'alors » est de plus en plus fréquente et j'ai de plus en plus de mal à m'en consoler. Même si je sais que « jamais, au grand jamais, le trou qu'ils ont fait dans l'eau ne se refermait... », le vide devient abyssal. Quelle émotion aussi quand l'un d'eux, atteint d'une maladie incurable, choisit volontairement d'abréger sa vie. C'est entouré d'une douzaine de ses amis intimes qu'il trouva encore la force de dire quelques mots émouvants à chacun d'entre eux avant de nous quitter pour toujours tandis qu'un médecin mettait fin à ses souffrances.

PEINTURE ET ILLUSTRATIONS

Alors, pour occuper mon temps, je suis retourné à mes premières amours : la peinture. J'ai la chance de posséder une modeste maison de campagne dans le Brabant wallon où j'ai mon atelier. Devant ma demeure, des chevaux me tiennent compagnie. À droite, ce sont des vaches qui ruminent nonchalamment dans une prairie et au fond de mon jardin, à perte de vue, ce ne sont que des champs. Plus loin, à 150 mètres de chez moi, il y a Chips, un jeune âne, qui, avec ses braiments, me rappelle régulièrement qu'il veut son « susucre ».

C'est dans ce mini paradis que j'ai repris mes pinceaux, mon chevalet, mes couleurs pour me défouler dans la peinture. Une activité qui, pour moi, a toujours été une vraie catharsis. Sans prétention artistique, avec humour et autodérision, je me pique désormais de pratiquer un tout nouveau genre pictural. On connaissait déjà le paysage, la nature morte, le portrait, les scènes de genre, la peinture sacrée ou religieuse. Désormais, avec moi, les cours d'histoire de l'art devront parler aussi de la peinture antireligieuse... En effet, mes « créations » engagées ambitionnent d'être une contre-propagande face à ce que nous inflige, depuis des siècles, l'Église catholique avec ses représentations de crucifixions, martyrs et autres bondieuseries souvent horribles et sanguinolentes. Mais si je mets en scène des figures grimaçantes de papes, curés, vicaires, prêtres, abbés, évêques et autres moines, le spectre de ma peinture ne s'arrête pas là. Pour faire bonne mesure, je les associe souvent à des popes, imams, muftis, mollahs, muezzins, rabbins, bonzes et autres lamas. Bref, à toutes ces cohortes de mystificateurs qui, de tout temps et en tous lieux, exploitent la crédulité humaine en nous faisant croire en un au-delà paradisiaque. C'est ma manière à moi de faire mienne la célèbre formule de Karl Marx : « La religion, c'est l'opium du peuple. »

Il n'y a pas qu'avec ma peinture que je me défoule. Mes dessins sont aussi pour moi un exutoire. Notamment mes illustrations sur un thème qui m'a toujours interpellé : la Justice. Dans les années 1970 déjà, j'ai dessiné pour la revue « Pro Justitia », animée par Foulek Ringelheim. Un juriste brillant qui était aussi un écrivain merveilleux maniant l'humour juif avec un talent inné. Mes caricatures pourfendent un certain monde judiciaire, celui des avocats bien sûr, mais aussi de la magistrature debout, assise, accroupie ou couchée... Tous en prennent pour leur grade. Je suis inspiré par Jean de la Fontaine et ses « animaux malades de la peste » qui crient « haro sur le baudet ! ». Mais les choses ont-elles vraiment changé depuis que le génial fabuliste a écrit « selon que vous serez puissant ou misérable, les jugements de cour vous rendront blanc ou noir... » ?

LES LIBERTÉS MENACÉES

Je manque sans doute de jugeote, mais je ne m'explique pas cette contradiction incompréhensible. D'une part, le niveau des sciences, de la connaissance, de la culture et de l'intelligence humaine a atteint un niveau extraordinaire dans tous les domaines. Qui aurait pu imaginer, il y a seulement un siècle, que la prévision de Jules Verne se réaliserait et que l'homme irait sur la Lune ? Qu'avec une petite boîte de la taille d'un paquet de cigarettes, on pourrait un jour parler avec quelqu'un et le voir alors qu'il est au Japon ? Qu'on grefferait des cœurs artificiels à des cardiaques... Je ne vais pas continuer à énumérer les exemples, vous avez compris ce que je veux dire.

Et, d'autre part, dans le même temps, des centaines de millions d'individus croient dur comme fer à des inepties obscurantistes invraisemblables, à des textes écrits il y a parfois plus de deux mille ans, censés expliquer l'origine du monde et nous guider dans notre manière de penser, de vivre et même de nous habiller. Cela serait simplement risible si cela n'engendrait pas un fanatisme effrayant dont le but est d'imposer au monde entier une seule manière de penser.

J'ai beau être retraité, je ne reste pas au fond de ma caverne : je garde un œil critique sur l'évolution de la société et je suis très inquiet. Notamment quant à la liberté de la presse et à la liberté d'expression de manière plus générale. Hélas pas seulement dans le reste du monde où Reporters sans frontières comptabilise régulièrement les journalistes assassinés, emprisonnés ou menacés, mais aussi en Belgique ou en France. Je pense évidemment d'abord à l'ignoble attentat islamiste qui a décimé toute la rédaction de « Charlie Hebdo », le 7 janvier 2015. Si cet acte barbare a été condamné par tous les démocrates, on peut se demander si les terroristes musulmans n'ont pas gagné en intimidant toute la presse et les citoyens. Les journalistes ont beau avoir proclamé « être Charlie ! », il est clair que certains n'osent plus parler des dérives de la religion musulmane, comme on le fait sans crainte pour les catholiques, par exemple. L'intimidation fonctionne au point que certains pensent même que « Charlie » a sans doute « exagéré » et qu'il n'est pas nécessaire de choquer les convictions des autres...

Il s'agit là d'une terrible régression dans notre liberté d'exprimer nos doutes et nos critiques à l'égard d'une religion. Mais je n'oublie pas que cette liberté a mis du temps avant d'être réellement reconnue et que, pendant longtemps, durant l'Inquisition en particulier, c'étaient les catholiques qui envoyaient au bûcher les « hérétiques ».

Oser aujourd'hui un discours critique sur l'Islam, et encore plus sur le prophète Mahomet, signifie s'exposer à être traité d'islamophobe, menacé de mort ou être exécuté. Idem bien sûr pour des caricatures. Faut-il rappeler que Zineb El Rhazoui, une

Franco-Marocaine rescapée du massacre de « Charlie Hebdo », est menacée par une fatwa et qu'elle doit vivre en permanence sous protection policière ? Car, loin de se renier, cette femme au courage admirable a écrit un livre pamphlet très documenté et très critique intitulé *Détruire le fascisme islamique.* À lire absolument ! Les attentats islamistes du 13 novembre 2015 à Paris et du 22 mars 2016 à Bruxelles, sans parler de ceux de Nice le 14 juillet 2016 ou de l'assassinat crapuleux de Samuel Paty le 16 octobre 2020, n'ont fait qu'accentuer la pression. Et puis, comment passer sous silence la tentative d'assassinat de Salman Rushdie le 12 août 2022, 33 ans après que l'ayatollah Khomeini ait lancé contre lui une fatwa, le condamnant à mort pour ses écrits ?

Une autre inquiétude concerne le harcèlement dont sont victimes les « lanceurs d'alerte ». Ces citoyens courageux qui, dans leurs activités professionnelles, découvrent des pratiques illégales et les dénoncent à la presse. Je pense évidemment à Julian Assange, ce journaliste australien fondateur de « Wikileaks » qui a révélé les crimes dont les États-Unis se sont rendus coupables lors des guerres en Irak et en Afghanistan. Emprisonné en Grande-Bretagne, car accusé d'espionnage par les Américains, au moment où j'écris ces lignes, il est sur le point d'être extradé aux États-Unis. Il risque d'être condamné à 175 ans de prison. Autre exemple : Edward Snowden, ancien employé de la CIA, accusé de haute trahison pour avoir révélé au monde entier les collectes illégales d'info par la NSA sous prétexte de lutte antiterroriste. Et il y a eu aussi cette incroyable saga judiciaire vécue par Denis Robert durant 10 ans. Ce journaliste a été poursuivi pour avoir révélé « l'affaire Clearstream », cette institution bancaire installée au Luxembourg qui dissimulait des activités de blanchiment d'argent sale au niveau mondial. Trois exemples parmi tant d'autres. Il est donc clair qu'il est urgent de protéger ces « lanceurs d'alerte », car tous les journalistes dignes de ce nom savent que sans « vent favorable » et protection des sources, il n'y a pas de presse libre.

Une autre chose me taraude : les dérives des réseaux sociaux. Soyons d'abord de bon compte. Je ne peux qu'applaudir qu'Internet et les réseaux sociaux permettent à tout le monde d'avoir une liberté d'expression unique dans l'histoire de l'humanité. Mais, revers de la médaille, n'importe quel « siphonné » peut diffuser n'importe quoi, en ce compris des injures ou des vidéos incitant à la violence ; n'importe qui peut polluer anonymement la Toile de « fake news ». Conséquence : ces pseudo-« informations » mettent à mal le travail des journalistes sérieux qui exercent leur métier honnêtement.

Sur le web, tout le monde peut être pris à partie, menacé, harcelé ou lynché. Cela ne vaut pas que pour les journalistes, mais aussi notamment pour les enseignants. Si l'assassinat de Samuel Paty en est l'exemple le plus dramatique, chez nous l'enseignante Nadia Geerts a été contrainte de quitter son poste sous les insultes et les menaces pour avoir osé rendre hommage à son collègue français décapité...

Devant cette montée de l'intolérance, il est urgentissime que tous les démocrates fassent barrage à l'obscurantisme qui menace nos libertés et tente de nous faire retourner des siècles en arrière.

MES IDOLES

Dans la presse écrite, on ne s'en étonnera pas, j'ai une admiration sans bornes pour le « Canard Enchaîné », un hebdomadaire satirique totalement indépendant qui appartient à ses journalistes et qui survit sans un atome de publicité depuis plus d'un siècle grâce à ses lecteurs. Très spartiate dans sa présentation, ce journal né dans les tranchées de la guerre 14-18 est une véritable institution dans la presse française. Il tire chaque semaine autour de 600 000 exemplaires... Si ses journalistes sont particulièrement persifleurs, ils sont aussi loués pour la rigueur de leurs informations et leurs sources.

Dans l'info TV, mon idole est sans hésitation Élise Lucet, journaliste à France 2. Cette super professionnelle ne se contente pas de présenter son magazine « Cash Investigation », mais, en maîtrisant parfaitement ses dossiers, elle s'implique dans sa réalisation notamment en interviewant les responsables mis en cause dans son émission. S'il existait un prix Nobel du journalisme TV francophone, elle le mériterait indiscutablement !

Certaines enquêtes sont longues et coûtent beaucoup d'argent, mais c'est loin d'être du gaspillage. Ce genre de programme est de l'engrais pour la démocratie, car à quoi rime le droit de vote, dans une démocratie, si le citoyen n'est pas honnêtement et correctement informé ? Sans une information indépendante et de qualité, notre système démocratique est un leurre. Je pense d'ailleurs que le terme de « journaliste d'investigation » devrait être un pléonasme. Car tout vrai journaliste devrait enquêter dans les coulisses, aller au-delà des apparences ou des discours officiels. Évidemment, les moyens des chaînes hexagonales sont infiniment plus importants que ceux dont dispose la RTBF. Mais compte tenu de cela, elle n'a pas à rougir de ce qu'elle produit. J'en profite pour tirer mon chapeau à mes (anciens) collègues qui continuent de diffuser une information de qualité, pertinente et impertinente.

MON FILM PRÉFÉRÉ

Enfin, comme tout le monde, ma filmographie personnelle regorge de films qui m'ont beaucoup marqué. Cependant, au firmament de mes favoris, il y en a un qui éclipse tous les autres, au point que je peux le voir et le revoir toujours avec la même jubilation. C'est *La vie est un long fleuve tranquille* réalisé, en 1987, par Étienne Chatiliez. Cette comédie à petit budget n'est pas seulement désopilante, elle est aussi une étude de mœurs cinglante d'une certaine société. C'est l'histoire d'une infirmière qui, pour se venger d'un ignoble gynécologue, permute les identités de deux nouveau-nés à la maternité. C'est ainsi que les très catholiques et très distingués « Lequesnois » deviennent à leur insu les parents d'un bébé d'une famille d'assistés sociaux, sales et vilains, qu'on appelle les « Groseille ». Chaque fois que je revisionne ce film, je me dis que si j'étais obligé de passer des vacances avec l'une de ces deux familles, je choisirais sans hésiter le clan des « Groseille ». Je suis sûr qu'avec eux, je me marrerais dix fois mieux qu'avec les autres.

Et alors que je termine l'écriture du grand flash-back ma vie, voilà que sort en salle le film *EO* du réalisateur Jerzy Skolimowski qui a remporté le Prix du jury au festival de Cannes 2022. Or, cette poétique mais aussi cruelle allégorie cinématographique raconte, à travers les yeux mélancoliques d'un âne gris, le long voyage chaotique de sa vie. Durant son parcours, le baudet rencontre quelques « gentils » mais hélas aussi beaucoup de « méchants ». Ce film touchant et irrésistible de tendresse ne fait évidemment que renforcer l'attachement que je porte à mon animal favori.

Épilogue

Comme dit mon proverbe bruxellois préféré : « Tout a une fin, sauf le boudin qui en a deux ! » Arrivé quasi à la fin du deuxième bout du mien, je me dois de conclure ces « Mémoires d'avant-tombe »...

Mon premier coup de semonce, je le reçus vers mes 70 ans quand, debout dans un tram, une jolie jeune fille assise près de moi se leva et en souriant me proposa sa place. C'était super gentil, mais cela ne m'a pas fait plaisir du tout. Et que dire aussi de cette phrase à laquelle j'ai droit plus souvent qu'à mon tour ? « Tu as 82 ans ? Tu es bien pour ton âge ! » Enfin, pour vivre longtemps, on n'a encore rien inventé d'autre que de vieillir à petit feu. Même l'ex-jeune premier Alain Delon est devenu un vieux dernier. Et le « Si tu t'imagines fillette, fillette, qu'ça va, qu'ça va durer toujours... » chanté par Juliette Gréco est aussi destiné aux mecs !

Ma boucle est bouclée. Né dans la cité des ânes, j'y habite toujours et y terminerai ma vie. Du jardin de ma petite maison, je vois la tour de la RTBF qui n'arrête pas de me narguer. Au bout de ma rue, un complexe d'habitations a remplacé la piscine olympique en plein air qui existait durant mon enfance. Difficile d'imaginer aujourd'hui que c'est là que j'ai appris à nager. Comment, dès lors, ne pas être nostalgique et penser à la belle ritournelle de Charles Trenet : « Je me souviens d'un coin de rue aujourd'hui disparu... » ? J'en suis désormais réduit à ressasser les combats que j'ai livrés sur le ring de ma vie. À me souvenir des coups que j'ai reçus et de ceux que j'ai donnés. Heureusement, mon existence n'a pas été qu'un parcours du combattant et je n'ai d'ailleurs jamais été un bagarreur.

Ma vie est aussi balisée par beaucoup d'amitié, de tendresse et d'amour. Notamment de ma fille Florence dont je suis si fier et qui n'est certainement pas devenue psychanalyste par hasard ! Ce faisant, elle a réalisé le rêve de sa maman. Et plus récemment, celui de son papa, puisqu'elle écrit des scénarios de séries télévisuelles ! Et en plus, elle m'a fait grand-père d'un super gamin prénommé Gabriel. Un ange, forcément... Flo a la chance de vivre avec Benoit, un chouette gars que j'aime beaucoup. C'est heureux, car si je n'avais qu'une seule raison d'être féministe, c'est que je ne supporterais pas qu'un sous-macho de bas étage fasse souffrir Florence.

Un mot aussi pour Eya. Elle a fait de la danse classique, joue magnifiquement du piano, a été cheffe scoute et aujourd'hui, elle suit un double cursus en droit et en sciences politiques à l'ULB. Elle est bien dans sa peau, jolie et drôlement culottée. Je ne me fais aucun souci pour son avenir : elle ira très loin !

Après ce long regard dans mon rétroviseur, à part la perte prématurée de Danièle, j'estime avoir eu beaucoup de chance dans ma vie. Mon parcours professionnel m'a épanoui. J'ai exercé un métier fabuleux : j'étais payé pour découvrir plein de choses. Le journalisme m'a permis de rencontrer une multitude de gens intéressants que, sans cela, je n'aurais jamais croisés.

Mon récit est tout sauf un plaidoyer anti-école. Même si, malgré mes multiples carences, j'ai pu quand même tirer mon épingle du jeu, je reste convaincu que réussir de bonnes études est le principal vecteur de l'ascension sociale. Sans compter qu'être cancre signifie traîner le bonnet d'âne de ses lacunes durant toute sa vie. Je pourrais dire qu'un ignare qui réussit est plus méritant qu'un premier de classe, mais tout le monde n'est pas né sous une aussi bonne étoile que moi.

Ni saint, ni salaud, fainéant de nature, un peu tire-au-flanc sur les bords, un zeste tête de mule, brut de décoffrage donc assez lisible, en devenant journaliste, je me suis métamorphosé en vrai « bosseur », digne disciple de Stakhanov. Pas par devoir, mais par plaisir ! J'ai toujours pris mon travail très à cœur sans moi-même me prendre au sérieux et en étant conscient de mes limites. Quand je repasse dans ma tête les mille et un flash-back de ma carrière, je n'ai pas le sentiment d'avoir travaillé, mais d'avoir « pris mon pied » tellement mon métier m'a passionné. C'est sans doute pour cela que j'ai beaucoup d'empathie pour l'immense cohorte de ceux qui exercent un boulot sans aucun intérêt. Tous ces hommes et toutes ces femmes obligés de gagner leur vie en la perdant. Qui, à l'atelier, au bureau ou ailleurs, scrutent les horloges qui semblent immobiles, tant est grande leur impatience de terminer leur temps de travail...

À 82 ans, j'ai bien moins d'avenir que de passé. Je ne suis même plus autorisé à lire les tribulations du petit reporter Tintin puisque son créateur Hergé réservait ses albums aux « jeunes de 7 à 77 ans ». Un âge couperet aussi pour Michel Sardou qui chante : « Elle court, elle court, la maladie d'amour, dans le cœur des enfants de sept à soixante-dix-sept ans... » Avez-vous déjà remarqué que « soixante-dix-sept ans », ça fait moins vieux que « septante » ? Ce sont des âneries, tout ça ! Je jubile toujours en lisant Tintin et je suis loin d'être guéri de ma maladie d'aimer. Contrairement à Romain Gary, qui s'est suicidé à 68 ans après avoir écrit « Au-delà de cette limite, mon ticket n'est plus valable », moi j'ai pris un abonnement jusqu'au terminus. Plus que jamais, je suis un sale gamin totalement d'accord avec Jacques Brel pour qui : « On peut être vieux sans être adulte. »

Mais pour autant, « quand je vois ma gueule » (pour citer Johnny) ou bien que je me regarde « dans les grandes glaces » (pour citer Cabrel), je suis bien obligé de constater la progression inexorable de ma propre décrépitude. Pour le général de Gaulle, décédé à l'âge où je vis encore : « La vieillesse est un naufrage. » Mais pour moi, le plus dur avec le temps qui passe, c'est d'assister à la disparition de plus en plus fréquente d'amis que j'aime, de collègues de travail ou simplement de gens que j'apprécie.

Athée convaincu, je ne crois pas qu'il y ait « quelque chose » après la mort. Au « The End » du film de ma vie, je vivrai sans doute quelque temps encore dans la mémoire de mes proches, de ma fille sûrement ou de ceux qui m'ont connu. Peut-être aussi à travers mes émissions et mes peintures. Et puis, pchîîît ! Cela ne m'angoisse guère. D'ailleurs, si les circonstances le réclament (maladie incurable, Alzheimer, des souffrances insoutenables, ou simplement marre de vivre), estimant que ma vie n'appartient qu'à moi, je n'exclus pas de l'abréger volontairement. Car pour un mécréant comme moi, le suicide et l'euthanasie ne sont pas péché mortel.

J'arrête ici mes histoires de vieux con en sollicitant l'indulgence de mes lecteurs pour toutes les âneries que j'ai pu proférer. Il est désormais temps pour moi d'aller me promener au parc Josaphat caresser mes deux équidés préférés : Gribouille et Camille, deux ânes qui vivent paisiblement dans un bel enclos que la commune de Schaerbeek a mis à leur disposition. Je tiens à préciser que pour éviter de traumatiser mes amis baudets, je ne leur ai jamais lu ce que le « Petit Robert » dit à leur sujet : « âne : esprit borné, bête, imbécile, sot. » Ce serait très cruel et surtout tellement injuste !

THE END

DU MÊME AUTEUR

Le Petit Guide des Grands Travaux Inutiles.
Paul Legrain/RTBF, 1990.

Les Travaux utiles : 20 ans de caricature.
Labor, 1992

1940

Le mariage de mes parents. Le magnifique bouquet cache le ventre volumineux de ma mère, enceinte jusqu'aux yeux !

1929
Mon père au Congo avec son chimpanzé, le premier de ses trois fils.

1945 et 2002
Les frères Dubié, qui n'ont pas peur de se mouiller.

1946
« Folcoche » avec les « frères merveilleux ».

1945

Place Madou : Winston Churchill reconnaît les Dubié Brothers et leur serre la main. L'inscription en bas de la photo n'est autre que son autographe !

1954

Famille Dubié avec la gentille bobonne. On distingue Cocotje à gauche dans sa cage.

1955
Musaraigne avec Okapi, son chef de patrouille au camp de Pussemange.

1961
Avec Michèle, figurants à la Monnaie.

1960
Judoka en pleine action.

1958
Mon pousse-pousse à l'Expo 58...

2008
...et un demi-siècle plus tard à la RTBF.

1962
Prêt à monter dans ma « Goggomobil ».

1964
Sous-lieutenant avec ma pouliche Chapka.

1964
Devant « Zorro », mon tank « Patton ».

1978
Florence, Jean-Claude et Danièle.

1979
Michel Graindorge, Mimine, Jean-Claude et Danièle à Florence.

1991
Vol en ULM pour filmer les « Grands Travaux Inutiles ».

1995
Interview de l'abbé Pierre.

1991
Proposition d'un nouveau signal routier pour avertir de la présence d'un « GTI ».

2006
Survol de New York en hélicoptère après l'attentat du 11 septembre 2001 contre le World Trade Center.

2022
Artiste de rue.

2013
Avec ma belle-fille Eya.

2019
Mon petit-fils Gaby avec Gribouille au parc Josaphat.

1982 et 2022
40 ans séparent ces deux photos... Tel père, telle fille !